U0462643

imaginist

想象另一种可能

理
想
国
imaginist

GEOFFREY BLAINEY

A VERY SHORT
HISTORY
OF THE
WORLD

世 界 简 史

从非洲到月球

[澳] 杰弗里·布莱内　著

李鹏程　译

上海三联书店

A Very Short History of the World

by Geoffrey Blainey

First published in Australia in the English language by Penguin Australia Pty Ltd.

Text copyright © Geoffrey Blainey 2004, 2013

Maps copyright © Penguin Group (Australia) 2004

Simplified Chinese Edition © 2018 by Beijing Imaginist Time Culture Co., Ltd.

ALL RIGHTS RESERVED

审图号：GS（2018）1641号　　　著作权合同登记图字：09-2018-170

图书在版编目（CIP）数据

世界简史：从非洲到月球 /（澳）杰弗里·布莱内（Geoffrey Blainey）著；李鹏程译 . —上海：上海三联书店，2018.7（2023.3 重印）

ISBN 978-7-5426-6377-1

Ⅰ.①世… Ⅱ.①杰… ②李… Ⅲ.①世界史
Ⅳ.① K1

中国版本图书馆 CIP 数据核字 (2018) 第 141601 号

世界简史

从非洲到月球

【澳】杰弗里·布莱内 著　李鹏程 译

责任编辑/ 殷亚平

特约编辑/ 黄旭东

封面设计/ 彭振威

内文制作/ 龚碧函　陈基胜

出版发行 / 上海三联书店

（200030）上海市漕溪北路331号A座6楼

邮购电话 / 021-22895557

印　　刷 / 山东新华印务有限公司

版　　次 / 2018 年 7 月第 1 版

印　　次 / 2023 年 3 月第 5 次印刷

开　　本 / 1168mm × 850mm　1/32

字　　数 / 280 千字

印　　张 / 14.5

书　　号 / ISBN 978-7-5426-6377-1 / K·480

定　　价 / 52.00元

如发现印装质量问题，影响阅读，请与印刷厂联系：0534-2671218

目　录

第三部分

精编版序

　　这本书想尝试的，是写一部不那么卷帙浩繁的世界历史，试着概述从第一批人类离开非洲到全球定居以来的历史。但不可避免的是，有些宏大主题我虽做过调研，却只能匆匆地一笔带过，就像火车疾驰而过时窗外的惊鸿一瞥。

　　从一开始，我便决定在技术和技能上多花点笔墨，因为它们在塑造世界方面影响甚巨。我也很关注各种主要宗教的兴起，因为它们同样是塑造世界的尝试。我还检视了地理因素，因为直到上世纪之前，它们经常会主宰事件的兴亡与成败。而在人类吃什么以及为了挣到这些日常吃食要多么辛苦工作的问题上，尽管起初并未有此打算，但我也留出了一些版面。到这本书已快定型时，我才意识到月亮、星星和夜空对人类经验的巨大影响，虽然有些迟，但我还是试着在第四章和本书其他部分弥补了这一疏漏。

我还经常发现自己在观察那些帝国以及它们囊括的地区。某一位领袖或者某个国家可以统治的领土面积已经越来越辽阔，人类历史上第一次有了出现某种世界政府的可能性，当然，这么做是否明智就要两说了。因此，世界的不断缩小，也是本书重复出现的主题之一。

　　欧洲在书中的某些部分被提及不多。在前几章里，除了作为希腊和罗马人的故土，欧洲很少出现。非洲、亚洲和小亚细亚，甚至美洲，基本上一直占据着故事的主要内容，直到最近四五百年，才轮到欧洲文明称霸。

　　另有一个两难之处是，最近的 150 年该占多少篇幅。加里波第、罗斯福、丘吉尔、纳赛尔这类极有影响力的领导人当然该提一提；一些影响深远或具有标志意义的事件，如麻醉剂的发明，无论如何也需要写一段话；但是它们在本书里很少或完全没有涉及。在如何对待 20 世纪的问题上，我相对地克制了一下，这主要是因为我不太愿意让这个世纪显得太过重要，或者说自视甚高，就像每个世纪的人都觉得自己恰逢盛世那样。以上这些，便是我试着小心走过的几条钢索。

　　若没有很多人的慷慨相助和不吝赐教，本书的瑕疵可能会更多。所以，我要特别感谢悉尼的 Jocelyn Chey 博士，墨尔本天主教神学院的 Austin Cooper 神父，意大利萨尔纳诺的 Raymond Flower 和牛津的 Marco Paoletti 先生，墨尔本的 Barry Jones 博士、Peter Lawrence、John Levi 拉比和 Malcolm Kennedy 博士，拉筹伯大学的 Glenn Mulligan 博

士和 Lotte Mulligan 博士，以及布里斯班的 Richard Hagen
和日本驻墨尔本领事馆总领事 Kagefumi Ueno。企鹅图书的
Katie Purvis 和 Adrian Potts 作为本书各版的编辑功不可没。
对其他人的感谢，则放在了《世界极简史》未精简版末尾的
引用来源中。

我参观过的很多博物馆、艺术画廊以及图书馆，也给本
书增色颇多，尤其要感谢慕尼黑的德意志博物馆，伦敦的自
然历史博物馆和科学博物馆，纽约的美国自然历史博物馆，
以及墨尔本大学、巴拉瑞特大学和拉筹伯大学的博物馆。本
书中得以一窥的众多历史遗迹，都是我亲自到访的结果，无
论是中国洛阳的石刻大佛、桑给巴尔岛的港口，还是罗伯
特·路易斯·史蒂文森在西萨摩亚的故居，或捷克的温泉小镇
卡尔斯巴德。

杰弗里·布莱内

2004 年及 2012 年

修订版序

　　这次修订的版本，吸纳了专家们近年来的研究成果。因此，第一章讨论了人类在东非地区的起源，以及七万多年以前苏门答腊岛上因火山爆发出现的半黑暗时期。本书的很多页上，都有小小的修改和补充。全书还增加了一些概述性内容，如中国的崛起、通信技术和计算机革命、其他一些自2000年以来发生的深刻变化，以及对1500年之后世界历史的进一步思考。

杰弗里·布莱内

2012 年

第一部分

第一章

来自非洲

　　他们生活在非洲，但 200 万年前，人数却寥寥无几。他们几乎已经是人了，但在身形上却比他们现在那些遍居世界的后代要小一些。他们能直立行走，也是攀援高手。

　　他们主要食用果实、种子和其他可食用植物，但也开始吃肉。他们的工具很原始，如果他们试着制造石器，并不会打磨得很精致。很可能的是，他们会用棍子来防御或进攻，甚至是挖掘——要是有个小的啮齿动物躲在洞里的话。他们是否会利用灌木和枝条来搭建简易窝棚，抵御冬日的冷风，我们不得而知。毫无疑问，他们有些人住在山洞里——如果能找到山洞的话——但是这种永久性居所会严重限制他们寻找到足够食物的机动性。靠山吃山，意味着要走很长的路，才能到达那些生长着某类种子或果实的地方。他们的饮食是一系列偶然发现的结果，这个过程经历了数十万年之久，而其中一个至关重要的发现，便是某种看似安全的可食用植物是否有毒。在干旱和饥荒时期搜寻新食物时，一定有些人因为中毒而丢掉了性命。

200万年前，这些人类——被称为原人——主要生活在今天的肯尼亚、坦桑尼亚和埃塞俄比亚地区。如果把非洲分成三个水平区域，那么人类占据的是中间那个，也就是热带。这一地区在当时很可能是一大片草原。事实上，再往前一两百万年，很可能因为气候发生变化，某些地区的树林大部分被草场所取代，使得这些人类渐渐和他们的亲戚——猿类——分道扬镳，开始更多地在陆地上生活。

他们已经有了一段很长的历史，不过他们一点都记不得，也没有什么记录。我们今天会说，从埃及建造金字塔以来的那段时间跨度很长，但是这个跨度比起人类已经经历过的漫长历史，只不过是一眨眼的工夫而已。在坦桑尼亚，人们发现了一处早期的遗迹：两个成年人和一个小孩当时正走在被雨水浸软的火山灰上，他们的脚印后来被太阳烤干，又慢慢被泥土一层一层盖了起来。这些脚印已经至少有360万年的历史，且绝对是人类留下的。而最后一批恐龙，已在6400万年前灭绝。

在非洲东部，早期人类喜欢居住在湖岸边、沙地河床或草原上，在这些地方曾发现过他们的一些遗物。他们也能适应较为凉爽的气候，在埃塞俄比亚地区，他们更喜欢海拔

1600 米到 2000 米左右的开阔高原地带。在高地的常绿林中，他们也能自在生活。这些人的适应能力着实叫人赞叹。

在生存与繁衍这种你死我活的竞争中，人类通常是胜者。在他们居住的非洲地区，有很多大型动物在数量上要比他们多很多，而且还具有很强的攻击性，但是人类却繁荣兴旺起来。他们的人口越来越多，已经无法靠当地的资源活下去，或者是长期干旱逼着他们开始北上。有确凿证据表明，大约在 200 万年前，他们开始进一步向北方迁徙。世界上最长的沙漠——从非洲的西北部地区一直延绵越过阿拉伯半岛——可能暂时挡住过他们的去路。但是，非洲和小亚细亚之间那条狭窄的路桥却很容易过去。

他们前进时组成了小团队。他们既是探索者，也是定居者。在每个陌生的地区，他们必须要适应新的事物，要提防野兽、毒蛇和有毒昆虫的侵袭。但这些开路者有一个优势，那就是其他坚决反抗自己的地盘被入侵的人，还没有机会挡住他们的去路。

这个过程更像是一场接力赛，而不是长途跋涉。一个 6 人或 12 人的小团体或许前进了没多远，便定居了下来。其他后来人，要么越过他们继续前进，要么把他们赶着向前走。往亚洲迁徙的过程，或许耗费了 1 万到 20 万年之久。有山坡要翻过，有沼泽要穿越，还有宽阔、湍急、冰冷的大河要跨过。那么，他们是在干旱时节的浅滩处蹚过呢，还是在水流尚未变宽之前的山区穿过？这些探索者的水性好吗？答案都无从知晓。在陌生地区，到了夜里，他们肯定会选择可以遮风避雨或者稍微安全一点的地方。没有看门狗的帮助，他们肯定要有人来守夜，提防夜里出来捕食的野兽。

在这段漫长的迁徙过程中——人类历史上还有很多很多漫长的迁徙，这只是第一次——这些来自热带的人们，到达了比他们的祖先生活过的任何区域都寒冷的地方。他们是否会在寒冷的夜晚以火取暖，我们并不确定。如果一道闪电让临近的乡野地区着了火，他们大概会烧着火把，把火苗收集起来带走。当火把快要燃尽，火光渐弱时，他们可以再点燃一根。火在当时很重要，人们一旦将它俘获，便会悉心照料。但是，火会不小心熄灭，或者被大雨浇灭，或者因为没有干木头和引火柴而灭掉。所以，尽管他们已经有了火，可在行动时却一定像对待宝贝一样带着这些火种，就像早期的澳大利亚人携火而行一样。

在人类历史上，取火的能力——而不是借火——出现得比较晚。最终，人类学会了利用木片摩擦生热来钻木取火。或者，他们也可以拿一块硫化物或者其他合适的岩石，打出火花。但无论是哪种情况，干燥的引火柴都是必需的，同时要掌握的，还有对着冒烟的引火柴轻轻吹气的技术。

对火的熟练运用——这是几千年中无数次灵机一动与实验的结果——是人类的伟大成就之一。对它的巧妙使用，可以在20世纪澳大利亚一些偏远地区仍然留存的生活方式中窥见一二。在澳洲内陆万里无云的广阔平原上，澳大利亚土著居民会烧起小火，发出烟雾信号——这是一种非常巧妙的信息传递方式。他们还会用火来煮饭和取暖，或者用烟把猎物熏出来。火也是夜里唯一的照明物——除了满月时，月光可以给他们的仪式性舞蹈提供照明外。火还可以用来让挖掘棍变得更坚硬，或者将木棍定型成长矛。火会被用来火化死者，用来在人的皮肤上烧出仪式性的图案。在选定的宿营地，火既可以驱赶高草中的蛇类，也可以驱虫。在一年的某些时节，猎人们还会用火有规则地分块点燃草地，好让新草在下雨之后能长出来。火的最终用途数不胜数，所以直到近代，都是人类掌握的最有用的工具。

今天的人类掌握着让野兽的尖牙利爪相形见绌的武器，但在历史上很长一段时间内，值得可怜的却是人类自己。在身形上，人类要比周围生活的动物小很多，也轻很多。和大型动物集群相比，人类显得寡不敌众，每个地区的人口总数和其他好斗的物种一比，简直不值一提。在亚洲地区，长着弯曲长角的猛犸象的总数，肯定比它们悠闲吃草时在附近瞧见的人类数量要多很多。

人类遭受野兽攻击的危险系数非常高。即便是在1996年，印度的某个邦仍然有33名儿童遭到了狼群的致命攻击。在非洲这座故园，当时的人类一定也十分畏惧豹子和狮子。很显然，人类组织能力的缓慢提升，在自我防御方面——尤其是夜间——有着关乎性命的助益。没有联合对敌的能力，那些踏入热带新领地的早期人类，很可能会被捕食的野兽轻易消灭掉。探索一些地区的先遣队往往只有十几个人，所以他们很可能就是这么被干掉的。

大约180万年前，这次迁移行动的先头部队到达了中国和东南亚地区。对于人类这段长途跋涉的历史，现在我们还知之甚少，但史前史学家和考古学家在接下来的世纪里，一定会有更多的发现。这些人类当时主要生活在内陆地区，可能很晚才开始在沿海地区定居，而征服浅海地区就更晚了。

近来在印度尼西亚群岛某个外岛的挖掘中，发现了八十多万年前人类居住的遗迹。在山峦起伏的弗洛雷斯岛一处古老湖床上发现的遗迹，毫无疑问地证明了当时的人类已经学会制造木筏，划着它们出海。当然，船帆的出现要到很久以后了。到达弗洛雷斯岛，必须从最近的岛屿向东跨海，而这需要极大的勇气，因为即便当时的海平面是最低水平，从最近岛屿乘船渡海的距离也至少有19公里。或许这是截至当时最长的海上航程了。在超越所有以往航行的这个意义上，这次跨海或许相当于20世纪时人类的第一次登月之旅。

在世界各地，这些探索者和先驱定居者日常生活的点滴仍在被不断发现着。比如，经过细心挖掘，在北京附近的一处人类居住遗址，人们发现了一层层的灰烬和木炭。这些篝火或许已经熄灭40万年了，但里面却还留有一些食物的残渣：一根被烤焦的鹿骨以及一些朴树果的外壳。

觉 醒

在几百万年的时间里，人类的适应力和应变力越来越强，标准的人类大脑也越来越大。早期人类的大脑，容量只有 500 毫升，但到了直立人，也就是进行这场长途迁徙的人种时，其容量已有 900 毫升。在大约 50 万年至 20 万年前，大脑又一次出现了显著增长。大脑的发展，是在生物学变化的历史上最不可思议的事件之一。

大脑的结构也在不断变化着，"运动语言中枢"亦开始成形。大脑的容量变大，似乎与双手、双臂使用熟练度的提高和口头语言的缓慢出现有关。脑容量有如此显著的增长，在任何物种中都是一件不可思议之事。不过，这到底是如何发生的，还基本上是个谜。一个可能的原因是更多肉类的摄入。当然，这一时期的人类还不可能拥有武器，也不可能有猎杀野生动物的组织能力，且不论这些动物的大小。能得到这些肉类食物，可能是因为人们的胆子越来越大，敢于趁兽群在附近觅食的时候，搜寻那些近期死亡的动物的尸体，或者是因为人类捕猎小动物的技能日渐增长，而这些动物虽然危险性不大，但也不太好抓到。极为可能的一点是，经过一段时间之后，肉类中的脂肪酸改善了人类大脑的状况与机能。反过来，这一优势又促使人类设计出了更巧妙的捕猎方式。不过，这一切还只是猜测。

口头语言的词汇量和精准度同样在不断提高，艺术也开始慢慢出现。但无论是通过耳朵还是眼睛来获取，艺术与语言交流的行为都要仰赖符号的使用，而发明和辨别符号的能力便是大脑功能缓慢提升的结果。或许，喉部的发展也方便了通过声音来表达这些符号。

不过，尽管近五十年来对心智的研究在不断进步，但我们对大脑和人类语言的探索却远远不够。一位医学专家提出，在语言这类错综复杂的行为中，"大脑各部分的互动影响并不会像一台机器内部那样井然有序，而更多类似于一团乱麻"。但无论其产生根源如何，语言都是最伟大的发明创造。

有迹象表明，大约在6万年前，人类开始觉醒。史前史学家和考古学家通过回观历史，逐渐拼凑出一些证据，证明了在接下来的3万年中，人类曾发生过一连串缓慢的改变，足以被称为"大跃进"或"文化大爆发"。不过，跃进或爆发的人是谁，仍有争论。可能的情况是，造成这些变化的是一个新的人类种群——他们先出现于非洲，后迁移至亚洲和欧洲，并在那里与后来消失的尼安德特人共存共生过。显而易见的是，在很多方面，我们都可以发现人类创造性的存在。

虽然生活在文化大爆发时期的许多代人的语言已经悄无声息地消失了，但他们的一些艺术和手工艺品却幸存了下来——有些是零星残片，有些则完好无损。在始于7.5万年前的那场漫长冰川期当中，艺术也开始在欧洲绽放。有持续不断的证据表明，当时的很多人期望能在来世再续前生，而通往新生的旅程，需要有能彰显一个人地位的附属品或象征，因此他们会挑选一些物品摆放在墓穴中。在大约 2.8 万年前的俄罗斯松希尔地区，有一位年近 60 岁的男性在被埋葬时，身体上装饰了两千多件象牙制品及其他装饰品。在那个时代，能活到 60 岁几乎可以算得上年高德劭了，因为大多数成年人都是英年早逝。

在另一个墓穴中，被埋葬的男子身旁还躺着一位少女。她头上戴着珠帽，身上或许还穿着一件斗篷，不过现在唯一能昭示这个斗篷曾经存在过的线索，只剩下了在喉咙附近发现的一枚象牙扣针。她的躯体上还覆盖着五千多颗珠子及其他小饰品，而制作这些装饰品，并将它们小心翼翼地安放到墓穴中，一定花去了她的朋友或整个部落不少时间。由此可见，死在当时与生一样，非同小可。

很多时候，人们在那个游离不定的世界里一定感到捉摸不定吧。他们只能听天由命，任四季摆布，因为他们甚至都没有粮食、坚果或其他食物来挺过饥荒的最初阶段。他们的容身之处也大多弱不禁风，在某些地区，他们还得和老虎、狮子、狗熊、豹子、大象及其他力大无比又凶狠残暴的动物比邻而居，所以死亡来临时，经常会显得猝不及防又不可思议。他们想要获得安稳与慰藉，于是开始构建各种宗教，制作敬拜与进献的物品，记录下他们周围的世界。

捕猎技术也在逐步提高。每一年，都有成千上万的小石块被打磨成矛头、刀刃和其他用来刺穿或切割的工具——比以前用的大多数都要先进。猎人们除了继续捕杀小动物，也开始学着攻击体形更大的动物，比如人们曾在现代的德国地区捕杀大象，在法国地区猎取豹皮和豹肉，在意大利地区追击过野猪。

随着武器的不断改进，人类的组织能力似乎也在不断提高。武器的使用和人际合作的能力，都是前面提到的精神觉醒的一部分。成群的野兽被围追堵截，或逼至坠崖而死后，成了人类的饕餮肉宴。现在，人们习惯于认为当时的人类与周围的环境和谐共生，没有不计后果地滥捕滥杀，但这个观点缺乏有力的证据，需要慎重看待。

当时的人们过着半流浪的生活。他们集结成群——规模很小，几乎不会超过20人——各自生活在一大片区域里。一年到头，他们有规律地从一个地方迁移到另一个地方，基本上身无长物，只能靠天吃饭，食用随季节次第成熟的食物，比如这里成熟的谷物，那里长着的块根，这里现成的鸟蛋，那里熟透的坚果，还有无数等着被抓的鱼和鳗。只要人口数量少、自然资源多，人们就可以活得相对富足些——当然，干旱时期除外。

大规模的群居在当时一定很罕见，乌泱泱的人群更是难以想象。很可能的情况是，在公元前20000年之前的整个世界，没有一个地方聚集的人群能超过500人。而且即便在那时，这种群居也是临时性的，因为他们没有存粮，也不会饲养牲畜，无法长久地供养一大群人。

时常要迁移的人群或部落，无法照料那些老弱病残、行动不便之人。就连双胞胎也会变成负担，所以其中一个很可能会被杀掉。走不动路的老年人会被落在后面，任其自生自灭。在一个不断移动的社会里，除此之外别无选择。

这些人还要面对很多惊心动魄的事件。比如，公元前71000年时，苏门答腊岛上的多巴超级火山爆发，其剧烈程度足以让当时所有的火山爆发相形见绌。这次爆发喷射出的灰云密度极高，飘至印度中部地区时，在地上落了厚厚一层——现在，在南中国海和阿拉伯海域的海床上，还可以找到这些火山灰的遗迹——而在天空中，阳光连续数月都被遮挡在重重灰烬之外。现在的观点认为，当时地球上很大一片地区的人们都遭遇了饥荒，导致人口数量急剧缩减，可繁殖后代的配偶数量滑落至10000对以下。人类的将来，危在旦夕。

不过，这个孤寂荒凉的时代，最终因为另一场不同寻常的事件开始走向终结。新的人种慢慢从非洲东部迁移过来，赶走了早前曾称霸非洲、亚洲和欧洲温暖地区的人种。这些被称为"直立人"的新人类，适应能力更强，制造石器的技术更娴熟，对语言的运用也更精通。就这样，他们悄无声息地征服了整个世界——也正因如此，人们现在才认为今天人类都拥有同一个来自非洲的女性祖先。

黑皮肤的哥伦布

每天早晨，当旭日在亚洲东部的地平线上缓缓升起时，人们也开始骚动了——有的给火添柴，有的奶孩子，有的准备出发去收集野果或猎捕野生动物，把兽皮的背面刮擦干净并做成衣服，或者把石头一点一点凿成工具。当第一缕晨晖一路向西扫过亚洲、欧洲，落在大西洋上时，同样的情景可能会在数以千计的地方上演。类似的行为在非洲也可以见到，因为那里的人类占据的地区已经越来越广大。

不过，在6万年前，地球上仍有相当辽阔的区域无人居住。在澳大利亚和新几内亚组成的那块大陆上，人类还没有留下自己的足迹；在太平洋地区，多数如今有人居住的岛屿，在当时还不为人类所知：夏威夷岛和复活节岛、塔西提岛和萨摩亚岛、汤加群岛和斐济群岛以及新西兰群岛，都荒无人烟；印度洋西部的马达加斯加岛上，营火从未升起过，遥远的火山岛毛里求斯岛和留尼汪岛上，不会飞的珍奇鸟类渡渡鸟还暂未受到人类的侵扰；大西洋上的格陵兰岛和冰岛此时仍掩藏在冰层之下，而美洲的飞禽走兽则安闲自在，远离人类捕猎者的攻击。

不过，勇敢无畏的发现之旅马上即将启程。人类正准备进行第二场长途迁徙。从当时还包括爪哇岛的亚洲东南部最近的海岛，到新几内亚—澳大利亚最近的海岸线之间，大概有八处海上屏障，多数是距离不远的海上缺口或者海峡，从出发的地点便可遥遥望见对面的海岸，最宽的缺口大约有80公里。乘着木筏或独木舟的先驱者们，有时候会冒险从一个岛到达另一个岛，当然，前提是从其中一个海岸可以望到另一个。不过，要是风急浪大，他们那些粗制滥造的舟筏便会倾覆，导致所有人葬身海底。

穿越这些横亘在亚洲西部与新几内亚—澳大利亚东部间的海域和星罗棋布的岛屿，大概耗去了人类几千几万年的时间，有时候这个过程还会中断 1 万年，甚至更久。人们发现一个岛屿后，便会在上面定居下来，然后另一条船或木筏，再有意或无意地去发现另一个岛屿。虽然根本没有意识到这个发现的重要性，但人们最终还是在新几内亚—澳大利亚的海岸登陆了，只是他们并没有理由认为自己发现了一个新大陆。至于这些探险者涉水上岸的时间，我们并不清楚，不过基本可以肯定是在 5.2 万年以前。

这片新的大陆，既是一份惊喜，也是一个谜团，有时还是恐惧之源——虽然没有什么特别危险的生物，但是这里的很多蛇和某些蜘蛛却有剧毒。这些新来的人慢慢开始探索这块大陆，走遍了每一个河口，每一座山脉，每一片平原和荒漠。横跨大陆去塔斯马尼亚岛时，他们曾在河岸边的山洞里生火做饭，不过在那时，这个地区还是苔原，到后来才变成现在的热带雨林。塔斯马尼亚岛上的新居民们，是当时地球上最南端的定居者。这是人类适应能力的最好证明：他们从热带地区出发，先北上，继而东进，现在离南极只有一半路程了。

在这场始自非洲、辐射辽远的缓慢迁徙行动的后期，人类取得的众多成就之一，便是语言的发展，方言和语种都极大地丰富起来。即便在那些最初定居时人人讲话都类似的广阔区域，语言也逐渐产生了差异，这是因为各个群体的生活状态相对隔绝，导致了他们的语言朝不同方向进化。在某次地理事件发生前，语言的种类可能有上千种，而地理事件的发生，不但永久地将这么多人互相隔开，也进一步使他们的语言出现了成倍增长。

第二章

海平面在上升

　　在公元前 20000 年时，人类的活动范围实际上被限制在一块巨大的陆块上。欧洲和非洲、亚洲和美洲在当时还没有被海洋隔开，几乎所有的人类活动都发生在这块大陆上。澳大利亚和新几内亚一起组成了第二块有人栖居的大陆，但只容纳了不到 5% 的世界人口。而且，当时的世界人口还有另一个奇怪的特点：他们几乎全部生活在热带和温带，寒带地区在很大程度上杳无人烟。

　　这一时期，世界各地的温度比现在低很多，冰川十分活跃，甚至延伸到了澳大利亚的最南端，北半球的广阔地区也常年被冰层覆盖。芬兰、瑞典甚至爱尔兰（当时还不是岛屿）的绝大部分地区，皆是荒凉之地。在欧洲中部的高山地区一片面积比瑞士还大的区域，在当时覆盖着永久冰盖。欧洲西部现在的一些海滨度假胜地，每逢夏天，都有很多人在海岸沿线游泳，但在那时却是一片荒凉，即使在盛夏时节，水面上也漂着浮冰。现代的很多海滨度假胜地在那一时期其实离海很远。

北美洲的大部分地区也是冰封之地。现代的加拿大地区在当时几乎完全被掩埋在紧实的冰雪之下，现在的美国有很大一块区域——这片广阔地区可能容纳着现代美国一半的人口——位于永久冰盖之下。中美洲的部分区域现在虽然与雪无缘，但曾经却经常遭受冰雪的侵袭。而南美洲高耸的西部，即使在夏天也有大片区域被皑皑白雪覆盖着。

在世界上大部分有人居住的地区，夏天的温度实际上比现在温和许多，降水和蒸发模式也与今日大相径庭。但是，对于人类整体而言，这样的气候提供了一种优势。现已沉入海底的大片区域，当时都分布着旱地。

由于这一时期的洋面处于较低水平，所以一个人可以从英格兰的南部地区走到法国，并且径直抵达——当然，前提是沿线的人放他过路——爪哇。一个身强力壮的爪哇人，如果甘冒生命危险，可以按一条有些迂回的路线，一路北上至亚洲北部，再穿过一条陆桥，抵达还未开拓的阿拉斯加地区。因为在那会儿，爪哇还不是一座岛，而是亚洲大陆的一部分。

现在世界各地那些忙碌的海港，很久以前基本上都位于干旱的内陆或远离开阔海域的河流两岸。现在的旧金山、纽约和里约热内卢的所在地，在那个时代尚不能通过船舶抵达。当时住在现在中国上海、印度加尔各答、新加坡和澳大利亚悉尼地区的人，更是从未见过大海，因为距离实在是太远了。

现代很多具有战略意义的海峡，日夜都有往来的油轮和散货船穿梭不停，但在以前，则只是通往草原或者森林的陆上走廊，如达达尼尔海峡、博斯普鲁斯海峡、直布罗陀海峡、马六甲海峡、巽他海峡和托雷斯海峡——这还仅仅是几个例子而已，很多在当代繁忙无比的海上通道，从前并不存在。

今天的某些海和很多大型海湾在当时要么不存在，要么形状差别极大。比如黑海曾经是一个深湖，没有与地中海连通的出水口，波罗的海也没有流入北海。像今天的波斯湾这类大型海湾，以前曾是陆地。

但在公元前 15000 年，一个不可思议的变化开始发生了，尽管非常缓慢：夏天和冬天稍微暖和了一些，冰川后退了一点。那些年纪大的人——他们的记忆充当着那时的公共图书馆——一定曾对年轻人说过，春天的某些花和树，似乎比以往提前发芽了。

公元前 12000 年到公元前 9000 年，冰盖的融化速度加快。在地球上很多适宜居住的地方，即便在某个人漫长的一生中，气候的变化也一定显得很不可思议。住在海边的人们还注意到了另一个变化：海平面在上升。事实上，在气候明显变暖前，它就已经在抬高了。

很多沿海的居民担心自己的房屋有一天会被淹没，而有些人则真的目睹了这一天的到来。没人知道这个奇怪的现象到底为什么会发生，不过，他们肯定会有自己的解释。他们不知道，也没有办法知道的是，世界南北两端的广阔冰盖正在慢慢融化，正是这些融化的冰抬高了海平面。

气候的改变随之引起了大江大河的改道。在公元前10000年前的非洲，维多利亚湖的水开始流入尼罗河，使它第一次成为世界上最长的河流。在亚洲的东部和南部，大河的流速剧增一定造成了深远的影响。这里的多数长河都要依赖亚洲中部高山的冰雪融化来补给，而这一时期的冰雪消融肯定在很大程度上增加了某些河流的流速。流入恒河、黄河和其他河流的洪水中泥沙混杂，部分便是冰冷刺骨的融水流量不断增加的结果。那些被淤积的泥沙覆盖的平原，后来便成为所谓的文明的早期摇篮。

有一段时期，非洲的北部让人类定居者趋之若鹜，因为在公元前7000年左右，这里一些在当代干旱缺水的地区，其时的常年降水量却是现在的三倍，湖泊和沼泽遍布撒哈拉地区。人们漫步于这片广袤无垠的大地上，放眼望去只能看到大片的草原或公园一样的景色，数不清的树木提供着亭亭如盖的绿荫。在那些环境状况更合宜的世纪里，非洲北部的人口增长速度一定很快。但随后，干旱来临了。公元前3000年之后，人们开始逃离这些不断扩大的沙漠。

公元前8000年时，海平面的上升完成。现在的普遍观点是，大海总共升高了 140 米。这是过去 10 万年中，人类历史上发生的最不同凡响的事件——比蒸汽引擎的发明、细菌的发现、登月和 20 世纪所有事件加起来还重要。升高后的海洋，加速了人类生活的转变过程，刺激了人口的爆炸式增长。

在亚洲的东南部地区，随着海平面的升高，不少地方的旧海岸线已经面目全非，不再适合这个名称。但要说变化最大的，还得算新几内亚—澳大利亚这块联合大陆的海岸。群山巍峨的热带新几内亚地区受影响尤为明显。冬季时，那些山脉的雪线能下降 3600 多米，但随着温度的升高，冬季时的雪线却上升了 1000 多米，进一步沿着山坡上行。在高地地区，气候越来越适宜农业耕作。不过，新几内亚并没有因为海平面的上升而消失：那些被海水淹没的土地和从冰雪寒风手中夺过来的土地，互相抵消了。随着海平面的持续上升，托雷斯海峡形成，致使新几内亚最终与澳大利亚分离。

由于澳大利亚大陆是所有大陆中最平坦的一块，所以海洋的升高对这里的重塑作用尤为明显。沿海的居民只能眼巴巴地看着这片大陆约七分之一的土地被海水淹没蚕食。到这场不可思议的事件接近尾声时，一些居住地一度离海洋有 500 公里远的部落，已经可以在风雨交加的夜晚，听到一种陌生又诡异的声响——海浪的咆哮声。

在澳大利亚大陆的最南端，上升的海洋制造出一个伸入内陆的楔状区域，将塔斯马尼亚变成了岛屿。这个分割的海峡越来越宽，海水也越来越汹涌，最终使岛上的人们陷入了

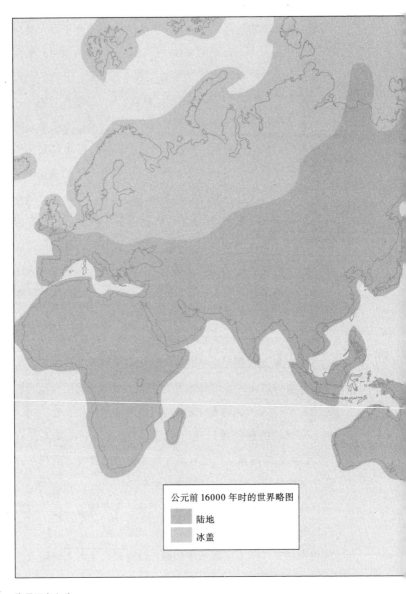

公元前 16000 年时的世界略图

陆地

冰盖

海平面在上升

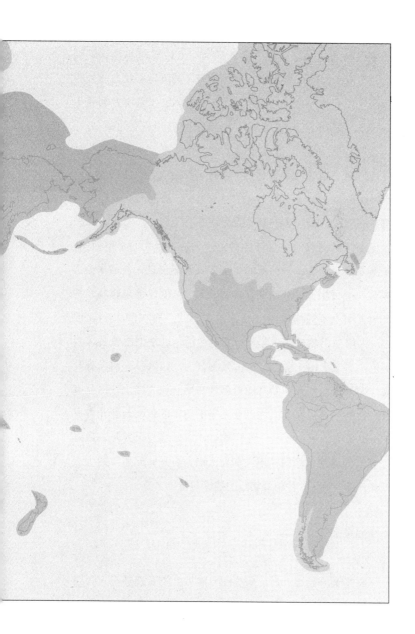

孤立隔绝的状态。这或许是人类历史上持续时间最长的隔绝。事实上，由于长久地与外界分离，塔斯马尼亚人的外貌特征发生了很大变化。比起他们的祖先，也就是澳大利亚土著居民，塔斯马尼亚人的头发变得鬈曲，身形也更为矮小。

与之相反的是，澳大利亚大陆并没有被完全隔绝。一系列岛屿像小河中的踏脚石一样，将它与新几内亚连接到一起，使得被一湾浅海阻隔开的两地居民，还能时不时地进行贸易活动。不过，这条窄窄的海峡在几千年中，实际上却扮演了幽深海沟或海上屏障的角色，只是原因我们不得而知。在新几内亚这头，一种新的生活方式开始涌现，人们学会了修筑大型种植园，开始贮存食物，人口密度也越来越高，并产生了完全不同的政治与社会组织形式。而在澳大利亚那边，人们却仍然过着采集与狩猎的生活，以小型游牧群体为单位，靠山吃山、靠水吃水。毫无疑问，如果海平面没有升高，如果澳大利亚和新几内亚仍然在同一块大陆上，而且有着广泛的联系，那么澳大利亚后来的历史应该会与新几内亚的历史更为一致。所以，当英国人在 1788 年登陆悉尼，最终打破这种隔绝状态时，澳大利亚人面对自身如此迥异的生活方式，体会到了一种刻骨铭心的震惊与错位之感。

失落的美洲

海平面开始上升时，离美洲大陆被人类发现还没过去很久。在公元前 22000 年以前,第一批人类可能跨过了西伯利亚与阿拉斯加之间的那个缺口,到达了美洲。在当时,亚洲和美洲两块大陆间,有一条寒冷的陆上走廊相连接,夏天的时候,要穿越它应该不会很困难。事实上极有可能的是,猎人们和他们的家人跨过这条走廊时,只是为了追捕猎物,但过去之后,发现那边对他们更有吸引力,便留了下来。从实质上讲,他们是这块新大陆的发现者,配得上青史留名,不过——至少在他们看来——他们做的只是平常在做的事情罢了。很可能有多批人群穿越了那条走廊,并沿着西海岸南下,到达了较为温暖的墨西哥地区。而他们在公元前 22000 年时已经出现在墨西哥这一点,可以由一些打磨过的黑曜石来证明,这些珍贵的遗物都是他们留在宿营地的。

当时,美洲的草原上游走着许多大型动物,让这里成了狩猎者的天堂。体形庞大的野牛、猛犸象、乳齿象以及马和骆驼,遍布这片大陆,只是它们并不知道,捕猎技术高超的猎人们就要来了。兔子和鹿这类体型较小的猎物可供捕获的数量有上百万,新的可食用植物也到处皆是。当冬天来临时,这里的新居民拥有的动物皮毛多得根本穿不过来。

美洲的人口开始不断增加。很多对人类宿营地遗址的挖掘都表明,在公元前 11000 年左右,美洲大陆的定居点迅速扩散。人们越过了巴拿马地峡,到达了南美洲。几乎没有什么障碍能够阻止这场南下行动,直到遥望见地球最南端的永久冰盖时,人们才停下来。

然而，在毫无征兆的情况下，抬升的海洋开始将美洲隔绝在了世界之外。在公元前10000年左右，亚洲和阿拉斯加间的陆桥——通往美洲的唯一关口——被上升的海洋切断，形成了白令海峡。虽然有一段时间，这条新海峡中间的海水曾经冻结成冰，人们还可以从上面走过，但随着气候越来越暖和，这样的穿越也变得危险重重。最终，美洲与外部世界的联系被全部切断，而这一片沉寂可能又持续了一万年。迁徙的鸟儿还会在两块大陆间游走，但人们却生活在了隔绝孤立之中。后来，美洲的居民已经变得对自己的起源地一无所知。

　　不过，在与亚洲的长久隔绝中，美洲并没有止步不前。人们迅速侵入了每块适宜居住的角落，慢慢地如开枝散叶般发展出了多种生活方式：因纽特的捕猎者来到冰雪覆盖的北极，狩猎采集者们则游荡到了遥远又寒冷的地球南端，还有不少人在南北美洲的众多区域将狩猎和农业耕作相结合，而另一些部落靠着西北部弗雷泽河与哥伦比亚河流域丰富的鲑鱼资源——和奴隶劳力——生存了下来。到公元前2000年时，美洲地区已经拥有了多种多样的经济与文化。

　　20世纪末的一种观点认为，不知为何，与世隔绝、繁密茂盛的亚马孙热带雨林，竟然在很大程度上逃脱了被人类侵扰的命运。随着西方世界的很多地区开始重新强调对自然的尊重，亚马孙热带雨林成为人们经常赞叹艳羡的对象。大自然在这里展现出了它脆弱又壮丽的原始一面：一条静默、壮丽的大河汇集百川，蜿蜒流淌在一个巨大的绿色盆地里。然而，现在我们已经知道，在美洲与欧洲、亚洲的那段长久隔绝中，即便是亚马孙河也有过令人惊叹的人类历史。美洲最早的陶器不是在中、北美洲制造出来的，而是出现在公元前5000年前的亚马孙热带雨林中。甚至还有证据显示，玉米这种神奇的谷物也是由这一地区的农人首先栽培驯化而成。而且奇怪的是，这一地区通常而言令人叹为观止的生态多样性，并不存在于未被人类染指的热带雨林当中，而是在那些曾被开拓进取的亚马孙农人耕作过、如今已被新生植被掩盖起来的地区。

同美洲地区一样，日本也被强行置于了长久的隔绝之中，不过日本的人类历史要比美洲的久远很多，海面抬升前数万年时，那里便已有人栖居了。而且，日本还曾是世界上有人定居的区域中最寒冷的地区之一，白雪皑皑的山顶长久地俯瞰着茫茫密林，其中与獐子、野兔和野猪相伴栖息的，有老虎、豹子、棕熊、野牛、某种大象以及其他大型动物，只是它们的数量一直在减少。

海洋抬升之后，将日本南部有人定居的区域切割成了一个个岛屿，对马海峡也很快形成，把日本与朝鲜地区隔离开来。当日本最终完全被隔绝时，其人口数量极少，总数不超过3万人。那里的大多数居民肯定生活在海岸边或近海地区，因为海洋可以为他们提供鱼类，低洼的山谷和平原在夏季也能供给野生蔬菜。为了在最大程度上利用好时令，人们会四处搬家，以期享受丰收季节带来的喜悦，不过，歉收的荒年也注定会到来。

在日本的绳纹文化时期，大多数人的寿命预期都很低，活到45岁已经不寻常，活到70岁简直就是奇迹。1949年，横滨地区曾挖掘出一些男性尸骨，通过X光检测，人们发现它们属于一个时常挨饿受饥的男孩。同很多游牧人群一样，他的牙齿有磨损的迹象，其中一侧口腔的下臼齿几乎与牙龈顶部齐平。这是因为当时的人们会在滚烫的石头或沙地的露天火堆上烤肉，所以一口吃下去时，嘴里除了肉之外还经常会有粘在肉上的沙砾，进一步加重了牙齿的磨损程度。

当时，九州岛上的日本人已经制造出了美观的陶器，其中一件的制作时间可以追溯到公元前10500年，比中国甚至整个世界上的任何陶器都历史悠久，而最近，更为古老的陶器也被发掘了出来。在绵延几千年的历史进程中，日本人的陶器设计逐渐变得和埃及、希腊和中华文明的陶器一样华美，只是遥远闭塞的日本对此一无所知。

与同时期世界其他地区相比，到公元前5000年时，日本的一些棚屋已经相当不错。人们会先挖一个坑，把面积大约4平方米的小屋墙体一部分夯入坑中，一部分留在地面上，然后再用垂直的支杆撑起茅草和芦苇做成的房顶。通常情况下，在说话可彼此相闻的范围内，会有四五座这样的棚屋矗立在一起，总共可容纳15人左右。由于炉火位于室外，在寒冷的夜晚，人们只能挤在一起，靠身体热量来获得大部分的温暖。这些人还饲养过一些小狗，或许是为了打猎和做伴。

现在在这些房子的遗址附近，人们能时不时挖掘出一些胸部和臀部造型都极度夸张的陶制人像。这些雕像很可能具有某种神圣意味，可以用来在女性生产时，为其祈求护佑。

当时在日本的某些地区，人们已经学会了储存食物。很多群体一年中会有部分时间住在树林附近，采集里面数量庞大的坚果，然后吃掉其中一部分，将另一部分储存起来。9月、10月和11月是采集坚果的时节，其中最先落到地上的是栗子。虽然它们的营养价值不如核桃，但存放起来却要容易很多，只需在房中或房外的储物坑中撒几层树叶，然后将这些坚果放在上面便可。与之不同的是，橡树这种落叶树掉下来的果实，还要费事处理一下：先用活水冲洗，去掉橡子上的丹宁酸，然后再用磨石将其磨成精细的粉末，让它拥有更好的口感。由于舂烂、研磨橡子——还有捏制陶罐——的工作主要落在了女性身上，所以这类频繁劳动还造成一种奇特的影响：拉长了她们的锁骨。

随着食物生产方式的日益精进，在公元前2000年时，日本地区的居民可能已经超过20万人，成为当时世界上人口最为稠密的地区之一。当然，要拿现在的标准来比的话，那时的日本还是一片人烟稀少的荒野。

吊诡的隔绝

在几千年的时间里，生活在现代日本和美国地区的人们，几乎完全与外界失去了联系，但这也让他们拥有了一段颇不寻常的经历。从表面看来，这种长久的隔绝似乎会永久性地阻碍其发展，因为当时的欧洲和亚洲正在发生急剧的变化，但时至今日，这两块曾经被孤立的地区却崛起成为世界的经济强国。

或许，我们可以为这个悖论找到些解释。地理上的隔绝，对于任何时代的人而言，都是一个十分严重的问题。但在过去的 150 年中，这类地理隔绝却变得有利有弊，有时还成了一种长处。在这个日渐变小的世界里，思想、商品与人类可以轻松地跨过一万年以前无法逾越的海上屏障。但是于侵略的军队来说，海洋却仍是一道壁垒。到了日本和美国身上，海洋的阻隔不再是劣势，反而成了长处，在很大程度上帮助两国避免了被侵略的命运，因为他们不愿意远涉重洋，卷入一场场代价高昂的战争。

在过去的 150 年中，欧洲一次又一次地被陆上和海上的战争削弱，虽然总会重新振作起来，但这种复兴与全球影响力所能达到的程度，还是因欧洲内部的分裂而受到了一定的损害。相较之下，同一时期的美国在本土上只发生过一场战争，而且还是内战，不是外敌入侵。假如公元 1800 年时的美国坐落在欧洲的话，大概永远无法崛起，成为世界的终极强权，因为孤立主义在那里完全派不上用场。同样，日本的主要岛屿在第二次世界大战的最后几个月中，也曾面临一场危如累卵的军事威胁，但最终并未遭到进攻。事实上，意识到进攻日本的艰巨性之后，别无选择的美国只好在 1945 年投下了世界上第一批原子弹，希望以此来迫使日本投降。总而言之，在海平面上升之后，那些曾经将日本和北美洲与世界隔绝、置二者于不利地位的地理因素，在某些特定情形下，成了得天独厚的优势。

第三章

第一次绿色革命

　　海平面抬升到新的高水位后不久，在叙利亚和巴勒斯坦地区，一场小规模的绿色革命似乎正在酝酿发生。与人们更为熟知的工业革命不同，这场小型革命的进展速度极为缓慢，其影响力也要在几千年之后才能被感受到。但是，人类生活正要走上的，确实是一条毫无退路的轨道。

　　巴勒斯坦地区的耶利哥，可以作为这场革命进行到公元前8000年时的典型示例。在这座由泥砖小屋组成的村子里，人们学会了在小块园地上耕种小麦和大麦。这些原为野生的谷物，由于谷粒相较其他野生谷物更为饱满，更便于收集起来磨成粗面粉，所以被人们专门选来耕种。村民们肯定先准备了好土地，挑选出成熟后也不会碎裂的坚硬种子，然后又以比自然生长更密集的方式将它们播撒到土地中，待其成熟后，再用石刀或镰刀收割，并储藏在村子里。现在，人类世界有一半的卡路里，都由为数不多的几类谷物提供，而首先种植它们的，便是中东地区的这些农人。

起初，耶利哥和附近村庄的人们没有驯养动物。他们的肉类多半仍然来自辛勤捕获的野生瞪羚和其他飞禽走兽，但在学会驯化小麦、大麦和豆类后不到 500 年内，人们已经开始饲养山羊和绵羊，虽然数量不多，且饲养地点大多是在村子附近。这又是一种食物贮藏方式：的确，畜群便是财宝。证据显示，早期的几种牲畜在不同地区均有驯化——现代土耳其和伊拉克地区的绵羊、伊朗山区的山羊、安纳托利亚高原的黄牛。绵羊和山羊都是群居动物，因此也更容易被驯服：驯服一只就等于驯服一群。

那些驯化牛羊并集中放牧的人，应该和那些驯化农作物的人不太一样。种植小麦或驯养第一只山羊，至少需要经过多次的敏锐观察，而这种观察可能一半来自男人，一半来自女人。很可能男人驯化的是动物，因为通常情况下，他们才是猎人，而女人驯化的则是早期谷物。刚开始时，谷类作物和牲畜并未和谐共处，早期的农人不想让牲畜在田地附近吃草，害怕它们会吃掉或者踩坏庄稼幼苗。

比起游牧生活，小农场和园圃的日常工作要遵循更严格的时间安排。如果到了除草、松土或者播种的时间，就一定要抓住机会，不然就会错失良机。这种新的生活方式需要纪律，需要履行一连串的责任，与采集狩猎时的自由散漫不可同日而语。

我们并不能确定为什么这种双面的突破会发生在地中海的同一角落。虽然这个地区的确有自身的优势，比如乡野间不但生长着两种颗粒很大的谷物，也生活着绵羊和山羊，而它们体形小、爱群居，比世界上大多数大型动物都容易驯服。但是这些天赐的优势本身并不足以解释这场变革，因为在世界历史上，机遇与运气相对而言一直很多，但能抓住它们的人少之又少。

其他因素也对这种新生活方式的开端造成了影响。抬升的海洋淹没沿海陆地，逼迫人们迁往内陆，结果促进了不同人群、观念和习惯的交流融合。而气候变暖又使得某些动植物更为高产，谷物的生长范围显然也比之前更广。虽然一向作为重要食物来源的大型动物在逐渐减少，但这也让人们意识到了驯化野生动物的重要性。

有很长一段时间，那些建起园圃、饲养牲畜的拓荒部落不得不和游牧民族共生共存，而这种比邻而居又导致了双方的剑拔弩张。在几近饥荒的时候，游牧民会因饥肠辘辘而动掳掠之心，抢夺临近存有粮食、饲养牲畜的村庄。村民们转而修筑防御公事，不断加强警戒。由于人数众多、组织有序——从事农耕就是在组织、计划——他们通常可以和游牧民在战斗中一较高下。

未来属于新的农民和畜牧业者。在饥荒时拥有谷仓就意味着拥有财富，而游牧时代的部落无法做到这一点。遇上大旱，拥有谷仓和绵羊或山羊的村子可以维持更久。

人们或许拥有羊群，但在某种意义上，羊群也占有了人类，将他们束缚起来。因此，传统的生活方式——采集、搜寻食物和捕猎的快乐——仍然有一定程度的吸引力，而且也确实能提供食物，尤其是在春天的时候。农业产生后的几千年里，很多村子仍然要在很大程度上依靠捕猎，靠在沼泽、森林和平原上搜寻食物来生活，而不是新生产的谷物、奶制品与肉类。

这种新的生活方式在地中海沿岸缓慢地传播着。到公元前 7000 年时，在希腊、塞尔维亚和意大利地区那些一路伸向亚得里亚海的低矮山谷中，可以看到人们精心种植的庄稼和饲养的羊群。到公元前 5400 年时，苏格兰西部和北爱尔兰地区有了使用原始铲子的农民。到公元前 3000 年时，斯堪的纳维亚地区也出现了一片片庄稼和一群群牲畜。

从希腊地区出现第一批农场到波罗的海地区出现第一批农场，中间相隔了至少 2000 年。在惊异于农场与牧群在欧洲的传播速度如此之慢时，我们应该记得这其中还有一个障碍：欧洲有 80% 的地区都被或密或疏的森林覆盖，而用石斧伐林（当时还没有铁质斧头）和点火烧荒的方式来把这些森林清理掉，需要耐心和汗水。还是搜寻食物来得省事些。

与此同时，牛群已经被牧民们赶着来到了埃及、利比亚和阿尔及利亚等非洲北部的许多地区。虽然这里最早出现的牲畜和农作物都是引进的，不过非洲人却驯化了驴这种可以负重的牲畜和体型较小的珍珠鸡，后来，这种鸡还成了古埃及人和古罗马人餐桌上最受欢迎的佳肴。猫最先也由非洲人驯化，后来，它们成了谷仓的忠实守护者，因为这些地方常有老鼠光顾。此外，非洲人还最早驯化通常被认为在谷物中品级较差的黍，培育出了穗子丰满的高粱和野生稻子、山药和棕榈油。

在任何地区，土地的耕作都是从最原始的方式开始，主要的松土工具是一根一头削尖并用火烘硬的木棍。这种用火硬化的木棍，应该是人类历史上最关键的发明之一——比拖拉机还重要——因为几千年来，它在世界各地都是农人的得力助手。

播种需要不断地实验。我们会容易认为，早期的农人会拿着一个装满种子的编织袋，边走过新翻松的土壤，边用手把种子大力播撒出去。但实际上在很多地方，人们并不知道这种撒种方式。在非洲一些地区，女人会用原始的铲子或锄头先挖几千个洞，或者用脚趾往松软的土壤中戳一下，然后在每个小坑里撒几粒黍。也有人先把谷粒含在嘴里，每挖好一个洞，就吐几粒进去。在非洲南部的某些地区，人们实际上只是把谷粒洒在草上或土上，然后再简单地犁一下而已。

公元前 3000 年之后不久，希腊发展起了一种以橄榄树和葡萄藤为中心的独特农业模式。在原本只适合放牧羊群的陡峭山坡上，人们建起了葡萄园和橄榄园，使一个村庄每年可获得的卡路里量增加了 40% 之多。人们不仅将橄榄油用在烹饪中，还用来点灯和清洁身体。地中海东部的饮食结构，最终因葡萄酒和橄榄油而发生了改变。

以前的游牧民族每天把大多数时间都用在了采集和打猎上，但新的社会秩序培养了各种专业人员，如烧砖的、造房的、烘焙的、酿酒的、制陶的、纺织的、做配饰的、当兵的、制鞋的、当裁缝的、看谷仓的、挖渠的，当然，还有务农的和放牧的。在各地区中，可能每100人中仍有90人从事种植或搜寻食物及类似的工种，其他10个人则担负起了一些特殊职责。新的技术专精人士也住在村子里，因此，大点儿的村庄逐渐演化为城镇。可见，在农业发展到一定程度前，城镇的出现着实难以想象。

对土壤、草地、矿物和渔业的有效利用，使得各地区供养人口的能力成倍增加，而这一点，游牧民族无论能力多强都是无法做到的。世界人口在农耕出现之前极少，之后却开始激增。在人类从初次尝试农耕和畜牧之时，世界人口大概只有1000万人。但到公元前2000年时，全世界的人口极可能已经达到了9000万人。两千年之后，也就是到耶稣诞生之时，这个数字已经达到3亿。

不过，不断增长的人口时不时地也会受到瘟疫的影响。但是游牧民们没有这类意识，因为他们自身拥有强健的体魄，不断的迁移又让他们将污物留在了身后，而且在热带气候下，光着膀子或穿衣极少的他们，会更多受到阳光的曝晒，便于杀菌。由于没有饲养禽畜，他们都较少受到疾病的困扰。与之形成鲜明对比的是，在新秩序之下，人们纷纷涌入城镇，反倒增加了感染疾病的概率。

因此，虽然新的生活方式为人类提供了更多的食物，增加了世界人口，但也方便了病菌的传播，导致了人口的周期性减少。每日照管新驯化的家畜，使得人们更容易暴露于那些此前只在动物间传播的疾病，比如，某种类型的肺结核便来自牛羊的奶汁，而麻疹和天花是因为人们放牛、挤奶和食用牛肉才传播开来，此外，某种类型的疟疾来自鸟类，而猪和鸭则是流感肆虐的元凶。

人 祭

这一时期，一种新的政治组织形式开始慢慢形成。在游牧社会中，权力主要由年长的男性把持，但到了新的农耕体制下，权力却逐渐集中到了一小群统治者或通常由男性担任的族长手中。在保护自己的城镇与农田时，族长会借机清算旧账，对付那些曾冒犯或伤害过他的敌人，并将他们抓起来役使为奴。游牧民族很少会用到奴隶，但正襟危坐的统治者却可以利用奴隶或苦力来修筑灌溉渠、宗庙、防御工事和其他项目。新的统治者还会以谷物、肉类或其他商品的形式来收税，而游牧部落的领地一直都没有税收这一说。

此外，新的统治者还会任命祭司，而祭司又反过来将正统性和道义上的支持赋予统治者。虽然自古以来，宗教本身便与人类息息相关，但全职的男女祭司却是新鲜玩意儿。他们能祈神降雨、结束干旱，为丰收创造条件，能在战争中击退敌人，甚至还有可能为那些原本心有不安的人提供一种内心平静。到公元前 3500 年时，欧洲和中东地区的很多村庄和城镇已经建起了不少规模恢宏的宗教建筑。

各种新的宗教反映了人们对宇宙及其运转规律的好奇之心，也表现了人类对大自然强大力量的畏惧与希望。自然需要被崇拜和安抚，因为一个地区的人口会被自然毁灭掉，比如雹暴会吹倒或砸坏庄稼，疾病会害死牲畜，虫灾或真菌会减少收成，春天会滴雨不降，疾病或干旱以及突发的山洪会导致野生猎物数量下降。为了保证土壤肥沃或者年丰物阜，人们必须要向各路神祇献祭，而其中最好的祭品便是活人的性命。这样的牺牲，可以打开通往丰裕富足之门。

新几内亚与美洲之谜

新几内亚的高地十分偏远，20 世纪之前，欧洲人还没有对这里进行过大规模的探索。但在另一种意义上，这里又并不遥远，反而是绿色革命的中枢之一。早在公元前 7000 年，新几内亚人便已经种植了多种山药和其他块根作物，以及喜阴的芋头、甘蔗和当地土生土长的香蕉，而那时农业还没有传入欧洲。人们亲手挖掘的沟渠改善了土壤，对当地简单的农耕形式颇有助益。有观点认为，种植技术是由东南亚传入新几内亚的，这种可能性虽说不大，但也不是全无可能。

在新几内亚，人们砍树用的是石斧，但这种石斧更像是印第安战斧，便于快速有力地砍击，而不像现在那种长柄大斧一样需要挥舞。这之后，人们会对林地和灌木进行烧荒，再在周围建起围栏，种植可食用的根茎作物，而肥料便是新烧出的灰烬。除草是一项重要任务，通常由女性承担。几茬作物过后，土壤的肥力会暂时枯竭，于是人们会在附近的林地上再辛勤开辟出一块田地。这是需要有大量体力、耐性和汗水才能实现的拓荒。这种轮垦的农业形式——有时被称为"刀耕火种"——需要大片的树林来支持，但每年其实只有小部分会被耕种。

和新几内亚一样，美洲也发展出了自己的农耕。到公元前6000年时，墨西哥地区已经在种植南瓜、棉花和辣椒等作物，后来又开始种玉米和豆类作物。公元前2500年时，在现代美国的东海岸地区也出现了种植园圃。一段时间后，农业发展成为美洲文明的根基，而最终，这些文明将被西班牙殖民者发现。

现在通行的观点是，美洲的农业及独特文明，很大程度上是独立发展起来的。人们广泛认为，海平面的抬升完全隔离了从亚洲北部来到美洲的新移民。但是，亚洲、欧洲和非洲文化对美洲的反复影响也具有可能性，不能完全排除。或许新一波的移民偶尔还会到达美洲大陆。

有几样证据比较支持亚洲与美洲仍保持了接触的说法。

比如，中国那种骨肉皆为黑色的乌骨鸡在美洲地区也有存在，且使用方式和中国一模一样——在施展法术和驱邪祛病时作为祭品，而不是用来吃的。这种鸡是从中国坐着第二波移民者的船漂洋过海来到美洲的吗？同样，一些学者认为，美洲热带地区独特的玛雅历法，可能来自位于现代巴基斯坦地区的塔克希拉，因为玛雅历法中的 20 个日期名称里，有 4 个直接是借自印度教神祇的名字。

太平洋地区这种思想、植物和动物的流动，很可能是双向的。不过，尽管如此，有一个农业地区还是要比其他崛起时间更早，影响也更具有活力：中东地区就像一团火，一旦点着，便不断散发出越来越多的光芒。

手工捏制的陶器——无论是被太阳还是烈火烘烤的——是这种新生活方式不可或缺的一部分。频繁迁徙的游牧民族用不着陶器，但一年中多数时候生活在一个地方的人们，却从陶器的发明中受益颇多。在现代西方世界，人们很难理解陶器为什么曾那么举足轻重，毕竟这些器具现在除了做装饰，已经很少再有人用。但当时，陶器在照明和做饭方面十分重要，而且可以有效利用燃料。人们曾制作过陶制的灯，可以让蜡烛直直立着的陶碗，还有可以放在屋内盛水或啤酒的大陶罐——有些陶罐有盖子和把手。无釉的陶罐尤为适合做容器，因为可以让水保持清凉。在喀麦隆地区的草原上，大陶锅曾被用来酿棕榈酒或者存放可乐果。尼日利亚地区的人们则会在葬礼上敲打陶鼓。在一些地区，陶工都由女性担任——她们经营的可是当时主要的制造业呢。

一个善于制造陶器的定居型社会，可以努力改善其饮食结构，例如，这样的社会与游牧社会相比，更有可能酿制出发酵类饮品，因为存储饮料需要大型陶罐。拥有陶器的社会也能制造酵母，并将其用在烘焙中，在陶制烤箱里烤出面包。此外，一个在陶锅里炖煮而不是在露天火堆或炽热的石头上烤肉的社会，也更有可能需要食盐。事实上，在中东和亚洲地区，第一种成为常规贸易商品的食物正是食盐。

陶工们还是冶金学家的继父和继母。有了陶工和他们的陶土做先导，才有了后来的金属加工工人和他们冶炼的矿石。尽管利用高温制造陶器并没有必然直接促成金属矿石的熔炼，却充当了这一过程中至关重要的步骤。如何最有效地利用燃料，如何鼓入新鲜空气来提高温度，如何处理陶器烫手的各面，要用多久来冷却它们——这些问题的答案，最终都成为用高温熔冶金属矿石的指南和启示。

世界历史上最重要的日子之一，就是人类借助熊熊炉火，从几块富含铜矿的坚硬岩石中提炼出高纯度的金属之时。在以色列南部与约旦的荒山遥遥相望的亭纳地区，人们曾出土了世界上最早的炼铜熔炉和炼铜作坊。这个在公元前4200年左右首次烧起的熔炉，实际上只是在地上挖的一个椭圆形小洞，大概有成人的一只手那么深。为了防止太多的热量流失，人们还在火上盖了一块简单的楔形石头，就像个松松的盖子。这只是后院里的一项工程，不过即便这么讲，都有夸大其规模之嫌。

炼铜最终使人们发现了制造青铜的方法。这一发现可能是一个偶然，但心思敏捷之人总能洞察出偶然事件中蕴含的重大意义。将 90% 的红铜和 10% 的锡熔在一起后，得到的便是青铜——一种比铜要坚硬但又容易铸造成形的合金。到公元前 3500 年，在美索不达米亚地区的城邦中，铁匠就已经在制造青铜了，只是他们在哪里找到锡这一重要原料，我们仍然不得而知。

神奇的是，不久前我们还有幸见到了一位生活在青铜时代的人的真身。他的尸体——骨头上还长着肉——竟然在 5000 年后被人们发现了。当时，这个人正冒险行进在今天奥地利和意大利交界处蒂罗尔地区的阿尔卑斯山脉上，他要穿过的是一个海拔 3200 米的山口，而这比现在山上最高的路还要高。当时可能是春季，所以为了保暖，他还穿着厚厚的衣服，头上戴着一顶由多块熊皮缝成的帽子，肩膀上披着一件由芦苇或韧草精心编织而成的斗篷，用来挡雪御寒。他的外衣由鹿皮制成，在走路时肯定能为他的上身保暖，不过这件外衣有没有袖子却不太清楚。当然，他的腿上裹着山羊皮绑腿，脚上还穿着小牛皮和鹿皮做成的鞋子。

这个人身上的装备表明，他不是短期出门，而是正在长途跋涉：一把铜刃斧头，一把燧石刀口、木质刀把的小刀，一个箭筒——里面还装着 14 支或折断或用过的箭——以及一张弓的半成品。由于他途经的这个地区不容易找到生火的燃料和引火柴，而在寒冷的夜里，火又那么重要，所以他还随身携带了一个制作精巧的桦树皮盒子，里面可以盛放余火的燃屑。这样，他不用费太大劲儿，便可以自己生火了。

不过，他最终还是消失在了茫茫的冰天雪地之中。或许，发现他迟迟未归后，友人们还一起搜寻过他的下落，毕竟，他的皮肤上有好几处小文身，所以要辨认出他来会很容易。但搜索中止了，一层冰毯慢慢将他盖了起来。一个又一个世纪过去之后，直到1991年，融化的冰雪才使他又重见天日。

第四章

暗夜之穹

在灯火璀璨的大城市里——当今世界的大本营——夜空的力量容易被人们忽视，因为在城市灯光的映衬下，天空看起来会暗淡许多。而且，很多关于人类事件的新说法，无论是世俗的还是宗教的，都在很大程度上取代了那些以日月星辰为基础做出的解释。但在很长一段时间里，无论是否有历史记载，夜空对于人类的经历，都有过辉煌又神奇的影响。在第一批文明崛起之后，这些"天上之物"越来越成为一种强大的象征。

闪电与流星之谜

在游牧部落和农村地区，气象事件曾激发起人类深深的恐惧。比如，塔斯马尼亚地区的很多部落就对狂风暴雨感到害怕。一名白人曾在1831年观察记录道："夜降暴雨，伴着电闪雷鸣，土著们表现出极为惊恐的样子。"次日晚间，目睹"一道电光"划过夜空时，他们又发出了惶恐不安的尖叫。或许，害怕被闪电击中也加重了这种恐惧。他们焦躁不安地看着一棵刚刚被闪电劈碎的树，就像世界另一端的德国农民一样，拒绝触碰裸露在外的木头。

很多年以前，当人们大多数时候还只能睡在繁星之下时，夜空便是人类的穹顶。孩子们从小便学会了观察群星在夜空中规律运行的轨迹。在难得的情况下，他们还可以看到夜空中一道道快速划过的光亮，其中一些是只会出现一两秒的流星，另一些则拖着一条像火光一样醒目的尾巴。过着游牧生活的猎手和采集者们在观测夜空方面尤为在行，所以通过观察，他们可能早就知道了凌晨时出现的流星数量可达刚入夜时的两倍。当奇怪的现象出现时，人们相信那是夜空在传递信息。

世界各地的人们都曾费尽心思来研究包括彗星在内的星星。没有什么比在夜晚看到燃烧的流星从天而降更让他们兴奋的景象了。大多数流星在坠落过程中便已燃烧解体，那些能闯入地球的也多半落到了大海里，但有少数还是会撞到地面上。这类落到地上的流星通常只剩一块黑色的石头，被称作陨石。人们认为这种石头看起来像是从神的世界落下来的东西，所以发现之后，会像对待神迹一样对待它们。墨西哥地区乔鲁拉大金字塔上的宝石、叙利亚地区的埃美萨（现代的霍姆斯城）供奉的石头，可能都是陨石。麦加的天房里的那块圣石，据说就是从天堂坠落人间的，因而受到了阿拉伯部落和先知穆罕默德的崇拜。

陨石或流星是神的旨意这种说法，似乎从它们冲向地球时发出的巨大声响以及炽热的光芒中得到了印证。在有些人听来，那声音宛如惊雷滚滚，而在蒸汽时代的人耳朵里，听起来大概像火车呼啸而过。在某些社会中，流星被认为预示着幸运，在另一些社会中，则成了不祥之兆。

生活在繁星之下的游牧民族，和那些生活在中东地区早期文明的朗朗晴空下的定居民族，有着各种观察夜空的理由。在没有月亮的夜晚，星空就像一条美妙绝伦的壁毯，高高悬在头顶，每个小时都会呈现出不同的样子，让人们观察、讨论着星移斗转的规律。在澳大利亚中部地区没有常流河的干燥地带，一些原住民部落将银河视为一条流过苍穹的宽阔大河。在其他民族眼中，天上住着强大的造物，而在另一些人看来，银河中间的晦暗缝隙则是恶魔的老巢。

发源于底格里斯河和幼发拉底河两岸的早期文明，同样继承了对星辰日月的尊崇。这里的人精通天文，可以推测出很多主要行星和星团的运行轨迹，而且反过来还认为这些变动能让他们预测人类活动。巴比伦人甚至学会了在月食发生很久之前，就预测出它的发生时间。

无论是占星术的兴起，还是对星辰如何可能影响人类事件的研究，现在都被学术圈认为是无稽之谈。但这一知识领域还是有一种假设性的逻辑，吸引了中国和中东地区那些早期文明中最优秀的头脑：如果太阳能影响夏季和冬季的形成，月亮能引起涨潮、影响历法，那为什么这些强大的力量不能同时左右人类的命运呢？这个问题在几千年来都让学者们好奇不已。医师们也对此颇为着迷，比如直到20世纪之前，连精神病患者都被称为lunatic，意指他们的疾病受到了月亮的影响，因为拉丁语中的月亮一词是luna。

月亮无论大小，出现时都颇具威严之感。作为夜空中最大的物体，月亮如王者一般雍容华贵地从夜幕上走过，每天的升落时间都会比前一天晚50分钟左右。新月我们是看不到的，因为它在白天会跟着太阳同升同没，但满月整晚可见。人们眼中的月亮充满活力、强大无比，还与每个人息息相关，在一些人看来，月亮拥有女性的特质，但对另一些人而言，它却有着男性的气概。一些人相信月亮是生死的象征，还决定着降雨的时间。人们认为，月亮会影响植被的生长，因此几千年来的一条农事惯例便是，农民要在新月期间播种。在后来的印度、伊朗和希腊地区，人们认为人在死后会飞升到月亮上。在天文学这门学问出现后，月相盈亏的周期构成了最初的历法。

"我做了一个梦"

夜，有所梦——欣喜的、可怕的、平和的、熟悉的，抑或怪异的。在很多部落民族看来，夜晚是一个神秘的王国，人只有在睡觉时，才被允许踏足其中，而梦境便是他们到此一游的证明。在加拿大北部地区，生活在哈得孙湾附近的土著人相信，在睡觉时，他们的灵魂会偷偷离开身体，暂时进入另一个世界。而澳大利亚中部地区的阿伦特人认为，每个人都有两个灵魂，睡觉时，第二灵魂会离开身体。他们的理解是，每个人的梦其实是他们同时看到了第二灵魂那些发生在身体之外的活动。梦境几乎相当于一种怪异恐怖的电视。如果离开身体的第二灵魂遭遇了什么可怕之事，那种恐惧便会立即传递给正在睡梦中的人。

在几万年前还没出现祭司和占卜者时，人们肯定会怀着敬畏之心讲述他们栩栩如生的梦境吧。梦的重要性，反映的是夜晚的重要性，因为梦境常发生在夜间。在某个简陋的营地，在游牧社会中，伸手不见五指的黑夜曾经几乎压制了一切，但如今几乎被灯火阑珊的大城市制服了。

到了现代，梦境的含义也悄悄地发生了变化，不再被简单解读为对未来的预示。心理学家西格蒙德·弗洛伊德认为，梦不是窥视未来的窗口，而是反映做梦者个性与过往的一面镜子。

很难说人类是什么时候第一次开始从月亮、太阳、星星和彗星中解读出了含义，但如果仅仅因为它们只在历史上有零星、简短的记载，便忽略夜晚和夜空的话，就等于忽视了人类历史中至关重要又让人无限着迷的一个部分。

隐秘的纪念物

　　游牧民族没有建造过什么大型的纪念性建筑，没有金字塔，没有宏伟的石柱，没有神庙，也没有灯塔，因为他们没有凿刻、搬运巨石这种庞然大物的能力，不过从某种意义上来讲，他们也不需要什么纪念物。纪念物的本质是宣扬某种重要性，但对于生活在1.5万年前的人们来说，天地间到处都是纪念物，不过只有训练有素的眼睛才能发现它们而已。

　　在一些游牧社会看来，天空便是他们的祖先创造的纪念物，而大地也是以同样方式创造的。每座崇山峻岭，大地上的每一处细节，都由这些最初生活在地球上的先人创造。在早期的澳大利亚人眼中，山川、悬崖、动物以及一切与他们的部落领地息息相关的事物，都是献给先人的神圣纪念物，因而要通过先人流传下来的宗教仪式、庆典和舞蹈，定期复现原来的创造活动。这样，现在活着的人便可以与那些先人保持接触，因为正是他们在很久以前创造出了这片哺育生命的天与地。

　　接下来要说的虽是后话，但应当提一下：后来的各种宗教也深受夜空的影响。犹太历法是以月相为基础创制的，宗教年份的起始时间由两个独立事件并列决定——大麦抽穗和新月初升。佛陀是在月亮运行周期中某个特殊节点出生的，而耶稣出生时，据说一颗引导星确定了他的出生地点。印度教和耆那教中有一个与灯有关的神圣节日，举行时间在某个月的月圆之夜。基督教历法中最神圣的日子是由月亮决定的，而在伊斯兰教中，历法也以月亮为根据，斋月正式开始的时间，要以肉眼能看到新月的时刻为准。中华文化对月亮和星辰同样推崇备至。而最早出现于中世纪时期的大学，也十分重视占星学。如果能在这些大学里当一名占星学教授，或者担任某位基督教国王或 12 世纪时某个军事将领的占星顾问，便意味着拥有了真正的权力。直到四个多世纪后，哥白尼才把占星术从学术的天空中打下来——但不是人类的天空：在那里，占星术仍然有着强大的影响力。

第五章

山谷中的城市

　　如果一位不知疲倦的旅者生活在公元前 4000 年的中东地区，而且完成了一场不同寻常——也不太可能——的壮举：从黑海沿岸一路走到了尼罗河上游，那他沿路不会看到什么叫人凝神屏息的纪念物，也不会找到任何城市，看到什么学习的圣殿或者奢侈的皇宫。但假如再过 1500 年，另一个旅者沿着前人的路线再走一遍，各种宏伟壮观的景象就相对常见了。不过，它们多数都位于这一地区的大河两岸。在文明的发展过程中，世界这一角的四条大河和其他遥远国度的大河，将会扮演核心角色。

　　中东地区的大江大河蜿蜒在干旱的平原之上，每年涨水之时，都能给这片土地带来丰富的养分。上千万吨的泥沙被洪水带到下游地区，就像一层肥料薄薄地铺在了早已耗干

河谷文明（约公元前 4000 年—前 2000 年）

养分的土地上。同样，在干旱季节时，灌溉渠可以导引河水灌溉龟裂的农田。比起世界其他地方，在洪水淹没过的平原上，只需要很小一片地区就能养活更多人口，形成更大规模的城镇。在那个陆上运输还很原始的时代，宽阔的河流还充当了超级干道，不用花多少钱，谷物和建筑用石便能被船运到王国的遥远地区。

金字塔上观风景

尼罗河的两岸哺育了埃及文明。这条河沿着一条狭长的谷地蜿蜒流淌，而谷地在上埃及的阿斯旺附近只有2公里宽。沙漠里的沙子实际上这里一点那里一点，如涓涓细流般被带到了河里。到下游时，谷地的宽度通常已经超过30公里，而在尼罗河三角洲地区，肥沃的低地与河道纵横交错，达到了200公里宽。在洪水暴发时，三角洲的乡村地带，也就是埃及财富的主要来源，会变成一片汪洋，将那些坐落在丘陵上的永久村庄团团围住。事实上，三角洲地区的村子常被人们称为"岛屿"。洪水退去之后，土地上已被覆盖了一层洪水带来的新鲜泥土，为来年又一茬大麦和小麦的丰收做好了准备。

但尼罗河并非总是宝贵的财富。如果洪水水位太高或流速过快，各种土堆的河坝和水道都会被冲毁。而且，河水也不会自己流到位置较高的土地上，所以随着农耕的不断发展，人或者套着缰绳的牲畜，还得用水桶或水筐把水从低处运到高处。

埃及曾有过一长串权势强大的君主，那里的城市壮观雄伟，宗教和经济生活朝气蓬勃，连年的丰收填满了谷仓，金银财宝则静静躺在皇家墓葬的永恒黑暗中。在埃及，生活着将领、官员，还有组织才能极高、善于记录历史的祭司们。他们的象形文字，作为一种早期的文字形式，一直是尼罗河沿岸地区信息交流的重要方式。

在这里，建筑师们设计着他们最精妙的方案，建筑工人用巨大的石块实现这些构想，数以千计的艺术工匠再用贵金属、铜、木头、织物和宝石进行装饰。在这里，运河设计师们规划设计着运输和灌溉的河道，其中一条运河甚至将尼罗河和红海连在了一起。在这里，科学家们增加了人们对月亮星辰的了解，并开创性地创制了将一年分为365天的历法。在这里，影响力巨大的祭司们招摇而行，构想出了一种新的来生观：公主们还会继续被尊奉为公主，但平头百姓也将有幸一尝永生的滋味。而国王作为化为人形的神，当然要建造一座陵墓才能配得上他的身份。

尼罗河一年一度的洪水并没有被当作理所当然之事。每个地方，就连沙漠中的绿洲地带，人们都建造了耗资不菲的神庙来纪念神圣的统治者，因为如果没有他的庇佑，就没有尼罗河一年一度的涨水。而作为报答，人们会把大麦、小麦甚至是土地作为贡品或税收，交给神庙。后来，这些神庙已经占有了尼罗河沿岸三分之一的可耕地。

在埃及一些地区——还有美索不达米亚平原——河流涨水后，会涌入沼泽或淹没三角洲地区，所以高高的芦苇丛在风中摇曳，是这里常见的美景。一群劳力会采割芦苇，用来制作茅草屋顶。芦苇草较尖的那头，还可被当作钢笔或尖笔，在湿陶土制作的泥板上绘画或写字。后来，这种刻写泥板受到了另一种产自河中的书写材料的挑战。纸莎草生长在尼罗河的沼泽之中——或者，如《约伯记》中所言："蒲草没有泥，岂能发长？"早在公元前 2700 年，聪明的埃及人就已经学会了将纸莎草做成一种厚厚的纸或仿羊皮纸，可以用芦苇笔在上面书写。这种纸张，作为官僚制度中不可或缺的要素，是埃及人自己的发明。

埃及人还有可能是最先把狗和猫当作宠物的民族。猫的形象会被绘刻在墓穴中，而在死后，它们的尸体会被制成干尸，为来生做好准备；养猫的家人会举行悼念仪式，为了表达悲痛，他们还会把眉毛刮掉。此外，至少在公元前 2000 年，埃及人便已在喂养灵缇犬，专门用来在打猎时追捕野兔。

在医学方面，古埃及人可能领先于当时的已知世界。巫术和知识被混在了一起，这在信奉者的头脑中成为一种强大的组合。他们对于人体的大部分了解，都来自将尸体制作成木乃伊的传统。在解剖、手术和药物方面，埃及人也有不少重要成就，比如他们很可能最先学会了使用绷带和夹板。在治疗用剂上，他们会使用鼠类或蛇类等动物的脂肪以及草药和蔬菜，而且每味药都要经过严格称重或计量。诗人荷马在他的古希腊经典史诗《奥德赛》中，曾称赞埃及的医师是最优秀的，但事实上到荷马那个时候，埃及人在医学技术、天赋和冒险精神方面的卓越声誉已经流传近 2000 年之久。

公元前 2600 年时，埃及人成为已知最早烘焙出现代样式的酵母面包的民族，不过在形状上，他们的面包更像是平摊的煎蛋，而不是希腊时代吃的那种高一些的长条面包。下面是炉膛、上面是烤箱的烘焙炉，便是他们的发明。

尼罗河地区的冲积平原产出的粮食常常会有盈余，不仅可以供养那些在田地里劳作的农人，还能养活另外十分之一住在城市里的人口，而这些人主要为君主及其侍从和祭司们服务。正是粮食的这点盈余，或者说财富的小小外溢，才使得埃及的一系列国王有能力建造起八十多座金字塔，用作皇家墓穴。

由于尼罗河沿岸地带只有一些低矮的丘陵和陡坡，所以比起多山地区，金字塔在这里更能彰显出一览众山小的俯视感。第一座金字塔建于公元前 2700 年。二百多年后的吉萨大金字塔（胡夫金字塔）的设计高度有 146 米，相当于一座 50 层的现代摩天大楼。建造过程中，动用的劳力约有 10 万人，包括了奴隶和每年尼罗河泛滥时那些闲散的农民。人们从采石场里开采出大块的石灰岩和大理石，还要在没有轮车或滑车的情况下，将石块运到工地。这些金字塔是迄今世界上最了不起的建筑体之一，而建造它们的王国在当时总人口才刚

过百万，就更让人惊叹不已了。埃及的人口后来将不断增长，
到大约 1500 年后的新王国时期，人口或已超过 400 万。

比起其他起源于河流两岸的文明，埃及享受了更加长久
的稳定期，在语言、文化方面的连续性尤为罕见。埃及的君
主制度绵延达 3000 年之久，是有史记载以来持续时间最长
的制度之一。虽然埃及的不足之处显而易见，但瑕不掩瑜，
它的优势也同样光彩夺目。

车轮初转之地

在美索不达米亚平原上，繁荣着一个可与埃及相抗衡的
文明。在那里，世界上第一个已知的国家及其世俗与宗教的
官僚体制，在公元前 3700 年左右开始崛起。这个国家位于底
格里斯河和幼发拉底河中间一片温暖的平原上。毫不夸张地
说，它是这座肥沃河谷的产物。

两条河流的源头水是土耳其境内高山上融化的雪水，在
流至平原边上时，已经走完了其全部里程的三分之二，而它
们最终汇合时，也已十分靠近大海。虽然这两条河偶尔会改
道或充满了泥沙，但好多个世纪以来，小船或皮筏子都要靠
它们把急需的木材从偏远林区运下来。种植了大麦和小麦的
两河河谷极为丰产，而且在大多数地区的农民还在用削尖的
棍子和简陋的锹子松土时，两河流域的人们已经学会了犁地，
使得几个农工便可以种植一大片土地。一部分大麦还被用来

酿制成啤酒，或许这是世界上最早的啤酒了。

美索不达米亚的南部地区被称为苏美尔，在这里的河流与运河两岸，耸立着一些杰出的城市。好几个苏美尔人建造的城市遥遥对望，到公元前3000年时，在此地一块面积和现在的爱尔兰共和国差不多大的地方，已经出现了18个繁荣发展的城市。据说位于现代伊拉克地区的乌鲁克，当时人口多达5万，而且全都能靠附近的农田供养，这些城市大多都是周围一小片疆域或城邦的首府，但频仍的战争让城邦的数量少了很多。对美索不达米亚平原南部的人们来说，被占领征服是常有的经历。

在这些城市里，神庙的重要性堪比三千多年后在欧洲地区出现的主教堂。祭司们用各种仪式、祭品和祈祷，请求能带来降水的风可以从正确的方向吹来，滋润干涸的土地。在祷告太过灵验的时候，祭司们还得祈求洪水快快退去。而且，他们对宇宙的神奇也大为赞叹。

美索不达米亚地区的城市是否比埃及更善于发明创造，是个不太容易回答的问题，但木质实心车轮是在这里发明的事实，却基本可以肯定。一辆装着实心轮的车，如果用牛来拉，载重能力可以超过由一群男性组成的小队伍。后来发明的那种有辐条的轻型轮子，改变了和平时期的运输方式，也导致了马拉战车在战争中的大规模使用。不过，不管在战时还是和平年代，有轮子的车还是最适合在平原上使用。

在公元前3400年左右，书写和阅读的艺术开始在这里的某座城市中兴起，当然，埃及也有资格为这个荣誉一争高下。早期的书写形式类似图画。人们用尖利的工具将这些象形文字刻画在潮湿的陶土上，然后再等它晒干变硬。一个盆里有两棵树，意思是果园；一穗大麦代表的是一罐子谷物；一个公牛脑袋边上刻个3，表示的是三头牛。这种书写的目的之一，是记录运到神庙中的粮食和纺织品数量，当然，神庙也担有仓库的功能。

计数的学问也有长进。河流周边更为发达的城邦创制了两种截然不同的计数系统，一种是60进制，另一种是10进制。最终，10进制胜出，不过60进制也享受了长久的胜利。由于巴比伦数学家的计算方法，60进制靠着每个小时里的60分钟幸存了下来。

在两河流域的土地上，敌对的城邦和帝国为了生存的权利而互相争斗。最终，靠近波斯湾地区的帝国被那些在山脚下安家的帝国取代。其中一个山脚下的帝国叫亚述。虽然它的名字和当今的叙利亚遥相呼应，但腹地却位于现代的伊拉克地区。亚述的第一个都城叫作亚述城，坐落在蜿蜒曲折的底格里斯河沿岸一片丰饶的平原之上。虽然在历史上出现的时间较晚，但亚述人却足够强大有力，制服了他们的对手巴比伦，还勇气可嘉地企图占领埃及。亚述成了当时西方世界里最强的帝国，从其版图边界骑马到达里海和波斯湾，只需要几天时间。

亚述王室的成员都是狂热的猎手，不是去野外打猎，就是在专为他们取乐而建立的狩猎园或动物园里。国王亲自驾着双轮战车前去打猎，拉车的三匹马还戴着眼罩，防止它们在奔跑时转移注意力。驾车的人站在无顶的车厢中间，身旁站着一两名猎手，随时准备放箭。

美索不达米亚地区的狮子，体形要比非洲狮小一些，是无数打猎活动的目标，所以它们灭绝的原因也就不难猜测了。根据一块从公元前 1100 年幸存下来的刻写泥板的记录，一位徒步打猎的王室猎手竟然杀掉了 120 头狮子。而他乘着相对安全的双轮马车时，又杀死了 800 头。

在亚述地区，科学（尤其是天文学）、视觉艺术以及工程学蓬勃发展；灌溉大师们设计了运河，将水引过平原、直抵大城市后，一片片得到浇灌的农田组成了一张郁郁葱葱的绿毯；精美的宫殿和神庙也矗立在亚述人的城市之中。而在战争这门艺术中，他们更是丝毫不落后于人。

公元前 1500 年左右，这里出现了早期的玻璃工匠。有好几个世纪，他们制作玻璃器皿时，都是将熔融的液体浇注在光滑的内核上，然后再将内核去除，剩下定型的玻璃。大英博物馆有一件精美的浅绿色萨尔贡花瓶，在不同的灯光下仪态万千。这个花瓶到底是在亚述制造的，还是通过贸易或掳掠流落到那里的，还不太清楚，但玻璃在当时只有富人才享用得起。

亚述的众多都城中，最令人赞叹不已的要数尼尼微。那里的房屋、草地和果园的用水均通过沟渠由山上引下，但由于沟渠要经过河谷，所以人们建起了一座有五个尖拱的桥来支撑。建造队伍很可能由数千名战俘组成，他们开采出厚厚的石灰岩，再将它们凿刻成整齐的大石块，最终切割并运送到长桥或沟渠附近的石头有 200 万块之多。如果这座公元前 700 年左右建造的桥能存续至铁路时代的话，上面可以并排跑三列火车，其宽度可想而知。

两千多年间，在两条大河蜿蜒流淌的广袤平原上，曾出现过很多城市。他们遗留下来了长方形的陶制泥板，上面记录着历代国王的名字和最早的字典。他们还留下了一些通过日晒或火烤制成的小桶，桶身上环绕着一行接一行的文字。由于在陶土还潮湿时，人们已经轻轻地画好了直线来引导书写，所以这些文字看起来极其工整。

人们在阅读这些豆大的字组成的信息时，一定十分急切吧。比如有块泥板上，一位天文学家或占星学家警告国王说，残月与旭日同升，是对在外征战的将士们的特殊警告。另一块大约在公元前 667 年烧制的陶板上则预言将有月食发生。亚述人相信，天空中的这些动静深刻地影响着人类活动，连小贼们偷鸡摸狗的行为都要受影响。

与之抗衡的巴比伦帝国，在天文学方面也毫不逊色。巴比伦的历法以月相为基础，并且认为就像太阳神掌管白天和日间诸事一样，月神掌管夜晚，而在众多互相竞争的神之中，月神更为强大。人们相信，夜空中的娥眉新月实际上是一艘小船，载着月神缓慢庄重地从夜空划过。很多个世纪之后，同一轮弯弯的新月将因为新出现的伊斯兰教再次流行起来。

月亮决定着历法，而新月则代表着一个月的开始。后来，巴比伦的天文学家最终将新月出现在地平线上的时间精确到了分钟。这个预测十分重要，因为历月并非从午夜正式开始，而是以新月的一角隐隐出现在地平线上的时刻算起。在巴比伦的历法中，12 个朔望月加起来是 354 天，这样便会让每年少 11.25 天，所以为了解决这个差值，巴比伦人会在历法中每三年增加一次"13 月"。

在两河流域这些有时被称为肥沃新月的河谷和高地地区，知识取得了长足的进步。不过，这些宽阔的谷地还是逐渐衰败了下来。在人类历史上，兴衰成败再正常不过，而这里饱受摧残的环境也进一步加速了其衰落过程。

但奇迹之处在于，幼发拉底河和底格里斯河下游地区一些绿油油的农田竟然延续了很长时间。在山峦起伏的偏僻地区，越来越多的树木被砍倒，要么用作柴火，要么成了建筑材料。同时，表层土壤流失严重，河谷逐渐淤塞，河流也经常漫过河岸。

在平原的部分地区，土壤的持续灌溉、树木及其根系遭受的破坏，导致地下的盐分慢慢向土表积聚，而淡水池塘也咸化严重。人们观察发现，与大麦不同的是，小麦无法承受土壤中的盐分，因此在某些地区，小麦变得越来越罕见。这些平原上发生的事情，让人们提前尝到了后来从澳大利亚到加利福尼亚的无数旱地灌溉区酿出的苦果。在公元前 2000

年后的十几个世纪里，美索不达米亚平原部分地区的人口慢慢变得越来越少。

曾经叱咤风云的城邦，还被周期性的战争不断削弱。他们举着弓箭、长矛和投枪，将战争变成了一种艺术。很多士兵还背着投石器——可能和他们的胳膊一样长——用来向百米开外的敌人投掷石块。为了保护自己，士兵们头上戴着长度及耳的头盔，身上还要穿着轻甲。

亚述人也是使用另一种武器的老手，而这种武器的名字就叫"恐怖"。当他们最终攻下某座拒绝缴械投降的城池时，亚述人会杀鸡儆猴，大规模地杀死、折磨或残害其中的居民。在所有的早期文明中，战争的溃败都是痛苦的经历，但被亚述人打败无疑更为苦难深重。不过，亚述人也有其建设性的一面，比如，他们会把暴乱或打败的民族发配到偏远地区，让他们在那里耕种土地或者修筑大型纪念物和公共设施。

擦洗一新的印度河城市

埃及和美索不达米亚地区的文明繁荣兴盛了一千多年后，在不远的东方又崛起了一个河谷文明。从白雪皑皑的喜马拉雅山上奔腾而下的河水，冲刷出宽阔的印度河河谷后，逶迤着流入阿拉伯海——几乎所有的河谷都坐落在热带地区之外，比如印度的名字虽然来自印度河，但这条河的大部分却位于现在的巴基斯坦共和国境内。

大自然对印度河河谷是非常慷慨大度的。肥沃的河岸上原先遍布密林，后来被砍倒，才露出下面的沃土。印度河对于农业而言极为有利，因为每年6月到9月间，流量比尼罗河泛滥时还大的洪水会淹没地势较低的地区，为它们盖上一层滋养万物的淤泥。证据显示，南亚季风带来的暴雨会进一步深入内陆，因此按现在的标准来看，当时的气候更为潮湿。泥沙俱下的洪水范围广、流量大，以至于在这一文明的某些遗址上，现在还覆盖着10米厚的淤泥。

　　早在公元前6000年时，河谷中就已经有农人在劳作。隔三差五地，他们还会遭到一些来自现代伊朗地区的民族的袭击，而这些人已经见识或听说过其他河谷文明。这里的人们慢慢创造出了独特的印度河流域文明，从公元前2500年兴起后，一直繁荣发展了7个多世纪。这一文明涵盖的地区面积约有5个英国那么大，由祭司王统治，并产生了众多大型的城市。其中一个叫摩亨佐－达罗，其人口可能有4万之多，是当时世界上最大的城市之一。城市的一端高高耸立着一座城堡，其街道如棋盘一般垂直交错，排水系统发达，淡水供应充足，就连私人住宅中都装配了砖石铺成的浴池。

　　在印度河流域的城市中，艺术造诣颇高的人们留下了记录他们日常生活场景的作品，许多居民都被刻画得身材高大、特别，有着半球形的大脑袋和宽宽的鼻子。女性下身穿着一种小短裙，用腰带系在腰上，上身则什么都没有。他们喜欢拿着铜镜子来欣赏自己的脸，用象牙制成的梳子将头发梳成圆髻，并用一种红色颜料装点自己的双唇和双眼。夜里，用植物油做的油灯或蜡烛则将他们的房子照得灯火通明。

多种小麦、大麦和豌豆、芝麻、芥菜籽在印度河流域都有种植，水果则包括了海枣和西瓜，而甘蔗和棉花可能最初也是在这里被驯化，后来才传到中东，进而又到了美洲地区。两种赫赫有名的农作物都出自印度河流域，这一地区的重要性可见一斑。

人们在河谷沿岸放养的动物包括了猪、绵羊、山羊、骆驼、驴和瘤牛。其中一些会被用作役畜，比如小公牛可以拉两轮板车，车上的篷盖还能为乘客遮阴。这里的人也喂养猫狗，而下蛋的母鸡可能也是在这里被驯化的。陶器在这一地区实现了大规模生产，为小孩子制作的玩具中甚至还包括会点头的玩具牛。

印度河及其一年一度的洪水，是这个文明的大动脉，但是这条大动脉似乎发生了阻塞。更多的森林被农人砍伐，独自生长的树木则被用作了砖窑里烧制泥砖的柴火。一些地区遭到了洪水的侵蚀，而另一些则出现了泥沙淤积的情况。为了躲避因河谷淤积而越涨越高的洪水，很多规模较大的城镇不得不搬迁到小丘之上，比如摩亨佐-达罗就曾重建了九次，通常都是在受到洪水破坏或威胁之后。

从作为权力中心的角度来讲，印度河流域文明的命数，要比尼罗河或美索不达米亚的河流附近的文明短很多。到公元前 1800 年左右，远在制造青铜器和铁器的新技术出现前，这里的城市便已经走向了衰落。此外，印度河河谷的气候也越来越干燥，更严重的是，还遭到了雅利安人的入侵——几个世纪以来，雅利安人一直在印度西北部地区不断扩张自己的疆域。

大型村镇的建立和动植物的驯化，是人类历史进程中极为重要的步骤，而早期的河谷文明又向前推进了一步。背靠着中东和印度河流域由淤泥滋养的山谷，它们不但做到了互相借鉴，有时还能互相促进。除了河流和淤泥，这些文明有一个明显的地理优势，那就是它们的两侧都受到了沙漠的庇护，为防御侵略者提供了天然屏障。河谷地区的气候也是它们的一笔财富，因为这意味着人们可以种植各种谷物，并方便地将其长期贮存下去。如果这些城市——其规模之大，当时的世界还前所未见——想要存活下去，那么谷物的有效贮存便是至关重要的。而亚洲的另一个文明兴起于中国那些温暖宜人的淤泥河谷，也进一步证明了由雪水滋养的大河在人类历史上所具有的举足轻重的影响。

第六章

神奇的大海

要说哪片水域对当今世界的崛起产生了最普遍的影响，地中海当之无愧。没有这片海和它独一无二的特质及不同寻常的地理位置，世界的政治、经济、文化和社会生活，无疑会朝着另一个方向发展。

在那个走海路运送货物和乘客要比陆运更便宜、迅捷的时代里——前提是大海风平浪静——地中海有着无可比拟的优势，从西面的大西洋一直延伸到了东边的印度洋的两个陆间海，也就是狭长突出的红海和波斯湾。地中海有一条长臂，那就是黑海，伸向亚洲的内陆地区，而位于意大利半岛两侧两条短臂，则几乎延伸至了欧洲白雪皑皑的阿尔卑斯山脉。

作为一条海上高速路，地中海连接起了非洲、欧洲和亚洲，让众多物产不同的地区产生了联系——铜、锡、金、银、铅、葡萄酒、橄榄油、谷物、木材、牲畜、染料、布匹、武器、香料、黑曜石和其他奢侈品。这里还是观点和宗教思想交流的快速通道。如果亚洲或非洲有这样一片面积广大、位置居中的陆间海，这两块大陆将会有着迥然不同的历史。实质上，地中海可以算一块战略性湖泊，而且有一个无可比拟的优势：直布罗陀海峡这个咽喉要道直接通向了宽广无际的大西洋。

地中海周围均有陆地环绕，因此可以长时间保持风平浪静的状态。在某些日子里，它就如一面平坦的镜子，即便在夏天也几乎少有风暴的侵袭。这里尤其适合大型的桨帆船行驶，部分是因为一年中的很多时候海面上基本无风，而在无风天中，船桨才是唯一的动力来源，可以方便桨帆船驶入狭窄的港口。如果换作一般的帆船，又遇到风向不利的话，试图驶入港口将会变得危险重重。

当风暴真正来临，白色的浪花随着巨浪拍打遍布鹅卵石的海滩时，桨帆船可在几分钟内倾覆。整个船队同样可能消失，生还船员寥寥无几。公元前 480 年，当波斯人进攻雅典时，战争的结局在一定程度上便是由一场越刮越猛的大风决定的，最终，波斯的舰队被风猛吹着撞到了希腊的岩礁之上。在一个又一个世纪中，地中海时而涌起的风暴，将会影响诸多著名人物的人生。

地中海的潮水涨落不明显，所以 24 小时之内的水位变化甚微，船舶可以停在码头或船坞，相对方便地卸货。只有

约公元 100 年时的罗马帝国版图

地中海（公元 1 世纪前后）

在几个吃水较浅的港口进出时，船舶才需要等待涨潮。威尼斯城只有水道，没有街道，所以只有在潮位较低的情况下可以通行。

这片狭长又温和的陆间海及其深邃的海湾，意味着军事强权可以方便地控制很大一片地区。后来的腓尼基人、希腊人、迦太基人和罗马人便轮流充分利用了这一点。在这里，人们还见证了船帆这一伟大发明的诞生。最早有关船帆的记录，可见于公元前 3100 年埃及制造的一个花瓶上。瓶身上的装饰图中有一面正方形的帆，类似画架上的一块大黑板。很显然，这面帆被用在了一艘航行于忙碌的尼罗河中的船上。早期的船帆可能由皮革或兽皮制成，但到公元前 2000 年时，它们已经被由亚麻的坚韧纤维织成的亚麻布所取代。在蒸汽船的时代到来之前，稳定的亚麻供应一直是海上强国的构成要素之一。

在把船帆升上桅杆，使用绳索的技能不断提高的同时，人们对风也有了更深刻的了解。到诗人荷马的时代，希腊人已经了解了有关风的很多知识和它们的盛行风向。事实上，风和星辰方面的知识，是那个时代出海时唯一的指南针。懂了这些，水手们在漆黑的夜晚航行时，只需要留意潮湿阴冷的狂风来自哪个方向，便可确认自己的位置了。由于地中海地区的风通常由西方吹来，所以被称作 Zéphuros——希腊神话中的西风之神。

如果风吹来的方向对航行有利，桨帆船上那面正方形的帆便会升起来，但如果风不够大，船员就得发狠力划桨了。后来，小桨帆船变成了大帆船，因为后者在海战时更受偏爱，可以装下两层甲板的桨手，而不是一层。接着，又出现了有三层甲板的三列桨战船，最多或可容纳170名桨手，只是坐在最上层的桨手们必须要使用很长的桨，否则桨叶够不到水面。

　　帆和桨的结合，使得船只获得了单独使用其中任何一项都无法达到的速度。因此，即便风很轻，但只要是顺风，桨手也充足时，桨帆船的速度就能从4节提高到6节（1节等于1海里／小时）。有时候风力强劲的话，还可以推动船速达到10节，这下连桨都不用了。不过，如果在两根桅杆上升起帆的话，有时候会导致船体严重侧倾，船桨就没啥用了。

　　在雅典，海军的桨帆船更多依靠的是自由人劳力，但货运桨帆船则更多是靠奴隶。如果风平浪静，在希腊城邦及殖民地拥有的船里，一定有上万名奴隶坐在划桨长凳上努力工作吧。他们的脚踝上套着镣铐，除了待在划桨的位置，哪里都去不了。如果他们的船在战斗或风暴中突然翻沉，逃生的希望会十分渺茫。

　　地中海，尤其是其北岸地区，将会发展为权力与创新的中心。这里越来越大的影响力，可以归因于两方面，一是以前没有航海经验的人在船舶方面的技艺越来越精湛，二是另一个缓慢发生的事件：廉价铁的出现。

　　铁制物件一直以来都是奢侈品，因为早期的铁并非来自铁元素储量丰富的岩石，而是上天的馈赠。有很长一段时间，陨石提供了人类唯一可使用的铁，而且因其来自天上，所以通常会被专门用在宗教祭奠的仪式中。后来，人们从岩石中发现了铁矿，并用原始的方式对比重较大、富含铁元素更多的小矿穴进行了开采，试图将与铁混杂在一起的废料分开。铜的提炼为人们提供了指引。公元前1500年左右，虽不知名但才华横溢的冶金学家们学会了熔炼铁矿石的方法：将熔炉的温度提高至约1500摄氏度——这比熔炼铜需要的温度高出400摄氏度。很快，从地壳中提炼出的铁就比从天上掉下来的铁便宜了很多。不过，虽然金属铁将会改变犁地和砍树的方式，但它仍然十分昂贵，很多欧洲人连一小片都没有。

在公元前1000年时的希腊中部地区，铁已经对青铜作为珍贵陪葬金属的地位构成了挑战。两个世纪之后，铁制器皿和武器已经在爱琴海沿岸得到了广泛应用。虽然木头还是更重要一些——即便在制作劳动工具时也是——但铁特殊的坚硬和锋利度，还是在改变着战争、农业和其他一些工艺行业。

雅典的璀璨之光

在离现代相对较近的时代里，每隔几个世纪，都会出现一段短暂却活力四射的时期，在完结很久之后，还如一盏明灯屹立在孤独的海岸上。这些时期通常都局限在世界的某个小角落，但它们发出的光无远弗届。希腊人点燃的，便是这样一盏灯，日夜燃烧在高高的岬角上，俯瞰着一片大海，并且在好几个世纪中，隔着很远都能看到。

希腊的殖民者不断扩张着。在今天的黑海上，游客们乘坐海滨游艇到达俄罗斯港市苏呼米时，会被告知他们经过的那片此起彼伏的沙丘下，隐藏着一处古老的希腊城市遗迹。到公元前 6 世纪时，希腊殖民者已经占领了法国和西班牙南部一线的海岸。他们的殖民城市零星分布于意大利南部、西西里岛、非洲北部、克里特岛和塞浦路斯岛沿岸地区，以及今天土耳其沿岸的狭长地带。这些城市规模虽小，但充满了活力，而它们的活力部分就体现在相互间永无休止的争吵上。假如他们没有发生冲突，而是联合起来的话，可能会征服当时绝大部分的西方世界。

雅典从希腊的众多城邦中脱颖而出，成了其中最耀眼的一个。它的领土位于一个叫阿提卡的地区，多为丘陵旱地，面积只相当于今天大洛杉矶地区的城区，人口总数不超过 30 万，然而这里却是当时世界所见过的最有影响力的一块区域。在公元前 480 年遭到波斯入侵者的烧杀掳掠后，雅典人奋起反抗，彻底打败了敌人。失败和屈辱给了他们机遇和鼓舞，充满野心的梦想被刻在了石头之上。帕特农神庙从公元前 447 年开始修建，历时近十年才完工，里面安放的一尊女神雅典娜的优雅雕像，由菲迪亚斯雕刻完成，上面还用黄金和象牙做了装饰。

雅典和其他一些希腊的城邦共和国，引领了艺术历史上一次光彩夺目的绽放。希腊的艺术家们不但取埃及人之长，更从自身令人兴奋、自信的智识氛围中获得了给养。公元前520年到公元前420年间，可能是希腊艺术最为辉煌的时期，流畅、典雅的风格在众多建筑、绘画和雕塑中都留下了自己的印记。

贸易活动的扩张，使得人们急需一种新的交换媒介来取代笨拙、累赘的以货易货方式，于是在公元前670年，希腊的爱琴岛成为最早铸造硬币的地区之一。这些银币正面印着海龟，极具辨识性，为货物交易带来很大便利，因为如果没有想要交易的货物时，商人们可以直接收取货币。

各种物品，小到小指头大的钉子，大到威严壮观的神庙，都展示了希腊艺术家的高超技艺。加利福尼亚州的盖蒂博物馆藏有两枚公元前6世纪末时用水晶雕刻成的微型圣甲虫饰物，其中一枚描绘的是一个年轻人牵着一匹正在甩尾巴的马，另一枚是个小戒指，颜色几乎像熟透后的红加仑，描绘的是一个全身赤裸的年轻人正用一把弯刀刮擦腿上的油脂、污垢和汗水。

在奢侈生活这门艺术中，希腊城邦（尤其是西西里岛和意大利南部）的社会精英同样是完美主义者。他们的美食珍馐全都从远方运来，包括小小的海鞘在内的海鲜在市场上也十分常见。家禽约是在公元前600年左右从印度引进的，不过在希腊的农家小院里，最受欢迎的家禽还是小鹌鹑。

对于奴隶和穷人来说，食物的主要来源是小麦、大麦、豆类和掉到地上的橡子。肉类在当时很稀罕。有时，普通人家几乎连橄榄油——可以当黄油抹在面包上或作为烹饪用油——都买不起。事实上，雅典附近生长的大部分油橄榄会被压榨成油，然后装进巨大的陶罐，运到遥远的港口去。对穷人来说，喝杯红酒（一般都会兑水）可不是天天都能有的享受。

克罗顿的摔跤手

希腊人是最早痴迷于竞技体育这种具有现代特征的活动的民族。当时仅对希腊世界的公民开放的奥林匹克运动会，是那里四年一度的盛事。通常认为，第一届奥运会举办于公元前776年，类似于一个小型的嘉年华。不管是赛跑、投掷、摔跤，还是驾驶双轮战车，希腊的运动员起初是穿着衣服的，但最终，在人山人海的竞技场里，几乎所有运动员都更愿意赤身裸体了。

有些野心勃勃的城邦还开始招募运动员，并在他们赢得比赛后重金嘉奖。专业性悄悄渗透到了这个节日当中，不过，欧洲人后来在1896年重新恢复奥运会时，仍然称赞古代希腊的奥运会才是最接近非职业化体育本质的赛事。意大利南部地区一座名叫克罗顿的希腊城邦，展现出了现代人才具有的那种不惜任何代价赢得比赛的决心。克罗顿十分富有，规模也很大——绕着城墙走一圈大概需要两个小时——所以吸引了很多其他城市的运动员慕名前来。从公元前588年开始，克罗顿的跑步健将们在接下来的一百年中取得了一次又一次的胜利。

运动员麦洛连续六次赢得奥运会的摔跤比赛，为克罗顿带来了无限荣誉。他的肩膀非常宽阔，强壮到能扛着一头公牛绕体育场走一圈。有一次，他在一天之内便吃掉了一头牛。当他走在城市里，呼吸着夜晚的空气时，他的出现一定激起了市民无比的自豪感，可能要比这个城市的另一位不朽人物、赫赫有名的数学家毕达哥拉斯给人们带来的自豪感还多。

但嫉妒和竞争削弱了希腊的城邦。有人曾预言说，国际体育赛事将是国际战争的恰当替代品，但是克罗顿和锡巴里斯这类同操希腊语的竞争对手，却用它们的经历向这种说法提出了质疑。锡巴里斯嫉妒克罗顿在运动方面的勇猛实力，于是在公元前 512 年举办了自己的体育嘉年华。但克罗顿不以为然，最终派遣军队直捣锡巴里斯，而且统帅不是别人，正是摔跤手麦洛。希腊人打希腊人，神庙的地板与芳草茵茵的运动场上鲜血四溅。欲乐之城[1]几被摧毁。

希腊城邦还很擅长大众政治这项运动。他们进行的民主实验，可能比其他早期社会更为深入。在雅典，产权人几乎每周都会举行集会，向那些权力在他们之上的人发表演讲、做出指示。而且，这些当权者的任期很短，没人可以长期大

---

1 由于锡巴里斯人（sybarite）极为富有，生活也十分奢侈，后来人们便用
   sybarite 来形容生活骄奢淫逸、纵情欲乐的人。（注释均为译者所加，后同。）

权在握。即便权力很大的"五百人议事会"——由500名年龄在30岁以上的男性组成——也总是处于不断变动之中。其成员均由抽签或抽彩决定,且每个人一生中最多只能担任两年议员。在议事会之上,还有另一个组织,其成员同样由抽签决定,负责正式主持城邦及边远地区的事务。这个组织的成员任期短得更惊人,只能从第一天日落统治到次日日落。实质上,这就相当于公民大会将其权力中的很小一部分出租给了高级官员,然后再把这些许权力召回、检验。

这样一个时常征战的小国,是如何以这种方式得到有效治理的?因为军队的领导人在某种程度上并不受短期权力的约束。在公元前5世纪雅典民主的最高峰时期,军队领导人是由个人选举产生的,而非抽签决定。

在危机或战争时,希腊的民主十分脆弱,就像现代的民主制度一样,不但决策缓慢,还不愿意征收必要的赋税。希腊杰出的思想家之一亚里士多德便发现了这种鲜见的政府模式中隐藏的优缺点。他惋惜地说道,如果有太多贫穷的产权人参加公民大会,那么他们为自己争取的补贴会把国家榨干。在他看来,"穷人总是在得到,还一味要索取更多"。不过,他倒是支持所有拥有土地的人都有管理国家的权利和缴纳税收的义务。

在雅典,公共决策由人民直接做出,而不是像所有现代民主实践那样的间接式民主。不过,雅典的民主就像这个城市通往港市比雷埃夫斯的道路一样,也被围墙圈了起来。只有那些正式被划入公民阶层的人才有资格发言和投票，而且从公元前451年开始，雅典公民若与外国女性通婚，就等于剥夺了这之后出生的子女的投票权。穷人无权投票，妇女和无数奴隶也不能投票，只有男性的产权人才可投票，但是很多农民因为太穷或者住得离雅典太远，根本没有工夫停下活计去参与那些沸反盈天的辩论。

雅典人信仰民主，但不相信平等。在他们看来，人生而不平等，也永远不会平等。在公元前330年一场火药味十足的演讲中，雄辩家狄摩西尼便十分蔑视同为雄辩家的埃斯基涅斯，指责他出身卑贱："你年幼时便成长于赤贫之家，与你父亲在他的学校里研墨、擦凳、扫屋，做着卑贱下人而非自由人做的事。"说得好像一个人卑微的过去永远都不能被原谅一样。

在跨越无数年代的无数目不识丁的无数不同部落社会中，不管是讲故事、写诗，还是当个预言家或说客，扣人心弦的表达能力都是人们所珍视的。希腊人称之为雄辩，并将它发展成了一种艺术形式。雄辩术同样还是一种权力工具，因为在露天集会上，那些吵闹又善变的投票者——有时会多达6000人——很容易被魅力无穷的演讲者左右。

希腊人是论辩大师，而点缀在地中海沿岸的希腊城市则是暴力大师，且不论这种暴力的需求是真实的还是假想的。当雅典人正在聆听雄辩家们的连珠妙语时，西西里岛上的希腊人却正在相互残杀。锡拉库扎这座强大城邦的僭主阿加索克利斯，曾在一天之内屠杀了4000人。不过，这一纪录后来被罗马人刷新了。

希腊这些无与伦比的港市，即便在民主死亡之后，仍然沸腾着知识的能量。今天很多目光敏锐的学者指出，雅典的柏拉图是最天才的哲学家，而亚里士多德则在现在所谓的政治科学领域备受尊崇。在建筑和艺术方面，虽然希腊的城邦从埃及那里有所借鉴，但也有自己的创新。在医学方面，科斯岛上的一位医生在当时的西方世界独占鳌头，而他的名字则在当代医生们的道德守则"希波克拉底誓言"中得到了永生。在物理学、伦理学、语言学、生物学、逻辑学和数学方面，希腊那些最杰出的思想家和探索者，犹如暗夜之中一连串闪烁的光辉此起彼伏。在历史学方面，希腊人同样是开路先锋，连英文中的历史一词都有着希腊的根源。此外，他们的活力与才干还体现在了戏剧、体育、民主政治以及艰深晦涩的抽象概念当中。

工程学是希腊人的另一个强项。在公元前6世纪的萨摩斯岛上，人们为了开发淡水资源，竟然在高高的石灰岩山脉中挖出了一条一公里长的引水隧道。而在差不多同一时期，希腊的石匠还最先开始使用齿凿，这在雕凿大理石时用处极大。同样，希腊的建筑者们也可能最先学会了使用起重设备，将建材吊运到越修越高的城墙上。不过比较起来，他们还是更喜欢用奴隶来干这些。

总体来说，希腊人在科学上比在技术上要更胜一筹。就连他们最巧夺天工的武器也需要大规模的人力才能使用。在公元前 304 年围攻罗得岛时，他们修建了一个装有轮子的可移动攻城塔和石弩来协助进攻，但是光把这个兵器拖运到位就需要数千人。

一座新兴的埃及城市，成为雅典传统的主要继承者，这就是亚历山大城。这个始建于公元前 331 年的城市不断崛起，逐步发展为西方世界的知识发电机。人们在这里修建了了不起的图书馆和博物馆，吸引了欧几里得等才华横溢的希腊学者前来做学问。在医学研究方面，解剖学家希罗菲勒斯不断取得进步，在公元前 285 年还对人脑和眼睛进行了解剖，而差不多 25 年之后，这里又诞生了一座著名的医学院。大批犹太人成群结队来到这个城市做生意，与其同行的犹太学者则把《旧约》从希伯来语翻译成了希腊语——该版本被称为"七十士译本"，因为有七十多名译者参与了翻译工作。

如果那个时代就有科学、医学和文学方面的诺贝尔奖，那么亚历山大城的获奖者肯定比其他城市都多。不过，如此的智慧和创造力，却并未改变这个文明的日常工作方式，因为在那里，奴隶充当着万能机器。当时的亚历山大城和其他希腊城市，有能力迈出许多在两千多年后引发工业革命的发展步伐，但是他们没有发动工业革命的需要，奴隶就是他们的机器。

强大的古希腊文明，现在以亚历山大城及欧洲和小亚细亚这些旧日的希腊心脏地带为中心，完全不缺乏文化自尊，反而时常成为被模仿的对象。在两千多年后的世界地图上，就连那些希腊人闻所未闻的地区，也遍布着希腊文明的回响和记忆。比如美国早期的首都费城的名字就来源于希腊语，而纽约上州地区则矗立着锡拉丘兹、伊萨卡及一堆用名字向古希腊致敬的城镇。在 19 世纪 50 年代的澳大利亚，掘金者们从墨尔本出发前往新的采金区时要经过两座大山，而它们的名字就叫马其顿山和亚历山大山。

美国阿拉斯加州地区的一个群岛和南极洲对面的一个岛屿也以亚历山大命名。19 世纪时，世界上最大的三个帝国在很长时间内，都被有希腊名字的君主统治着：英国的亚历山德丽娜·维多利亚女王、俄罗斯帝国的亚历山大二世皇帝和法国国王路易·菲利普。

或许，受到古希腊文明最大影响的还要算罗马帝国，尤其是公元前 200 年之后的罗马人，更是乐此不疲地效仿希腊文化。他们热衷于最先在雅典兴起并逐步定型的希腊文学、戏剧、美食、政治、视觉艺术和雄辩术，以及大部分生活方式与文化。这种模仿的过程和当今世界范围内对美国流行文化的效仿十分相似。

雅典以人们几乎无法预料的方式渗透和影响着世界。不过，到它默默地成为罗马人的老师时，其政治黄金期早已一去不复返了。

第七章

黄河神，恒河王

从欧洲中部到亚洲地区，贯穿着一条由草场铺就的高速公路。这条路始于多瑙河沿岸，除有时会被山脉和湖泊阻断外，一直绵延至中国东北地区的密林之中。若按海岸线来算，那它几乎从亚得里亚海一路伸向了黄海。这条宽阔走廊的沿线土地或贫瘠或肥沃，但俄罗斯南部地区的土壤饶沃、气候温和，所以被称为干草原。公元前 2000 年后不久，这里的人们取得了一个重要的胜利，那就是学会了驯化饲养野马，而在此之前，这种动物仅会被当作可供食用的猎物。

和今天的马不同，这些土马比较矮，体形也很娇小，不过却是宝贝。训练得当的话，它们会成为忠诚又聪明的好帮手。如果和骑手主人失散，它们还能自己找到回家的路。马可以为婴儿提供马奶，这就使得母亲能早点儿给孩子断奶。

相应地，怀孕间隔也因此变短，干草原上的人口便有了快速增长的可能。马还为人们提供了肉，这在冬季食物短缺时尤为重要。干草原上树木稀少，但马粪干了之后，却可以充当燃料。有了马匹，地广人稀的草场最终养活了越来越多的人口——或许多过了头。

很多个世纪之后，尤其是公元前 700 年以后，人们学会了骑马打仗，使得远距离作战成为可能。这就意味着不但可以突袭敌人，必要时还能迅速撤退。公元前 500 年左右，人们又发明了马镫，也就是由一根皮带吊着的两个金属脚踏，骑手们可以踩着它们，站在飞奔的马上，使出全身力气把长矛刺向敌方的步兵。

干草原上的骑手们要面对的敌人很多，而马弥补了人手的缺乏。和敌人打仗时，一匹战马常常能抵得上十个步兵。

鸟瞰中国

公元前 1500 年左右的中国，不但在政治组织、金属制造、书写方面，甚至有可能在农业和天文学方面，都落在了中东地区的河谷文明后面。但是在制作窑烧陶器方面，中国和日本却非常先进。这些以火为基础的技能，为冶金学的发展铺平了道路。冶炼青铜也成了中国人的专长，他们的狩猎战车上装饰的青铜，像极了战后美国那些大车上的镀铬装饰板。接着，有些中国人开始学习铸铁，到公元前 400 年时，他们已经学会了专业化地制作犁铧，也就是用来翻土的坚硬切削刃。窑炉中所需的极高温度，则是通过精密复杂的双动活塞式风箱鼓风实现的。后来，有些风箱还开始利用窄溪的湍急水流产生的动力来驱动。

在1世纪前的五百多年里，中国人曾一度是有据可查的历史上最具创造力的民族。在冶金学方面，他们是王者；在水利灌溉技术上，他们推陈出新；在数学和天文学方面，他们上下求索；他们用纺织机织出了可制作精美服饰的丝绸；还利用人力独轮车、牛车和牛犁以及马车，成了陆路货运方面的行家里手。

中国境内较大诸侯国的统治者们十分奢侈，靠着辛勤的农民和工匠制造的财富过着锦衣玉食的生活。虽然很多中国人拥有自己的小块土地，但他们也要把自己的部分时间贡献出来，满足统治者的需求，比如建造公共设施，或者参加诸侯征战。而且，统治者们在去世后还要利用农民：当某位王公去世后，陪葬者可能多达40人。在早期的几个世纪中，君王认为这些陪葬者以及随葬的几千件玉器和青铜器，可以继续在来生满足他的需求。但后来，连修筑那些复杂陵寝的建筑工人也要陪葬，因为这样他们就没有办法向别人透露如何进入那些精心隐藏的墓穴，偷取里面的珍宝了。

当时的中国由一百多个独立的小国组成，但在公元前700年到公元前464年间，这些小国都在战争中被兼并消灭了。现在，七个诸侯国统治着中国的大部分领土，而之后的一系列战争又将这个数量减少到两个，然后只剩下了一个。到公元前221年时，中国实现了统一。

对中国官僚体制的治国理念影响最大的人是孔子。他是一位学者，在地中海沿岸的国家中，我们最有可能在雅典城中找到与他类似的人。孔子认为，美好的现世要比任何来生都重要。

孔子于公元前551出生于中原地区靠近黄河的一个小国，属于某个没落、陈腐的贵族支系。起初，他在乡下任职，管理仓库和畜牧——现在一些抱负远大的年轻人会把这类微不足道的工作罗列在简历里，以便向未来的雇主证明他们没有虚度光阴——后来，孔子成了全职教师，不过这在当时是个无足轻重的职业。

孔子认为，贵族应该实行明智、仁爱的统治。而且，他推崇等级思想而非平等；他更信奉旧制而非新事物；他认为现在的人可以从先人那里学到很多；他赞扬礼制、忠贞、谦虚和仁义。有一次，在回答他是个什么样的人时，孔子还可爱地用第三人称描述了自己："其为人也，发愤忘食，乐以忘忧，不知老之将至云尔。"

孔子在73岁高龄时去世。虽然他没有创建过任何教堂或机构，但是他的思想却传承了下来，被世世代代的人们解读着。在当代仍有影响力的世俗思想家当中，没有哪个能像孔子这样将这种影响一直持续了整整2500年。

万里长城

中国的语言和文化的凝聚力很强大，但它的政治凝聚力却并不稳固。由于离那些养育了能征善战的骑手的草原很近，所以中国比欧洲遭受的侵略还要严重。耐人寻味的是，罗马帝国并没有为了维护帝国安危而修筑抵御内陆侵略者的长城，但中国却在很早就设计了一堵高墙，用以阻截那些生活在西北部地广人稀的干燥草原上的敌人。

中国的万里长城于公元前214年修筑完成，不过在另一种意义上，长城其实从未修完，因为它还经历了不断的增长或扩建。长城反映了统治者的组织能力，也显示了成千上万名被强制征来参与国家建设的劳动者们的耐力与体力。比起他们的统治者，这些劳动者并没有太多欣赏长城的理由。他们往往背井离乡，长时间地在为长城供应建筑材料的砖厂和石场工作，可能余生都无法再和亲人相见。而且他们很快就发现，修筑长城的乡野其实崎岖不平，后来为了避开拐了个大弯的黄河，长城还必须要绕一个弯才行。最终，蜿蜒曲折的长城达到了6300公里长。如果在澳大利亚最宽的部分从东往西也建这么一堵墙的话，其长度也不可能超过中国的万里长城。

在危机四伏的时代，若按当时的标准，卫戍长城的中国军队数量一定十分惊人。如果料到会有敌人进攻的话，那么日夜不停地在大多数塔台上放哨警戒，一定会需要十几万双眼睛才能做到。此外，长城上还需要很多能打仗的士兵，不仅仅是放哨。

从长期来看，还有一个因素帮助推动了中国的政治统一。欧洲被大片海域和长长的半岛切分得支离破碎，但是中国的海岸线却比较规整。大多数欧洲国家要么是岛国，要么位于半岛之上，在海洋的卫护下，它们能保持长时间的独立自主。变化无常的大海的确能提供一张保护网，将那些在陌生水域航行的敌人阻挡在外。例如，在英国和希腊的历史上，很多入侵行动便是被风暴挫败的。海峡比陆地边界更能提供牢固的自然屏障。

当时中国的人口和欧洲差不多。在公元前300年到公元后300年的这六个世纪中，欧洲人口是否有几年超过了中国人口都值得怀疑。大多数的中国人都生活在黄河流域。在当时，这条气势磅礴的河流就是中国的尼罗河，但是比尼罗河更加桀骜不驯。九曲回肠的黄河奔腾万里，水流要经过好几天才能到达地势低平的中国东部。不过，黄河似乎拿不定主意到底该往哪边流，先是由南向北流了大概800公里后，又掉头向南了——似乎根本没有东流入海的打算。如果坐飞机俯瞰这一截曲折任性的河段，你会发现它就像一条镶嵌在峡谷中的褐色带子，一边是郁郁葱葱的森林，另一边是干裂的梯田，而沿河两岸没有任何连接的桥梁。

黄河沿岸的森林以前要比现在茂密很多。但随着中国人口的增长，越来越多的树木被砍伐，要么直接用作柴火，要么被烧制成木炭，导致了山区严重的水土流失。夹杂着泥沙的黄河成为一股褐色的浓汤。中国人并不知道这条河是世界上含沙量最大的河流，亚马孙河与尼罗河与之一比，就如小巫见大巫。

这条河对中国人而言有着举足轻重的地位，但它又是那么桀骜不驯，所以需要人祭才能安抚它。在公元前5世纪时，为了平息那位看不见的河神的愤怒，向它献上一个活人供品是每年都有的习俗。人们会把一个妙龄少女打扮成新娘的样子，让她坐在一个像婚床一样的木筏上，再将木筏推入湍急的河水中。很快，新娘就从人们的眼前消失了。

要驯服这条河流，不但需要聪明才智，还要征募大量的劳力来修建、加固堤坝和导流堤。公元前109年，亲临现场治理黄河的汉武帝，还修筑了宣防宫来纪念那些堵塞决口河堤，使村庄逃过肆虐水害的人们。在每个年代中，河床都会持续升高，因此人工堤坝必须要筑得更高。在很多地方，黄河的河底远远高于周围平原的海拔。在不同世纪中，黄河在山峦起伏的山东半岛上或向北或向南奔流入海，显示了黄河的威力与灵活性。

尼罗河被局限在了一块狭窄的平原上，但黄河却拒绝被限制。在耶稣降生前的五个世纪中，黄河河谷地区可能是世界上人口最稠密的地区。就在公元前500年左右，当希腊的港口城市和波斯帝国都繁荣发展之时，黄河沿岸一线也已经有了很多兴旺发达的大型城镇。黄河河谷或者说平原，是中国的中心枢纽，全国有一多半的人口都生活在这里：人们向华中的长江流域及南部温暖地区的迁移，要到后来才会发生。

随着黍和水稻的生产效率逐渐提高，以及灌溉渠的挖掘，农田开始可以供养大型的城市，其中有些还有用夯实的泥土修筑的长长城墙保护，比如有座城墙的底部竟有36米宽，延伸距离也很远，相当于圈起了一个小城市。搬运土石方来修筑这类城墙，可能需要1.2万人用10年才能完成，而这些人要吃饱饭，则相应地要靠一辆辆满载谷物的车子运来粮食。在黄河的支流沿岸，很多城市越变越大，其规模一定会让那些路人在穿过城门时惊叹不已。当时的新都城名为洛阳，修建于公元25年，人口近50万——连罗马都没这么大。

中国有些特征与罗马帝国十分相像，比如行军部队对中国人和罗马人就一样重要。在中国的道路沿线，间隔安排着数以百计的官方驿站，里面有床铺，有洗漱的地方，还有喂马的饲料和马厩。信使们在道路上快马加鞭，携带着书写在竹简上的秘密公文，而这些竹简还会被装在竹筒里锁好，以便能提供最大程度的安全保护措施。在道路上，还有一些间隔匀称的烽火台，发生紧急情况时，人们可以用烟来传递信号给下一个烽火台，以此类推。在公元前74年时，汉昭帝驾崩的消息仅用了30个小时便相继传递到了1300公里外，基本上靠的就是烽火台上升起的狼烟。

当时的中国和19世纪的美国也很相像，有着大规模尚未被开采为农田的林地和沼泽，可以舒缓大量人口带来的压力。

在中国的南方地区，大片的森林、零星的林区以及亚热带的河流冲积平原仅能供养少数人口，但成千上万的北方农民正在向南迁徙，希望寻找更多的耕地。水稻开始成为中国南方的主要农作物，因为这里能满足水稻生长时极高的需水量。此外，这里还首先种植了茶树。一千多年后，这种植物为中国带来的新产品，在欧洲人的眼中甚至比丝绸还重要。

朝鲜和日本一直生活在中国及其新观念和新技术的阴影之下，但是时不时地，一道道光亮也会照到它们的方向。新的冶金术传入后，铁取代了石头，成为斧头和收割谷物时所用镰刀的锋利刃刀。通过陶轮和温度极高的火窑，人们又制作出了新的陶器。而早在公元前 500 年之前，水稻这种新的粮食作物也漂洋过海传到朝鲜和日本，改变了那里的日常饮食结构。

印度半岛

在这一时期的亚洲地区，唯一能与中国抗衡的潜在对手是印度。但事实上，它们却因为相隔太远，连真正的对手都算不上。双方不但对对方知之甚少，而且同在亚洲这个事实也对它们毫无意义。亚洲是欧洲才有的地理概念，所以在很长一段时间内，中国最博学的人对此并不知晓。在他们看来，中国如此至关重要，不可能是任何其他地理单元的部分。

但与中国不同，印度基本上是一个岛屿，与亚洲的大部分地区之间被长达 2500 公里的喜马拉雅山脉隔绝开来。山脉西北部地区的隘口更方便交通，所以从那里很容易抵达印度，因为比起中国的核心腹地，印度要更接近中东和希腊的文明，而且其山口的确切位置也使这里更有可能与地中海世界发生关联。印度的主要语言是印度语，属于印欧语系，而不是汉语语系。此外，印度的入侵者更多从欧洲方向来，其对外贸易路线，无论是海路还是陆路，也都更倾向于那个方向。

印度拥有大片的炎热区域，其降水基本上来自印度洋的西南季风，但幸运的是，这里也比世界上其他任何热带和温带地区的国家拥有更大面积的冰雪覆盖，所以高山融雪和融冰能在夏天为干涸的平原地区输送来水流，很好地弥补降水不足和不规律的情况。

恒河是这些戴着白帽子的山脉所生的孩子，而且在通常情况下，它都能常年流淌，将水输送到面积广大的平原上。在公元前 1000 年后，恒河流域取代了印度河流域，成为印度次大陆上人口最稠密的地区。恒河河谷附近崛起了大量城市，而为了供养这些城市，农业区域也成倍增长。到公元前 400 年时，印度的人口可能已经达到了 3000 万，当时在全世界，人口数能超过这里的只有中国北部地区。

在这一时期，中国和印度加起来可能占了世界三分之一多的人口，而他们之所以能养活如此多的人口，秘密就是淤泥沉积形成的平原和雪山补给的河水。黄河每年平均携带的悬移质，也就是泥沙，可以达到 21 亿吨，比世界其他河流都多。恒河排名第二，达到了 16 亿吨。这些河流中，有大约一半的淤泥会沉积到三角洲和河口区域，不过，有很多也淤积到了农田和灌溉渠中。印度和中国这些浑浊的大江大河是举世无双的，没有它们带来的巨量淤泥，中国和印度的人口数量会低很多。

中国在这一时期的特殊才艺是技术，印度的则是宗教。作为世界上主要宗教中最为古老的一门，印度教的大祭司，也就是婆罗门，几乎被人们尊为神祇。不过，印度教的变通性很大，衍生出了很多支系和旁系，其信徒从富有的祭司到衣不遮体的孤独流浪者都有，有些人还把新的印度教和他们的旧神祇结合到了一起。印度教从来都非死水一潭，在早期的重要场合，它会使用动物来献祭，但到了后期，却神化了大多数生命。此外，印度教的信仰范围也很广，有的信仰很多各有所专的神，也有的只信仰主神梵天。

印度教教徒相信每一个生物都有灵魂，死后会转世到新的身体当中。这一观念现在基本会被理解为人可以转世为各种虫子或者动物。因此，像牛和羊、螨虫和昆虫，都必须得到尊敬。不过，在那么多能为人提供肉类的动物中，为什么只有牛在印度受到了极高的崇敬，仍然是个谜。

印度教并不需要其信徒大规模地聚集在寺庙里，所以它的木制庙宇不是聚集场所，而是为了宣誓信仰。印度教的教义中到处都是对日常生活和永生生活的规范，且十分强调生命的轮回。这一观点为人们注入了一些希望，保佑着那些在现实中受苦受难的人们。对他们而言，生活贫困、地位卑贱的唯一慰藉便是，如果一个人能公正、善良地活着，那么死后便有可能获得奖赏，转世为更崇高的生命。不过话说回来，死去之人的灵魂回归大地之后，也可能转世为较为低贱的动物。

历史悠久的印度教容易给人的第一印象是，在本质上，它会反对所有成年人都有公平投票权，且不论其种姓等级，而且也反对成年人有权参与阶级间的社会流动，而这一点恰是民主制度的精神所在。也正因如此，印度在现代能成为一个民主国家，才让人感到惊诧不已。不过，在看似毫无成功可能的情况下给老树嫁接上外来的新枝，并看着它们茁壮成长起来，于人类制度的建构而言，并不算什么稀罕事。

浪子成佛

在公元前 6 世纪时，兼容并包的印度教之下产生了新的宗教，比如耆那教和影响力更广的佛教。佛教的创始人乔达摩·悉达多和基督有不少相似之处，也出生在满月之时，不过迎接他诞生的只有一位智者，不是三位。

乔达摩的父亲净饭王，是生活在印度边界附近的一位尼泊尔王子，那里水汽弥漫的低地正是恒河的水源地之一。净饭王拥有三座宫殿，乔达摩长大后在这里享受着各种娱乐。不过，早期的乔达摩身上并没有他后来宣讲的那种责任感，反而经常有女性乐师陪他寻欢作乐，音乐表演完后，他还会受到进一步的款待。他在红灯区吃喝玩乐，就像一个浪子；后来他和表妹结婚并生下了一个儿子，但这也并没有给他带来什么责任感。

可突然间，出乎所有朋友的意料，他开始寻找救赎，骑着马，在夜幕之下离家出走了。他的一生，也将就此改变。遵循着印度的苦行传统，他不断折磨自己的肉体，以至于后来体重下降得很厉害，他的肋骨就像棚屋的椽子一样突出来。在苦行林中生活了很久，遭受了巨大痛苦后，乔达摩顿悟，成为"觉者"，也就是佛陀。

从此以后，佛陀开始体悟圣谛。他认为，消灭"我"这个概念非常重要，其终极目的是涅槃，也就是达到"无我"的神圣状态。通过悄无声息地灭除自我，他得到了不可言说的快乐。佛陀不接受印度的种姓制度，因此获得了很多穷人的支持。他还吸引了富人的追随，他们在恒河沿岸的城镇修建了很多寺庙，供那些希望完善自我的人修行。佛陀还为女性建立了教团，而他的姨母便是第一个削发出家的比丘尼。

在干旱时节，佛陀四处化缘，宣讲佛法。那些给他布施食物的人会觉得他们也能感受到一点佛的神圣。和公元后在意大利中部地区驯服野狼的亚西西的方济各一样，佛陀也用他平静镇定的仪态驯服了一头大象。他的教导，后来曾被印度政治家圣雄甘地概括为："生活不是一堆欲乐，而是一摊责任。"

在这个时代，印度、地中海东部和中国是全球最活力四射的地区。虽然它们远隔万里，少有联系，但同时又各自在蓬勃发展着。公元前 5 世纪 80 年代，已近晚年的佛陀仍在恒河流域传教，孔子正在华北地区谱写着他的那些准则，而刚刚在马拉松战役中击溃波斯帝国的雅典人，则在发展着后来让他们名垂青史的艺术与民主制度。

公元前 486 年，佛陀在近 80 岁高龄时入涅槃。他的去世在恒河两岸引发了广泛的悼念，但他的信条却似乎无法吸引这一地区以外的人们皈依佛教。直到他死去两百多年后，佛陀的教导才时来运转，因为当时的印度国王阿育王成了第一个统一印度大部地区的帝王——在佛陀时代，印度基本上四分五裂，由很多王国组成。

以恒河边上的一座城市为统治中心，这位强大无比的国王——或许是世界上最强大的——成为一名虔诚的佛教徒，开始广修宝塔来敬奉佛陀的舍利。有一段时间，要不是因为国王潜心弘扬佛法，佛教或许已经被印度教更为核心和灵活的教义挤到边上去了。可见在短时期内，权力至高无上的国王是最具说服力的弘法者。

起初，最受外国人青睐的是印度教。这门善于不断自我修正的宗教沿着东南亚地区的海岸不断传播，传到了一堆别的岛屿上。印度教在东南亚的强势阶段持续了几个世纪，但随后几乎在所有地方，印度教的神祇都一下子隐退了，只剩下恒河河口外一个叫巴厘的远方小岛，还孤独地充当着印度教的堡垒。

在世界宗教历史中，印度北部可以与中东媲美，都是硕果累累的宗教孕育地。但有些蹊跷的是，印度的各种宗教在西方世界一直举步维艰，其吸纳信徒的主要区域都在东方，而其中最为成功的征募者便是佛教，而这门宗教取得胜利的地区，在佛陀生前的时代基本上并未受到印度的文化或商业的影响。

第八章

罗马的崛起

　　历史学家和编故事的人喜欢声称罗马建城于七座山丘之上，但罗马刚刚形成时，并非所有的山上都有人居住，整个罗马城其实很小，根本用不着这么大的地方。在围墙高耸的罗马城边上，台伯河蜿蜒流淌，最终汇入了不到40公里外的地中海，有时暴雨过后，陡峭山坡上被冲刷而下的泥土还会把这条河染成黄色，平时则有很多小船载着各种货物往来于河口。起初，一位君主统治着罗马城和附近的一小片领地，但是在公元前509年，那些持有土地的家族夺取了胜利。他们建立的共和国持续了近五百年之久。

　　不过，小小的罗马城仍然要在夹缝中挣扎求生。公元前390年，高卢人的军队围困罗马城七个月并最终将其攻破，几乎毁掉了半座城池。当时的罗马只控制着意大利半岛上不到一半的地区，公元前 300 年时，连米兰和现代威尼斯城的所在地（当时这里尚未形成村落）都不归它管辖。地中海西部的众多小岛也无一属于罗马，而是落在了北非海岸上强大的敌对城市迦太基的势力范围内。

罗马盛产陆军将领和士兵，也盛产海军将领和水兵。这些战士在征服了邻近的萨宾人、伊特鲁里亚人和皮切诺人后，开始挑战海陆帝国迦太基。到公元前 240 年时，罗马人已经控制了曾属于希腊文明的富庶小岛西西里。次年，他们又占领了迦太基人的撒丁岛。虽然在随后的一段时间里，迦太基的伟大统帅汉尼拔率领着无往不胜的军队过境西班牙，翻越法国境内的阿尔卑斯山脉，直捣意大利，大有灭掉罗马之势，但在公元前 207 年，他的军队还是被打败了。现在，轮到了罗马人来扩张自己的海外帝国——他们轻而易举地打到了迦太基人在北非地区的疆土上。而随着他们在北非和西西里夺得这些新领地，一艘艘货船也开始满载着谷物驶向罗马，以供养这个不断膨胀的城市。

对希腊人而言，大海是一条天然的高速路，但罗马人却建立了自己的高速路。公元前 312 年，罗马的工程师开始修筑他们的第一条大动脉：亚壁古道。这条路从罗马起始，一路延伸至南部港市塔伦图姆（今塔兰托）。意大利的版图像只靴子，塔伦图姆就位于鞋跟内侧，但很快，这条高速路便延伸到了鞋跟外侧——在亚得里亚海边的港城布林迪西，至今仍屹立着很多古老的石柱，默默赞颂着罗马人巧夺天工的工程壮举。最终，北非的大部分沿海地区、地中海东北部沿岸乃至遥远的多瑙河和幼发拉底河周边，都有了精心修筑的罗马古道。但它们的意义又不仅仅是道路，一些至今残存的道路仍被人们称为"罗马古道"，仿佛它们是独一无二的。当然，事实也的确如此。这些古道不但穿山越岭，还在沼泽湿地上以石头或泥土铺就的堤道勇往直前，难怪英国小说家托马斯·哈代会将它们比作一头秀发中分时露出的头路——又薄又直。

罗马人在那个时代修筑的道路，比欧洲在汽车时代修筑的超级高速路还要令人赞叹。就像在中国的驿道上那样，沿罗马古道迅疾而行的信使都胸有成竹地认为，除非遭遇洪水或暴雪，他们的马车一定能按照既定的时间安排完成任务。也正因如此，在罗马帝国的很多地方，陆路传递信息才比海路还要快。不过，这些古道上不只有骑手们往来如飞，在上面走过的还有很多疲惫跋涉的商人、奴隶以及怀抱中的婴儿。

虽然他们的前代也善于修路架桥，但罗马人的桥梁堪称艺术精品。倘若有幸目睹一座罗马时代建造的桥上仍然车水马龙，一定会让人涌起一丝敬畏之心：虽然造桥的匠师、采石的人们和修桥的石匠早已默默远去，但他们的桥却依然耸立着，其坚固与典雅程度丝毫不减当年。亚得里亚海边上的里米尼便有一座修建于罗马时代的大桥，桥体由打磨光滑的石灰岩构成，而且这些泛白的石头当中还嵌有一些贝壳和一两条鱼的残骸。这座建于公元前5世纪的桥，有五个桶状或者说半圆形的桥拱，不过，桥下的河水流量早已大不如前，只在洪水多发季节才会轻快地流淌起来。今天，这座桥仍然是一条单行道，供意大利的汽车和小摩托车通行，而桥边上还有抬高的人行道，虽然有些窄，但也能为来往穿梭的路人提供一点点安全感。

大理石城探秘

条条大路的确通罗马，但其城市规模也几乎到了无法控制的程度。虽然中国也有一些大城市，但罗马很可能是世界上第一个人口接近50万的城市——那些漂泊在外之人，那些无家可归的穷困潦倒之人，那些渴望拥有工作和刺激的人，那些雄心勃勃地希望有机会出人头地的人，都把罗马当成了他们的目的地。这里的石头街道上车水马龙，而来自意大利的农民和近期战争中的俘虏也纷纷涌入。这座不断发展的城市十分依赖渡槽，长长的拱桥把水从山脚下源源不断地引到城市中，灌满了公共浴池和千家万户的水桶、水罐，冲走了污水。一些公共浴池有着宽敞的大理石大厅以及无数的小房间和大量冷热水浴池，所以成了八卦闲聊、玩乐放松的好去处，开始成倍出现。单在罗马城里就有800个公共浴池。

很多满载着石料、木材和谷物来到罗马的船只，有50多米长、15米宽，比西方世界在此后的一千多年里建造的任何船都大，若按照现代的设计标准，反而显得有些臃肿甚至笨拙。为了运输建筑石料,人们还建造了专门的船只编队,颇类似于当代的散装货船。而且,这些庞大的罗马船只有靠风力才能行驶,不是船桨,因为它们的任务是尽可能便宜地运送物资,而不是以最快的速度。不过有时候,它们也能航行得很快,据说,一艘货船只用了区区九天,就从意大利的港市那不勒斯驶到了埃及的港市亚历山大城。

如果哥伦布时代的欧洲海员有机会看到流沙退去之后露出来的庞大罗马木船残骸,一定会对它的长度感到惊讶。哥伦布的旗舰"圣玛利亚"号长度仅 30 米,比这些从埃及运送谷物或建筑石料的罗马船只小多了。就连 1843 年令人大开眼界的蒸汽船"大不列颠"号,尽管有一根大烟囱和六根桅杆,也没有比两千多年前航行在海上的罗马大货船宽多少,长度也只有不到两倍。

罗马的作家们为后代留下了大量作品,详细记述了日常生活的酸甜苦辣。在这些作品中,我们几乎可以尝到普通人一日三餐的味道:粗面包,"手工制的湿奶酪和摘剩的青无花果"[1],当然,还有体型较小但备受欢迎的小鲱鱼。读着维吉尔的诗,我们可以徜徉在罗马的田间地头,聆听人们的耕种和养殖经验。也正因如此,新月初升的第七天才被认为适宜套捕和驯化野牛,而且在夏天时,最好等到天黑以后,再去

1　引自《罗马十二帝王传》,苏维托尼乌斯著,主要记述了恺撒及罗马帝国前十一位帝王的事迹。

被烈日炙烤过的草地上收割青草[1]——即使在今天的意大利，很多人也依然遵循着这一割晒牧草的规矩。

罗马几乎在每个历史时期都会发生危机，因此公元前的最后一个世纪也不例外，同样遭遇了严重挫折。公元前86年，很多曾不可一世的贵族豪门的家庭成员都被对手杀害，在接下来的十年中，一位名叫斯巴达克斯的奴隶发动起义，并将成千上万名奴隶团结到了他的旗帜之下。公元前71年，斯巴达克斯遭遇惨败，其追随者中有大约6000人被俘，并被钉死在了亚壁古道沿路的十字架上。

但在暴力的时代中，也交织着文明的丝缕。即便在奴隶制社会里，文明礼仪与同情之心也能存在，比如一位奴隶主就曾用大理石为一个死去的小男孩雕刻了胸像，并用拉丁语刻下了这段简单的话：

> 献给亲爱的马提亚尔，
> 一个奴隶孩子，
> 他活了两年十个月零八天。

孩子的表情看起来十分纯真，尖尖的耳朵十分精致，嘴巴小巧玲珑，修剪整齐的头发被梳到了前额的中上部，而且在右耳上方，还有个埃及的幸运符。不过，这个标志并没有

1　引自《农事诗》第一卷，维吉尔著，约写于公元前37—前30年。

说孩子生活在埃及，虽然埃及在当时是罗马的殖民地，但罗马是一个商业帝国，思想、宗教和风尚很容易跨过地中海，在沿岸传播开来，就像我们今天的思想和物品自如流通一样：事实上，这个孩子的头像现藏于洛杉矶的一家博物馆里。

罗马起初是一个共和国，由少数家族共掌大权。但后来，生活在意大利并有权投票的选民数量不断增多，达到了几十万人，最终又超过了百万。这样的话，对罗马来说，照搬希腊的民主制度，让公民在公共会议上现场投票就毫无意义了。因此，罗马人找到了无记名投票这种变通方式。有好几个世纪，罗马实行的都是一种代议制政府的形式。这要是在三百年前，几乎每个欧洲的领导者都会大加谴责，因为以他们的标准来看，这已经危险到近乎是民主制度了。国家首脑由选举产生，任何政治家或军事将领也无法长期大权在握，而决策权基本上都属于代议机构。

但罗马帝国扩张得越来越远，要想管理好并非易事。新的税收上哪儿找？公民军队已经无法承受兵役带来的沉重压力，所以罗马开始招募雇佣兵甚至奴隶入伍，但是他们中的很多人更忠于各自的将领，而非罗马。再者，罗马也无法制约那些在遥远前线打仗的军队将领，因为要想打胜仗，他们就需要一定的独立性，但如果他们的战功过于显赫，或者太受罗马民众欢迎，那就等于是间接挑战在罗马手握大权的公民领袖。

然而，罗马似乎找到了解决这种长久持续的紧张局势的办法。虽然对于为他们的共和国深感自豪的罗马人而言，皇帝是不可想象的，但这种不可想象的事情，现在却有人提了出来。公元前27年，奥古斯都正式成为皇帝，不过仍然宣称他只是旧共和国的第一公民——虽然他执掌着军事大权，并且牢牢地控制着元老院。渐渐地，罗马帝国的皇帝在活着时拥有了至高无上的权力，在死后又被敬为神明。现在，每个皇帝都开始指定自己的继承者了。

从共和国到君主国的转变，虽然有些极端，但却为罗马帝国注入了新的稳定性。罗马帝国继续扩张、巩固战果。随着那些有钱的公民失去了在重要问题上的话语权，现在罗马可以放心地把公民地位授予更多的人。到212年时，更是达到高潮，所有自由人都获得了成为罗马公民的权利，可以享受无与伦比又不断进步的罗马法律制度的保护，并且还能假装享有一些其他的公民特权，比如，向这个财政时常捉襟见肘的帝国交税的权利。罗马帝国的成功实在令人侧目，而且其政治历史和征服模式还有着详细的记载——难怪当英国在18世纪成为又一个罗马帝国时，它的政治和文化领袖对罗马的历史感到如痴如醉。

丝绸之路掠影

在罗马和中国这两大世界文明之间，有一片宽广又空旷的地理区域，而其中那条从中国西部到离黑海最近港口间的陆上通道，即使在 1 世纪以前，也是世界上最长的，不但要跨越高山、高原、戈壁和盐漠，还会穿过急流和峡谷及大片的草场。但是这条路线并不是一走到底，而更像是一种接力，货物从一个商人手中转到另一个商人的手中，从一个集市转到另一个集市，由车推着或被一队队的马和骆驼驮着，缓慢地向大陆的另一头进发。

从东方运出的主要货物是丝绸，因为罗马和亚历山大城的富人们对丝绸服饰梦寐以求，而在很长一段时间内，中国是唯一的丝绸供货商。家蚕这种毫不起眼的虫子，吃的是从无数桑树上摘下来的桑叶，寿命也只有 45 天，但是在这短暂的生命中，每只蚕吐着细丝并结成茧，被解开之后，总长可达 900 米。这些细丝被捻成线后，会在城镇居民的巧手之下被织成丝绸。

这一匹匹的丝绸都是神奇的纺织品，不但重量轻、耐拉扯，还极易上色，比如被染成泰尔紫等颜色，而且即使和身体发生摩擦，丝绸也会给人一种软软的感觉，所以少数有机会穿丝绸的罗马人都将其视为珍宝。丝绸价格不菲，普通的中国人根本穿不起，而它到达遥远的地中海时，价格会变得更为昂贵，所以传入罗马后，被人们视为高端奢侈品。

家蚕虽是精力无限的纺纱机，但毕竟是个活物，所以注定会被其他国家的商人捉住。家蚕被走私到印度后，那里也学会了织造丝绸，只是品质不高。后来，家蚕又到达了西西里和现代的法国地区。不过，中国的纺织工艺却留在了本国，继续生产着质量上乘的丝绸。

中国的经济生活高度发达且类型多样，所以并不需要从西方那里得到什么。不过，中国对黎巴嫩和埃及制造的上好玻璃倒是颇有好感，所以会有少量购买需求——这些脆弱易碎的货物一般都由骆驼们驮在一起一伏的背上，沿贸易路线横穿亚洲——此外，中国偶尔也会购买一些羊毛织物和其他布匹，还有贵重金属。

在丝绸之路沿线，慢慢朝着落日方向前进的，不仅有丝绸，还有其他在西方备受珍视的物品，一些珍贵的药物，比如经过防腐处理的大黄和肉桂皮，都来自中国。当然，还有更重要的种子和植物。中国是一个植物王国，很多世纪以来，世界其他地方从这里引进了各类种子和插条。最先驯化桃树和梨树的很可能就是中国，后来这两种果树在 2 世纪时传入印度。

橘子也由中国人首先种植，并为果园的主人带来了大量的财富。不过，橘树之所以有价值，并不仅仅在于其果实，还因为树木本身，比如橘木经常会被选中制作用于射箭的弓。在耶稣诞生前不久，早期的中国橘子和柠檬便已传入中东地区——部分走的是从印度到红海的海上航线。而在公元前 79 年时被火山灰掩埋的庞贝古城中，有一幅镶嵌画里描绘的树显然就是橘子树。

中国人和罗马人有一个观点是共通的：这两个民族都认为自己的文明要比其他文明更优越。不过，虽然中国在国土面积上与罗马不相上下，但中国的皇帝在语言、文化和民族方面的影响，却无法和罗马皇帝相比。

在基督时代，罗马的船只几乎控制了地中海沿岸的所有主要港口。无论是繁华的希腊海港城市，还是西西里或埃及，现在都落到了罗马皇帝的掌控之下。罗马士兵的脚步声，桨帆船规律的划桨声，从地中海的东岸到西岸，甚至在希腊从未触及的直布罗陀海峡之外，也都能听到。而且，罗马的硬币还是大西洋西岸的通行货币，从西班牙到布列塔尼，最北至现代荷兰地区沿岸的沙丘和盐沼，概莫能外。

罗马的统治范围从黑海一直延伸到了英国北部地区。罗马的军团最远则驻扎到了莱茵河下游附近的科隆地区，在那里，这条宏伟壮观的大河上还雄跨着一座罗马大桥。同样，在现代罗马尼亚地区的多瑙河上，也有一座罗马大桥，其石质桥墩和半圆形的木质桥拱还是由当时著名的设计师大马士革的阿波罗多罗斯设计的。

这些外延的城市、港口以及有卫戍部队驻扎的城镇和省份，是罗马十分重要的前哨基地，保护着中间的罗马帝国，并为它提供了食品、士兵、奴隶和生产原料，当然，还有税收。不过，它们时不时也会让罗马的统治者大伤脑筋，而根源之一就是一种将会比罗马军团还经得起时间考验的新信仰。

第九章

以色列和受膏者

现代以色列沿岸地区曾经遍布沙丘，并不适于外来船只进出，因为这里的水湾和天然港状况不佳，不方便船舶停靠。事实上，与地中海沿岸其他著名城市相比，耶路撒冷城缺乏便于进出的天然良港。希伯来人，或者说以色列人或犹太人，起初持有的只是牲畜，而不是船只，因为他们是草原民族，而非海上民族。不过北边的黎巴嫩却有很多天然港口，腓尼基人在那里从事贸易活动，逐渐繁荣起来。

希伯来这个词有"流浪者"或者"渡河"而来的人的意思。因为在历史上——可能发源于波斯湾上游或附近沙漠地区的——希伯来人并没有安定的家园。这些漂泊之人经历了繁荣的时代，他们的畜群和帐篷曾占据过水草丰沛的草场，但他们同样铭记着那些屈辱、奴役和流放的时代。

曾在埃及遭受奴役的希伯来人，最终跟随他们的领袖摩西出逃，准备前往现代的以色列地区——他们相信，这是上帝给他们的应许之地。根据《圣经》中记载的那版历史，他们被追兵困在了红海西岸。但突然间，红海一分为二，让他们到达了对岸。这一事件似乎是个奇迹，但或许并不是。因为最早时，红海其实叫芦苇海或者沼泽海，很多地方都是浅洼。在这种海岸上，很容易发生不寻常的涨潮。事实上，1993年时，一队海洋学家曾观察到，当一场时速70公里的狂风连吹十小时后，海水几乎会完全退下去。所以，被埃及人紧追不放的希伯来人，可能是在这种古怪天气发生时穿过红海的。然后海面上升，淹死了埃及追兵。

公元前1000年左右，在大卫王的带领下，希伯来人迎来了他们的辉煌时代，因为大卫王把耶路撒冷夺了下来。他的儿子所罗门继承王位后，在城市的山顶上修筑了蔚为壮观的神庙。在这座气势恢宏、无与伦比的建筑里，他的人民开始敬奉引领他们来到应许之地的上帝。

所罗门王在公元前935年左右去世后，他的王国分裂成了两个国家——以色列王国和犹大王国。犹太人的名字便来源于犹大国。最终，这两个弹丸小国越来越衰弱，再也无法抵抗雄心勃勃的外部侵略者。公元前587年，新巴比伦帝国的士兵们抢掠、摧毁了耶路撒冷的圣殿，犹太领袖们也开始了一个接一个世纪的放逐。在最终返回故土后，他们又经历了一系列外国统治者：波斯人、亚历山大大帝和讲希腊语的塞琉希人。在这段时期的大部分时间里，犹太人的精神生活如繁花绽放，先知受人聆听，神学研究者得到鼓励，人在死后精神仍可长存的观点也开始深入人心。

十诫与一百条次要的教规

犹太教的上帝是全能、永恒的神，但人们很少会直呼他的名字，因为只有这样才能显示出环绕在他周围的敬畏与庄严之感。最终在两千多年之后，新教改革者开始称呼他为"耶和华"。耶和华会保护犹太人，条件是他们要遵守他的准则、他的戒律。

十诫中的第一条宣称全世界只有一位神。曾几何时，一般的宗教都有很多位神——中东地区的神殿里挤满了在每个时节、为每个目的要敬奉的神——所以犹太教是十分特别的，它的教徒得到的指示是不能跪拜其他的神。

十诫规范着犹太人的生活方式。其根本性准则包括，人们必须尊敬、同情他人，要孝敬父母，不可杀人，不可奸淫，不可做假证陷害人，更不可贪恋人的牛驴。值得注意的是，十诫里只提到了牛和驴，没有提羊。这是因为牛和驴在当时是十分重要的驮畜，虽然价格昂贵，但在犁地以及驮拉重物方面有着广泛用途。

犹太人遵守着严苛的戒律，每周只可有六天劳碌工作，第七天要做礼拜并休息，而且根据他们的计算，这一天是星期六。安息日要休养生息，是世界上有关社会福利的最早规定之一，不仅适用于各家各户的主人，也同样包括了他们的男仆女婢。两千多年后，世界上最发达的社会民主国家将会推行工作日制度，把很多员工的工作时间限定在八小时。但是和以色列子民虔诚遵守的每周只能工作六天的规定相比，近代的这个社会福利实验还是有些相形见绌了。

犹太人是世界上已知的最热衷于记录自身历史的民族。他们忙碌地记下自己经历过的艰难困苦以及挫败与胜利。犹太人除了有历史感，还强调在日常生活要保持公正、有德的行为，所以他们有时都快要应付不过来那些规矩和准则了。

不断探索人类之本质和使命的犹太人领袖，变得越来越有影响力，完全可以比肩那些在两千多年后的科学和工业革命中沉浸于征服物质世界的欧洲人。但是，假若有人在公元前 200 年时写一部世界历史的话，犹太人可能不会获得太多的描述，因为到那时为止，他们同非洲、亚洲、欧洲和美洲地区的其他数百个邦国、君主国、民族或部落一样，都没什么太大的影响力。

在经历了几个世纪的沉浮变迁后，很少尝过胜利滋味的以色列在公元前 2 世纪时，经历了一次奇迹——它享受了 80 年近乎独立的状态。不过，好景不长，不断扩张的罗马帝国于公元前 63 年来到了这里。很多仍然住在故土的犹太人开始对罗马的统治产生警惕，他们凭直觉认为，耶和华将会介入并拯救他的选民。而在这诸多先知中，最重要的便是耶稣。

根据现代西方普遍使用的格里高利历，耶稣出生于公元前 6 年。在一个群山掩映的村子中长大的耶稣，继承父亲的衣钵，当了一名木匠或石匠。这类工作属于技术工种，所以赚到的报酬可能超过了巴勒斯坦地区大多数工匠的收入。而且，在那个少有人能读书写字的时代，耶稣还有着能读能写的优势。

以色列当时仍被罗马占领，但却有着强烈的宗教和政治氛围，因此，熏陶其中的耶稣掌握了《旧约》中的教导，并尤其受到了施洗约翰谆谆教诲的启迪。施洗约翰是一位四处游走的传道者，不但抛弃了城市中所有的物质享受，还通过仅食用最简单的食物、穿骆驼皮做成的衣服来表达他对安逸生活的厌恶。他要传达给所有聆听他的人的信息是"忏悔"，他的标志性姿势是给那些深刻忏悔自身罪恶的人施洗，也就是把他们的身体浸入水中。耶稣最终在约旦河里接受了约翰的施洗。

在 30 多岁时，耶稣放下锤子、锯子和凿子，离开了他的村庄——他没有娶妻——肩负起与施洗约翰一样的使命，开始在村庄乡野，甚至是犹太教堂里传教布道。他用他那种完全可以称为天赋异禀的能力，据理力争、讲道劝诫。令所有人惊讶的是，患病之人被带到他面前后，他似乎仅仅用手摸一下，或者轻声发出一句把握十足的命令，便可治愈他们。

然而，这样一个超凡的年轻人居然来自偏远乡村的事实，却并没有引发什么惊讶之情。事实上，他只是被简单地称作"拿撒勒人",即拿撒勒的当地人。后来,他才被冠以"基督"的称呼,也就是希腊语中的"受膏者"。今天,他或许更该被称为"信仰疗疾师"。

他的语录仿佛长着金色的翅膀,飞到了各地。他的布道或许有些不太好理解,但却非常务实。他会先讲一个有关日常生活的小故事,赋予这个故事一条道德启示,在结尾时,再请求路旁的听众接受他的新思维方式。事实上,他的训导和比喻,留下了一系列有关日常生活的精彩记录。比如,他曾讲到每天用一钱银子雇佣工人在葡萄园工作,还责备对无花果树不结果感到十分困惑的葡萄园主,或者捎带讨论新酒装瓶的合理方式,他说:"也没有人把新酒装在旧皮袋里。"毋庸讳言,他那些乡下的听众一定在点头称是。

每当宣布他将进行布道和治愈时,大批人群便会聚集而来。他一定是个嗓音独特的卓越演说家,可以让人群中最远的听众也能听到他说话。不过,在忙碌的月份里,他的声音只能触及以色列的一小部分人。他需要有人来帮忙,替他去那些无法排入他那紧张日程中的村庄里传道,所以他召集了一些全职的志愿者,或者说门徒。最先加入的是附近一个湖区的渔民,很快,在他的魅力感召下,门徒增加到了12人。但这仍然不够。他用让人联想起他乡下出身的朴实话语解释道:"要收的庄稼多,做工的人少。"

耶稣对于那些不走运的人,如穷人、病人、哀痛之人,有着深切的同情。他似乎秉承着犹太的古老价值观和《旧约》

的权威，但同时又有一种革命性的倾向。他宣布，"那在后的将要在前"的日子终将到来，卑微之人也将变得无比强大。但这对耶路撒冷那些执掌着社会和宗教大权的人来说，可不是什么叫人安心的消息。

犹太教的主要派别和教堂不太确定该如何看待这位先知。有些人因为他在人群中的影响力日渐增长而感到了威胁，有些则理所当然地有些警惕，因为他批驳他们教导的内容太过僵化刻板，并且顽固地遵循着几百项古老的犹太教戒律和仪式。而他把这种对抗直接带到犹太教堂里，挑战他们的道德权威，又构成了一种额外的威胁，但面对谴责，他毫无惧色。于是，他被罗马统治者视为潜在的颠覆分子。

不过，他作为传道者和治愈者的人生却很短暂。在公元30年左右，30多岁的耶稣实际上向敌人发出了攻击他的示意。在这年的神圣时节，他决定率领信徒们来到耶路撒冷。他和门徒举行最后的晚餐，并当场预言了自己的死讯。在无数敌人的要求下，耶稣被逮捕。在犹太法庭上以渎神罪接受审判后，他最终被罗马统治者判处死刑。而且，他要遭受的行刑方式极具侮辱性，只有罗马帝国的公民才有豁免资格。他先被施以鞭刑，接着又被钉到了一个高大的木质十字架上，并且左右还各有一名普通罪犯被钉在较小的十字架上。一块牌子上用拉丁语、希腊语和希伯来语三种语言写着所谓的耶稣的危言耸听之词——"拿撒勒的耶稣，犹太人的王"。最终，他在剧烈的疼痛中慢慢死去。

据说他死时，突然出现了日食，仿佛上天也知道正有大事发生。那天下午，耶稣被忠心耿耿的朋友从十字架上取下，并安葬到了坟墓之中。但是第三天时，他的身体却从墓中消失了。在接下来的日子里，他的门徒认为他们曾在各处瞥到了他的身影或听到了他的声音。他们毫不犹豫地相信，耶稣就是上帝之子，现在在上帝面前，他复活了。

没有什么比升入天堂能让基督的一生显得更为重要的事情了。据说，他将在那里等待审判日的到来。届时，他将再临人间，惩恶赏善。

第十章

基督之后

基督的福音要想永远传递下去，只有靠犹太人的帮助才能达成。因为这个民族的人散居各地，且多数都生活在远离故土的地方，可以为基督教的福音提供传播网络。

在英文中，人们把公元前的时期称为 Before Christ (BC)，也就是基督诞生之前。在公元前接近尾声时，大多数犹太人实际上从未亲眼见到过祖先的故土。不少犹太家庭被俘虏后，流亡各地，并融入到新的乡土之中，而其他犹太人则因为做生意或当兵，去了遥远的港口城市，并在那里定居，代代繁衍。根据公元前 48 年时罗马所做的人口普查显示，当时有 700 万犹太人生活在庞大的罗马帝国，也就是说帝国中的犹太人口可能高达 9%——高于第二次世界大战前夕生活在欧洲的犹太人比例。此外，帝国之外还有 500 万犹太人，分布在小亚细亚和非洲的部分地区。随着巴勒斯坦地区的政治环境急剧恶化，以及越来越多的犹太人决意出走，巴比伦城成了意气风发的犹太神学家的新家园。

从西西里岛到黑海沿岸、阿拉伯南部和埃塞俄比亚古国的一路上，到处都能看到犹太教堂，单是罗马的犹太教堂就服务着 5 万名犹太人。在很多偏远的犹太人定居点，教堂仍是他们的社交中枢，而且教堂里还有图书馆甚或安养院。这些遥远的犹太教堂通常彰显着教众的慷慨大方，因为他们中的很多人都会把年收入的十分之一捐给教堂。

起初只有犹太人信仰的犹太教，到此时早已拓宽了吸引面，所以很多非犹太教的人也会加入犹太教堂，接受它的伦理规章和世界观，只是不一定会接受割礼这个重要仪式罢了，尽管是小手术。而且，在罗马帝国东部地区的很多犹太教堂里，希伯来语的位置也被取代了，教众们在祈祷和聆听经文诵读时，用到的都是希腊语。

地中海沿岸和小亚细亚内陆地区的一系列犹太教堂，成了传播基督教诲的早期场所。圣保罗是第一位有名的皈依者。他以前并没有和基督交流过，也没听过他的布道，而且起初还很反对人们崇拜追随他，视之为对主流犹太教的威胁。但是，在大马士革的路上经历了一次神秘体验后，他转变态度，成了一名狂热的基督教传教士。大约在基督去世 14 年之后，圣保罗开始整顿新生的基督教会。他有着很多不同寻常的特质：他父母都是犹太人，他自己曾预备被培养为拉比；他有罗马帝国的公民身份，所以在官方圈子亦能畅通无阻；他还通晓希腊语——文化人的语言。

虽然早期皈依基督教的多为犹太人，但其他人也被吸引了过来。很快，不少与犹太教会毫无瓜葛的人都听说了基督教的福音，开始聚集在私人住所或公共场合举行活动。但是，谁有资格皈依基督教的争论，却在教会内部甚嚣尘上，很多犹太基督徒反对非犹太人入教，因为在他们看来，基督教只是犹太教的一个支派而已。在现代土耳其南部的城市安条克，人们最先就这个棘手的问题进行了激烈讨论。

基督去世一二十年之后，谁应该被准许正式加入基督教会的问题，最终以更有利于国际主义者而非犹太人的结果，在安条克尘埃落定了：每个抱着忏悔之心前来的人，都可以成为基督徒。毫无疑问，这个结果进一步加深了犹太教会和基督教会间的不睦。毕竟，双方争取的都是同样的信仰者，且不论是犹太人还是非犹太人。而且，尽管很多基督教教会完全由犹太人组成，但越来越多的新教会吸引来的却是来自不同种族、不同出身的人。对于这一来者不拒的倾向，圣保罗曾在写给加拉太地区各教会的信中雄浑有力地强调过："并不分犹太人、希腊人，自主的、为奴的，或男或女，因为你们在基督耶稣里，都成为一了。"[1]

基督受难后的第一个世纪中，他的信徒大多都生活在城镇里，而不是乡村地区，且可能以女性教徒居多。在艰险重重的时代，那些依然坚定追随教会的人一定很勇敢。因为罗马的皇帝们间或会对基督徒产生敌意，比如暴君尼禄·克劳狄乌斯就曾在公元 64 年时，把著名的罗马大火怪到他们头上。在某种可以算是那个时代的比赛中，很多基督徒会在围观者的睽睽众目之下，被野兽活活咬死。

对于到底要在多大程度上遵守犹太教会的规定，早期的基督徒曾做过内心挣扎，比如他们就不太确定是否要抛弃犹太教在食物方面的严苛教规。毫无疑问，很多早期信徒遵循了犹太教在猪肉、贝类及其他食物上的禁忌。不过保罗本人虽然身为犹太人，但在食物问题上却更为活泛。在回应有些食物天生便不洁净这个观点时，他裁定说："凡物本来没有不洁净的。"因此，保罗被无数犹太教徒视为背弃信仰的异端，不但常常遭到骚扰，有时还会受到迫害。

最终，大多数早期基督徒对事物的态度变得积极起来，因为他们知道基督与门徒一起享用的最后的晚餐，是一场十分重要的事件。鉴于最后的晚餐上有酒，所以酒连同面包一

1　加拉太是罗马帝国的一个行省，位于现代土耳其地区。圣保罗在这里传道时，曾遭到受犹太教迷惑的教会攻击，于是写了这封信来进行规劝。后来，此信成为《圣经·新约》中的《加拉太书》。

起被圣化，成为圣礼或圣餐仪式的一部分，而一起用一次餐也演变成为早期教堂礼拜仪式上一项具有象征意义的惯例。

那些以前便认识基督的人，成了教会的首批领袖，而且不用说，他们都是犹太人。彼得曾经是个捕鱼的，在基督死后，成为门徒之首，而且据说他还领导过早期的罗马教会。但后来，土生土长的意大利人占据了教会的主要位置。比如在尼禄迫害基督徒的事情发生后不久，可能出生于托斯卡纳的理诺成了罗马的主教，或者说教宗。

在罗马城及罗马帝国的边远地区，暴民——有时候也有犹太人参与——会向基督徒寻衅滋事，结果殉道者的名单越记越长。而且，由于基督徒很少能在罗马帝国的城市或大型乡镇中构成人口的多数派，所以只能依靠别人给予他们宗教信仰的自由。其实他们如果不是那么过于自信的话，可能还会得到更多的宽容。比如有时候，他们对罗马的皇帝就不够崇敬，但偏偏这些皇帝又越来越将自己视为神祇。

基督教就像一只鞋，经过数百位鞋匠的手之后，到300年时，已经呈现出多种不同的模样。从一个行省到另一个行省，日益庞大的教会在信仰和仪式上愈加千差万别。一位商人与妻子从小亚细亚的教会转到意大利的教会，第一次看到他们的新牧师举行宗教仪式或解释他的神学理念时，估计会大吃一惊。

星期日、盐和《圣经》

　　基督教的现代形式以及各种教规和生日，都是后来才慢慢形成的。起初，星期日并非主日，因为犹太人的主日是礼拜六，所以刚开始时，基督徒也倾向于把这天作为一周的中心。但后来，圣保罗把这个荣誉赐给了星期日，因为基督是在这天复活的。当君士坦丁大帝皈依基督教，并让整个罗马帝国也遵从他的新信仰后，又在321年下令将星期日定为礼拜日。不过，这个法令只针对城市，不包括乡村地区，因为无论是哪天，那里都有牛羊需要挤奶，庄稼需要收割，田地需要犁耕。

　　复活节很快成了基督徒日历中的重要日子，但具体应该在哪天庆祝，却没那么好定夺。在早期基督教世界的核心地带，也就是小亚细亚沿岸，复活节刚开始并不是在星期日庆祝。有许多年，基督教神学家都在争论复活节最合适落在哪一天。387年时，这一分歧尤为令人抓狂。那一年，高卢地区的复活节礼拜日在3月18号庆祝；但在意大利，日期却落在了一个月以后的18号；到亚历山大城时，就更晚了，庆祝时间是4月25号。7世纪的时候，英国还经常出现一个地区正在庆祝棕榈主日，也就是复活节前的那个星期日，而另一个地区却在同一天庆祝复活节的情况。因此，基督教世界的统一性，其实往往处于一种岌岌可危的状态。

　　基督教的很多特殊节日都是后起之秀，例如有三个世纪的时间，地中海沿岸的早期教会并不庆祝圣诞日。但后来，基督徒聪明地抢占了为纪念北半球一年中最短一天而预留出来的流行节期：在罗马，人们会在 12 月 17 日庆祝纵情狂欢的异教节日"农神节"，但最终，基督徒把这个大喜之日征用过来，将其挪到了 12 月 25 日，并宣称这一天为基督的生日。不过，即便当罗马毫不含糊地决定开始庆祝现代的圣诞节时，耶路撒冷地区的基督教徒也仍然坚持在 1 月 6 日庆祝圣诞。

和基督的生日一样，人们为他的母亲玛利亚设定的特殊节日，也是慢慢才在基督教日历中找到了自己的位置。431年，在以弗所举行的大公会议赋予玛利亚"天主之母"的称号，而她自己的节日，也就是 3 月 25 日，就成了人们日益熟知的"圣母领报节"。随着玛利亚的追随者越来越多，她的母亲安妮也有了自己的一小群拥趸，最终，意大利城市那不勒斯开始庆祝"圣母无玷始胎节"。[1]不过，在好几百年中，比起在西方教会里的地位，圣母玛利亚更受东方教会的崇敬。

基督教既善于借鉴，也善于创新，它的一些宗教仪式就是从罗马的日常生活中慢慢借鉴改造而来的。比如，罗马的婴儿在出生第八天时，嘴唇会被抹上一点盐——人们相信盐能赶走恶魔，保护孩子不受伤害。因此，当早期的基督教会

1　圣母无玷始胎，也称圣母无染原罪，指的是圣安妮怀上玛利亚时，玛利亚没有原罪，因为她是基督的圣母，所以在受孕之始就受到天主保护。不过，这一说法经常被误解为是指圣母玛利亚受圣灵感孕怀上基督，但实际上，圣母领报节指的才是玛利亚怀上耶稣。

在为新信徒施洗时，也会赐福于一小撮盐，然后效仿罗马的传统，把盐送给受洗的人。这一点，其实是为了和耶稣的教导保持一致，因为耶稣知道盐对穷人而言有多么珍贵，所以选择了盐来代表那些珍贵和罕见的事物。后来当他准备上山时，还曾对门徒说："你们是世上的盐。"

在基督徒大规模聚集的地区，教徒们在内部也起了争论。他们争论，是因为他们来自罗马帝国的不同地区；他们争论，是因为基督有时会讲寓言，但又不把寓意点破，使得间接听来这些消息的人不太埋解他想说什么；他们争论，是因为他们需要依赖那些在基督死后记录下他的教导的人，但这些人在谈到同一篇布道文或同一个奇迹时，说法又会相互矛盾；还有些时候，基督徒互相争论，是因为他们在解读基督的话语时，只愿意读出他们想读出的含义。但无法否认的是，基督教世界仍然存在着一丝统一性。当离家远行的旅者们进入一间教堂时，总会有到家的感觉，至少在精神上是如此。

有至少一个世纪的时间，基督教就像熔化的金属，从熔炉里被倒入形状各异的模具里。尽管有时候熔炉会爆炸，或者火苗会被扑灭，但通常情况下，熔炉会被重新改造，或者更多时候，被扩建增容。模具也一次又一次地改变着，所以如果早期那些协助建立教会的基督徒复活的话，很可能会认不出现在的一些信仰和仪式，而且，他们还会对另一件事情感到困惑不解：世界末日——在他们眼中曾是那么迫在眉睫，急促地鞭策着他们最深的信仰——似乎仍然远在未来。

与此同时，罗马也不再是庞大帝国的核心。帝国的军队以及一批著名的将领，正在取代罗马的旧体制，成为新的权力中枢。此外，罗马城的位置远在帝国的最西边，但整个帝国的财富和大部分人口却位于对面那头的地中海沿岸。因此，在285年，为了便于管理，罗马帝国最终一分为二：以米兰为统治中心的西罗马帝国，和以尼科米底亚为统治中心、更为主要的东罗马帝国——尼科米底亚位于马尔马拉海附近，也就是今日伊斯坦布尔以东大约100公里处。很快，这里就繁荣发展起来，很多宏伟建筑拔地而起。

　　历史上的很多关键性事件都是由各种潜在力量、运动与因素影响发生的，但偶尔也会有某个人在几乎单枪匹马的情况下，改变世界的发展方向。在尼科米底亚最引以为豪的年代里，当乌泱泱的石匠几乎多到互相绊倒对方之时，这个城市里生活着一个男孩，而他将成为很多伟大事件的塑造者。君士坦丁的父亲君士坦提乌斯是军队领导，后来平步青云，成为西罗马帝国的皇帝。306年，君士坦提乌斯在英格兰的约克地区战死，还不到20岁的君士坦丁被军队拥立为继任者。事实证明，君士坦丁是一位杰出的将领，但让很多人意外的是，他还非常认同基督教。6年后，他在法国皈依。此后，凡在出征打仗时，他都会带着一座移动的小教堂随行，而且只需提前几分钟告知，仆人就可以在帐篷内搭好，供他和同袍们举行礼拜。

　　君士坦丁认为，从本质上而言，基督教十分适合助他一臂之力，因为这门宗教并不觊觎对国家的控制，反而长期以来都习惯于扮演十分谦卑的角色。而且，基督教还有国际主义倾向，与多民族的罗马帝国十分贴合，不像犹太教那样时而会表现出某种狂热的国家主义情绪。基督教对所有人都一视同仁，非常适用于这个由希腊人、犹太人、波斯人、斯拉夫人、日耳曼人、伊比利亚人、罗马人、埃及人及其他民族组成的大帝国。基督教的唯一瑕疵是不太尊重罗马皇帝，也不认为他们具有神性。但在君士坦丁大帝成为基督徒后，连这个难题也迎刃而解了。

在基督教的历史中，自耶稣受难以来，还没有哪一单个事件能像年轻的君士坦丁大帝在312年的思想转变那样，产生如此巨大的影响。他不但赋予基督徒同其他宗教信徒一样的信仰自由权，还把没收的财产归还给他们，并且同他母亲一道修建了很多宏伟壮观的教堂，其中一座是远在耶路撒冷的圣墓教堂。

在这之前，基督徒可能只占罗马大帝国总人口的十二分之一，但现在——突然被恩赐坐在皇帝身边的特别位置上后——基督教信徒的数量迅速增长。在帝国之内，星期日参加基督教礼拜的人数，首次超过了星期六去犹太教堂的人数。城市里那些曾对基督徒嗤之以鼻的人们，现在却开始琢磨起在这种新的宗教氛围中，如果自己能被看到参加基督教礼拜活动的话，是否便可以在世俗社会中多得到一些好处或提升。

与之对比鲜明的是，曾经时常能得到罗马统治者支持的犹太教堂，现在却备受鄙视。不到一个世纪，犹太人先是丧失了在不改变自身宗教信仰的前提下与基督徒结婚的权利，接着又丧失了参军的权利。犹太教不但无法吸引新信徒入教，在很多地方，连犹太教堂也遭到了暴民的破坏。这位基督教曾经的教父，实质上已经被宣布为非法。曾几何时，某些城市里的犹太人曾经迫害基督徒，并诱使罗马统治者与基督徒为敌，但时移世易，靴子现在被穿到了另一只脚上，而用其践踏的频率也越来越高，过程也越来越残忍。

君士坦丁大帝算不上一名传统的基督徒——他曾经下令将自己的儿子处死——但是，他相信上帝站在他这边，而且也从未背离过这个信仰。在他眼中，真正的宗教只有基督教，那些不信仰它的人，都是帝国的威胁。在信仰问题上，他的态度越来越坚定。

337年，君士坦丁大帝去世，并被埋葬在了他筹建的新城市君士坦丁堡。显然，罗马城如日中天的时代已经过去，它那曾经至高无上的地位，现在已经输给了这个东方的新城市。

不过，无论是东罗马还是西罗马，都已经失去了对帝国的完全控制权。从干草原地区一路进击而来的匈奴人越来越善于打胜仗。370年时，这个可能说土耳其语的游牧民族，先是将势力延伸至乌克兰境内的顿河沿岸，18年后，又攻到了地中海附近，在那里安营扎寨。早已习惯被不同"蛮族"侵扰的罗马，虽在很长时间内都曾成功击退他们，但这次却根本无力反抗。那些来自遥远内陆的敌人所向披靡，不费吹灰之力便攻入意大利，并进逼罗马城。410年和455年时，这座著名的古城几乎两次被夷为平地。长久以来，罗马都是外来移民的圣地，但到此时，人们却只能弃城而逃。罗马日薄西山之迅速，令人警醒。

罗马文明曾经十分强盛，但到底有多强呢？罗马文明的很大一部分承自希腊，但却不如希腊文明有想象力。罗马比希腊人会打仗，在法律与秩序的推行上也更成功——这是文明的第一要素。罗马设立了广阔的自由贸易场所，或者说"共同市场"。而且若以人类历史中崇尚武力的标准来看，罗马还在相当长的时间内维持了边疆地区相对和平稳定的局面。罗马人创建的法律制度，也就是所谓的"罗马法体系"，至今仍被欧洲和南美洲的很多国家采用。此外，他们可能也是到那个时代为止的人类历史上最杰出的工程师，不但修筑了令人叹为观止的渡槽，为城市提供安全放心的水源，还建造了历经多个世纪却仍可通行的交通干线。

罗马人还为后世留下了丰厚的文化遗产。拉丁语经罗马人之手传递后，曾占据欧洲通行语言的地位近2000年之久，甚至到20世纪初时，还仍然是世界主要基督教教派的祷告及仪式用语和欧洲大陆的第二语言。而且，借着在中南美洲占据优势地位的罗曼语族，拉丁语至今仍然鲜活动人地存在着，虽然当时的罗马人并不知晓中南美洲的存在。当然，最重要的一点，还是罗马帝国对基督教给予的官方承认，这样无比强大的助推平台，是世界历史上任何其他主要宗教都不曾拥有的。

那么，罗马帝国为什么最终又衰亡了呢？这是历史上最令人迷惑不解的问题之一，而其答案也是五花八门，从罗马城铅中毒和农村地区的土壤耗竭，再到基督教的兴起，应有尽有。匈奴人和其他外部侵略者也起到了不小的作用，不过他们的掳掠能成功，部分原因是他们遭到的抵抗本身就十分薄弱。罗马帝国在很大程度上是内部瓦解掉的。不过，或许更为重要——也同样难以捉摸——的问题是，为什么它的国祚能持续这么久？分久必合、合久必分，是天下大势之所在，但打江山易，守江山难。

罗马到公元前 200 年时，已经是地中海沿岸最强大的城邦，而且不可思议的是，在五个多世纪之后，它仍在主宰着西方文明——或许，我们把其统治的时间跨度换算一下，用现代历史上的大事来衡量，会更好理解一些：假如罗马在克里斯托弗·哥伦布的鼎盛时代便已称霸欧洲大部分地区，那么到欧元时代时，它仍然是欧洲至高无上的强权。[1]

东方劲敌

君士坦丁堡是从一座叫拜占庭的老城中发展起来的新城市。这座由希腊殖民者在公元前 8 世纪左右创建的古老城

---

1 大约相当于中国的明清两朝加在一起那么久。

市，在历史上时而被敌人占领，时而又遭掳掠，但总有机会得到重建。拜占庭矗立在一块位置极佳的三角形陆地上，两面靠海，不但控制着重要的贸易路线，也是进出黑海的唯一通道，因此其地理位置既有象征意义，也有战略意义：一方面，它位于欧洲的边上，但另一方面，它与亚洲的距离也很短，划着小船便能到达。

为了扩大这个新城市的居住和建筑空间，人们在原有城墙外，隔着一定距离修建了新的外墙，后来，这些墙的周界又进一步向外扩展，可见城市的发展速度之快。对于这座城市而言，厚厚的城墙是不可或缺的，因为它在 600 年至 1100 年间，曾经历九次围攻。所以，它逐渐发展成了西方世界的一大奇观——当时只有中国才有更大的城市。

君士坦丁堡是第一座在设计时就考虑要为基督教堂提供显眼建筑地点的城市。很快，城中的教堂便不可胜数了。参观者尤其希望能到世界上最宏伟壮观的圣索菲亚大教堂（其名称的含义为"神的智慧"）中进行祷告。559 年遭遇大地震后，教堂对穹顶进行了重修。又过了一千年后，整个教堂被改造为清真寺，寺顶上还修起了宣礼塔。

这座新城市举行祝圣仪式，产生了新的宗主教，而且很快，他的宗教地位便开始与罗马的教皇相抗衡。由于君士坦丁堡是罗马皇帝的皇宫所在地，所以也相应提升了宗主教的地位。而且，西边和东边的教会使用的语言也不同，东罗马帝国的教会使用希腊语，西罗马教会则使用拉丁语。另外，罗马和君士坦丁堡之间路途遥远，如果海上状况不好或者风浪太大，整个航程可能会用去一个月，所以双方并没有经常保持联系。还有便是君士坦丁堡的人口已经超过 50 万，但罗马的人口却由于野蛮人的入侵而不断减少，总数还不及君士坦丁堡的十分之一。

在好几个世纪中，西方和东方的教会，或者说天主教和东正教，在宗教信仰和组织架构上开始渐行渐远。因此，天主教徒相信炼狱——相当于去往天国路上的中转站，那些值得宽恕的亡灵会在这里按照自身罪孽的深重程度接受相应的惩罚——而在东正教会中，平信徒与神父的区分不像天主教会那般泾渭分明，而且已婚男性也可被任命为神父。在东正教会中，即便是平信徒也可进行布道，但天主教徒就没有这样的特权了。在这个意义上，东正教和后来在欧洲北部崛起的新教十分相像。

就这样，基督教渐渐失去了其统一性。不过从长远来看，这种多样性或许正是其优势之一。基督教有着很强的适应性，不但易于理解，也能适应不同的文化，为千百万人带来希望——当然，有时也会带来恐惧。而它的新对手伊斯兰教，虽然有着相同的特质，但混合之后展现出来的，却是一种完全不同的宗教。

第十一章

新月之相

　　伊斯兰教常常像一个谜。西方人会喜欢为它的起源笼罩上一层神秘感，想当然地认为伊斯兰教是在骆驼与游牧民族的土地上兴起的，所以映照出的必然是一个原始民族的思想。稍微比帐篷大一点的东西，对这些人而言都算是陌生事物。但事实上，与其说伊斯兰教兴起于沙漠中，倒不如说它是从有围墙的城镇中发展而来的；与其说它的产生与牧羊人有关，倒不如说它和那些每周都与外部世界有接触的商贾联系更大；与其说它是在狂风漫卷的红色沙漠和干旱荒凉的内陆地区出现的，倒不如说它的形成地点主要是那些被嶙峋荒凉的山脉遮挡且临海而立的城镇，或是位于有水源灌溉的绿洲中心的城市。阿拉伯地区的一些城镇本身便是繁忙的港口，而且很多阿拉伯人在驾船出海方面，和其他人在导引骆驼商队时一样得心应手。他们与印度、东非进行贸易时走的是海路，与小亚细亚地区做生意时，走的是陆路。

伊斯兰教的诞生地麦加，距离红海仅有60公里。由于它恰巧处在从阿拉伯西南部肥沃地区经沙漠至地中海沿岸的陆运交通线上，所以十分仰赖长途贸易。这条通过一队队驮着货物的骆驼来完成运输任务的贸易路线，连接起了相距甚远的印度和意大利，是二者间众多贸易路线中的关键一条。阿拉伯南部有两种十分昂贵的贸易产品，分别是没药和乳香，可用于制造焚香、香水、尸体防腐剂以及犹太牧师使用的圣油。说不定耶稣出生时收到的珍贵礼物没药和乳香，实际上就是由骆驼沿这条途经麦加诞生地的贸易路线驮过去的呢。在伊斯兰教创建前夕，这条陆运商路已经十分繁荣，原因可能是在波斯和拜占庭旷日持久的战争期间，这条路算是个安全的替代选择。

570年，伊斯兰教创始人穆罕默德在麦加出生。在幼年时，他失去了双亲。被称为"沙漠中的水手"的阿拉伯人，有时会把他们的小男孩或者少年，送到那些在遥远的城市进行贸易的骆驼商队中当学徒。穆罕默德也参加过这样一个商队。在夜里，这个孤儿学会辨认绚丽夜空中的众多星辰，掌握了月亮在沙漠边缘升起的时刻——后来，新月便成了他的信仰的象征。

天资聪颖的穆罕默德给他的雇主——一位富有孀妇——留下了深刻印象。穆罕默德在25岁时和这位40岁的女人结为夫妻，对方为他生了两个儿子和四个女儿，不过儿子都夭折了。想来也有些奇怪，伊斯兰教常被人指责为是压制女性的宗教，但其创立者却曾受惠于女性。在当穆罕默德被反对者大肆攻击的时候，假如没有她忠贞不渝地提供资金援助，或许他是无法创立这门新宗教的。

穆罕默德曾做过生意、当过信使，所以去过很多远方的城市，接触到不少外部世界的观点思想，并且吸收了犹太教和基督教的思想——不过这个吸收过程，不是一口气的深呼吸，而是近似于小口多次的短呼吸。610年，穆罕默德经历了一次强烈的宗教觉醒，在此过程中，他接到了"安拉是唯一的真主"的指示——在他生活的那块土地上，诸多部落宗教并不赞成这一观点。

穆罕默德感到自己心中充满了真主的精神后，开始热切地宣传他的思想。他是个强大的说服者，但也树立起不少仇敌。当他开始批评那些崇拜存放于麦加的黑色圣石的异教朝圣者之后，树敌是在所难免的。麦加既是一个朝圣者云集的地方，也是一个贸易城市，其经济发展同时依赖着宗教性旅游和贸易。很多前来朝圣的人都会在这里停留数日，进行贸易活动。穆罕默德批评人们崇拜邪神和黑色圣石，基本上相当于当今威尼斯的市长呼吁禁止游客进入水城。

穆罕默德知道他在麦加的前景很不明朗，于是经过缜密筹划，在622年，翻越沿海山地，穿过干枯的河道，来到了麦加以北近400公里处的城市麦地那。站在枣椰树组成的大片绿洲和种着谷类作物的水田之间，他找到了新的家园。而他到达麦地那的日子，也就是 622 年 9 月 24 日，后来便成了新伊斯兰教历法的第一天。在麦地那，穆罕默德成为世俗和宗教的双重领袖，伊斯兰教也很快成为其选定城镇和地区的主流宗教，掌控了所有的政治权力。相比之下，早期基督徒经过了一代又一代的发展，却仍然属于少数群体，并没有掌握什么政治大权。

圣 战

穆罕默德悄无声息地向麦加的主要商人发起进攻，派兵袭击那些满载货物、往来于边远城镇时途经麦加的骆驼商队。626 年，他谋划袭击了一个据说由 1000 头骆驼组成的商队。虽然麦加事先听到了风声，也派出了优势兵力，但还是被打得落花流水。像麦加这样富庶的大城市，本应有能力迎头痛击麦地那，但穆罕默德是一个指挥有方的将领，手下的很多士兵也是他的狂热支持者，而且，他还通过与游牧部落结盟（有好几个还是信仰基督教的）极大地增强了自身的军事实力。630 年，穆罕默德轻松拿下了麦加。

他的教义成形很快，内容也十分简洁、明确。比如，信奉者每日必须面朝麦加方向进行五次礼拜：第一位宣礼员，也就是召唤信徒礼拜的人，将是一名黑人；每个星期五是聚礼日，也就是伊斯兰教徒的圣日，这就和犹太人祈祷的星期

六、基督教徒的星期日有了分别；虔诚的信徒一生必须要去麦加朝觐一次；他们要大方地向穷人施舍，要在斋月每天的日升和日落期间进行斋戒。斋戒的规定现在看来似乎有些苛刻，不过在那个时代，大多数基督徒在复活节前的40天中，也要进行斋戒。还有一些教规，是为了避免伊斯兰教徒陷入道德危机，不过在这一点上，对女性的要求比男性更严格，比如女人在公共场合必须蒙着面纱，防止自己的脸被人看到；但是富有的穆斯林男性可以娶四个妻子——穆罕默德本人在晚年时就曾和科普特人玛利亚同居，不过她的地位是妾。

在世界五大宗教中，伊斯兰教或许是保留了较多异教成分的一门宗教。它对于宇宙和天国有着一种好奇感，事实上，与其他主要宗教相比，月亮在伊斯兰教中拥有着更为特别的地位。弯弯的新月常常会被用来象征伊斯兰教，并且在今天还存在于很多伊斯兰国家的国旗上。伊斯兰历法也是根据月亮制定的，而不是太阳，这也就是斋月会不停变动、很少出现在同一个月份的原因。或许，对于生活在沙漠中或附近的人而言，月亮在他们的想象中占据着一个特别的位置。夜幕降临后，沙漠中的月亮很少会被云朵遮住，于是在平常的夜晚，月亮便成了夜空中最为壮观的奇景。

穆罕默德的教导后来被汇编成书，就是《古兰经》。这本由阿拉伯语写成的经典，是这门新宗教的"圣经"，语言充满诗意，内容简单、明确，又颇具启迪性；在篇幅上，它要比犹太人的《旧约》短很多，但又比基督徒的《新约》长一些，

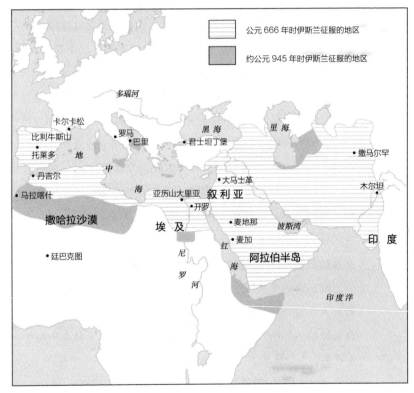

公元 666 年时伊斯兰征服的地区

约公元 945 年时伊斯兰征服的地区

多瑙河

卡尔卡松

比利牛斯山

罗马

托莱多　　　地

巴里

黑海

里海

君士坦丁堡

撒马尔罕

丹吉尔

中

大马士革

木尔坦

马拉喀什

亚历山大里亚

叙利亚

海

开罗

撒哈拉沙漠

埃及

麦地那

波斯湾

印度

廷巴克图

尼罗河

麦加

红海

阿拉伯半岛

印度洋

伊斯兰的征服

全文大约有 78000 字，描绘了天堂的快乐正在等待着忠实信徒的到来。

长久以来，阿拉伯地区一直处于分裂状态，当穆罕默德在 630 年占领麦加时，他在统一之路上已经走出了很远。但两年后，他去世了。荣归真主后，穆罕默德被葬在了麦地那。在他的圣陵之上，信徒们修筑了圣寺，使这里成了仅次于麦加的朝觐圣地。

虽然穆罕默德还没有被周边的国家视为拯救者，但他的军队却在外地取得了一场接一场的胜利。早期的战斗全部凯歌高奏，外国的敌人和本土的一样，很容易便被瓦解了。635年，大马士革失守，3 年后，耶路撒冷亦被攻下。很多基督徒还期待着耶路撒冷这次落入好战的新对手手中只是一时之失，却没想到在接下来的 1300 年中有 1100 年，这座基督教的圣城都一直被伊斯兰牢牢把持着。

穆罕默德去世后不到 20 年，他的宗教和宝剑便统治了东起阿富汗边界、西至的黎波里间长约 5000 公里的区域。宣礼的声音在地中海、黑海、里海、波斯湾和红海沿岸皆可听到。伊斯兰的矛头继续插向各个方向。没过多久，他们便抵达了通往大西洋的咽喉要道直布罗陀海峡。而在遥远的东边，他们来到了印度洋上的印度河河口。位于现代巴基斯坦的木尔坦和中亚地区的撒马尔罕在 712 年被占领。一年之后，远在西边的西班牙塞维利亚城也被伊斯兰占领。

9 世纪时，地中海上几乎所有的大岛都已成为伊斯兰的根据地，连西西里岛、撒丁岛、马耳他岛和克里特岛也不例外。有一段时间，法国的南部海岸和意大利版图的鞋跟区域也属于伊斯兰教。征服者们还一路来到了撒哈拉沙漠深处，就连中国的西部边疆地区似乎也落入了他们的手中。10世纪晚期时，穆罕默德的教导又深入印度：最终，在印度的西北部和恒河地区的天空里，出现了一座座清真寺的轮廓，只有南部地区不太多。伊斯兰教在印度尼西亚和马来半岛的传播速度稍微慢了一点，所以1200年时，大概没有人会预料到后来发生的事情：印度尼西亚将成为世界上人口最多的伊斯兰国家。

在这场几乎持续不断的胜利中，一次沉重的打击降临到了伊斯兰教的心头。930年，忠实的信徒没能守住麦加，这座城市被入侵者攻破后，黑色的圣石被抢夺到了巴林，并在那里滞留了数十年。

伊斯兰国家不是罗马那种中央集权式的帝国，但是在各地，教徒们礼拜的是同一个真主，推崇的是同一部经典。而且，阿拉伯语是这里统一的语言，这一点和拉丁语或希腊语对罗马帝国的重要性十分相似。考虑到当时的通信设备和武器装备，面积如此广阔的伊斯兰帝国，根本无法从某个中央城市来统治。但是，它的创建确实是一项非凡的壮举，如果再从当时的历史环境来看的话，可能连20世纪上半叶时共产主义的惊人传播都会相形见绌。

得胜非洲

深入非洲地区后，伊斯兰教已经延伸到了罗马帝国的外围区域。很快，它又跨过红海，到达了阿拉伯半岛对面的海岸上——当时先知仍然在世。与此同时，伊斯兰教还渗透进了控制着上尼罗河两岸地盘的基督教国家努比亚，不过，它并没有成为这个国家的主流宗教。此外，最早在 8 世纪时，东部非洲的港口城市便已经响起了小清真寺里的宣礼声。撒哈拉沙漠南部地区有一块延伸至大西洋的狭长、干燥的区域，在 8 世纪时，也第一次迎来了伊斯兰商贾。《古兰经》在非洲的传播，主要靠的是劝导和榜样的作用。在大多数港口和内陆贸易城市里，伊斯兰教最初吸引的皈依者只是其城市人口的很小一部分。

与富饶土地上的农民相比，那些在沙漠中养骆驼、住移动营帐的人们，更倾心于这个新宗教。沙漠中的游牧民族发现，伊斯兰教不仅能给他们的生活带来新的意义，还和他们游走不定的生活方式十分契合。在伊斯兰教中，一群人要参加星期五的聚礼日时，并不一定需要永久性的清真寺，而在举行葬礼时，也不一定要有阿訇在场。对于居无定所的人而言，一门不需要牧师、教堂的宗教，简直太符合实际了。

新宗教和生活方式的扩散，是通过一门对多数信徒而言十分陌生的外语来实现的——阿拉伯语是伊斯兰教的唯一礼拜用语。信徒们会用心背下《古兰经》的关键段落，并且在热情诵读时尽全力理解这些内容。随着新宗教到来的，还有新的食物禁忌。那些曾视烤乳猪为美味珍馐的非洲村庄，不久便舍弃了这一享受；有些喜欢喝家酿啤酒的村庄，也永远地戒了酒。一大波商业联系也随之到来，在蒙巴萨、广东和廷巴克图这些天南海北的地方，到处都能在露天市场里看到做生意的伊斯兰商人。

伊斯兰教宣称人类皆兄弟，不过这一观点并不完全涉及奴隶。伊斯兰商人会长途跋涉，押送着男女奴隶前往贩卖点，不过他们很少会奴役与自己有相同信仰的人。然而，几个世纪之后，虽然很多被贩卖到美洲的奴隶都来自长期受伊斯兰教影响的地区，不过并没有多少是狂热的信徒。因此在美国的种植园里，伊斯兰教才没有扎下根来，而是把空地让给了基督教。

第十二章

雁过群山

在宗教信仰上，中国更多是一个进口国，而非出口国。各种新宗教沿着横穿亚洲的丝绸之路向东传播，与丝绸的去向正好相反。而且，在世界历史上，很少有一条道路能这样接二连三地朝同一方向，输送去一长串新宗教传教士的队伍。叙利亚的修道士和传教士，便是这样把基督教派别之一的景教带到东方的。在中国的西安市，也就是丝绸之路的终点站，至今仍有一块石碑上记载着在 635 年，一个景教传教士抵达了中国。

犹太商人沿着草原上的大路，来到了中国的开封市，并在那里修建了一座教堂，而且最晚到 1163 年时，它便已经十分兴旺了。相比之下，中国西部的那些基督教教堂到此时却早已消失。在此后的 500 年中，这座犹太教堂经历了四次重修，只是待到此时，这一小群犹太教徒大概已经和那片在《旧约》里被生动描述过的土地失去联系很久了。

伊斯兰教同样由丝绸之路而来，同行的还有骆驼商队和军队。到8世纪初时，这条路有一半已被伊斯兰控制，就连城高池深的塔什干也成了伊斯兰教的堡垒。有些穆斯林随着商队一路把生意做到了中国西部，并且在那里成功地吸引了众多皈依者，远远胜过基督教、犹太教和杂七杂八的波斯教派。

不过，在中国走得最远的，还要数从印度出来的佛教徒。一些佛教徒沿着恒河、伊洛瓦底江的谷地而上，翻过高山地区，最终抵达中国的边界。其他一些则通过海路去了中国。还有更多的是朝印度北部行进，攀越海拔4000米高的兴都库什山，选择穿过该山山口的一条路线到达大夏古国，并最终汇入丝绸之路。

起初，佛教的传播十分缓慢，曾在很长一段时间内只流行于印度和斯里兰卡两国。但佛陀涅槃几个世纪后，佛教在印度西北部得到了循环再生。这种被称为大乘佛教的派别，更适合在外国推广，也使推动佛法传播具有了吸引力，并给普通人带来了更多的希望——现在，他们可以通过潜心礼佛来得到彻底解脱了。

不过，直到新生的基督教开始在小亚细亚扩散之后，佛教才在东亚地区传播开来。事实上，第一个基督教传教士到达印度的时间，可能和第一个佛教徒到达中国那些河谷城市的时间是一样的。到公元65年，佛教已经在中国赢得了一点点的地位。这门宗教在对事物的看法上，和盛行的儒教截然不同，而它关于人死后可以转世的信仰也颇具革命性。这两种截然不同的思想体系似乎难以并存，但来自印度的佛教却像往常那样，在历史更久的儒家和道家思想身旁，安安静静地坐了下来。在接下来的三个世纪里，千百万中国人在继续传承儒家和盛行的道家思想的同时，欣然接受了佛教僧人讲授的戒律，就好像佛教仅仅是中国这个宗教超市里新扩充的一个业务部一样。

早期的印度佛教徒并不想移动大山，或者说改变环境，而是大体上接受了山的存在。但在中国，新版本的佛教却很有行动力。在他们新修的佛寺里，中国的僧人利用寺户——相当于农奴，和印度一样，这在当时的中国也是一种普遍接受的制度——来清理山林，开垦了大量新地。而且，僧侣们不但愿意教村民们识文断字的基本知识，甚至还倾向于充当当铺和钱庄的角色，结果在很大程度上改变了各地的社会和经济状况。

佛教不但激发了经济活力，还为中国的清谈与玄学注入了灵感。中国的山水诗派也在这一时期出现了。出身名门、风流倜傥的诗人谢灵运曾权倾一时，但在 422 年被排挤下台后，便回到了距离南京约 500 公里的四面环水的自家庄园，过起了归隐的生活。谢灵运一直笃信佛教，现在终于有时间来用玄言佛理思考一些问题。而且，他还常常穿着自制的特殊登山鞋（谢公屐）爬山越岭，吸取乡野之灵气。时而忧郁伤感、时而欣喜若狂的谢灵运，将自己的情绪融汇到了诗句当中。在华兹华斯和那些自然诗人在英国名声大振之前，他的山水诗早已被中国人推崇了 1400 年，可见当时的中国人已把自然视作一个充满神秘感的殿堂。显然，佛教很容易便融入了这种心境当中。

虔诚的佛教徒兴建了很多大型纪念物。沿四川乐山波涛滚滚的岷江而行，可以看到湍急的水流对面竖立着一尊巨大的石刻佛像。这尊在红色岩壁上雕刻的巨佛高 71 米，相当于一幢 20 层高的楼，在 685 年开凿时，很可能是想成为当时世界已知范围内最大的佛像。如果在秋日的迷雾中凭河眺望，这尊佛像看起来就像一个巨大的领航员，正准备要为过往的船只导航。

在西安市，人们现在仍然可以看到一座高高耸立的四方楼阁式砖塔，也就是大雁塔——在中国古代的诗歌中，大雁南飞被视为吉祥的征兆。第一次来到西安的那些欧洲商人，一定在脑海里曾默默将这座塔和罗马帝国一些壮观的凯旋柱遗迹做过比较，但在高度和装饰上，大雁塔显然更胜一筹。

在中国，那些规模较大的佛塔有一种直冲云霄的气势，一如后来在西欧出现的哥特大教堂。这些塔看起来就好像是造塔之人先小心翼翼地竖起一把伞后，又打开一把稍小一些的伞放到了上面，如此这般，塔便被一层一层地搭起来，最后达到了 11 层甚至 13 层的高度。事实上，有些佛塔是先将木质骨架搭好，然后再从上往下建，而且，支撑这些高大建筑的榫卯也是中国人的发明。对于那些信佛的人而言，在稻田里劳碌一天后收工回家时，看到那锥形的宝塔一定会心潮澎湃、备受鼓舞。

佛教在中国取得的成功远远超出其他所有的外来宗教，并且连续八百多年都是对中国人影响最深远的老师。佛陀或许不是一直都受欢迎，但他的影响却从未间断过，比如20世纪初时中国的那位末代皇帝，便是一位藏传佛教的信徒。

佛教的长征

在其经历的第一个千年中，佛教只用了与基督教差不多的时间，便从发祥地扩散到了更远的地方：在公元300年之前传至下缅甸，在公元400年前传入朝鲜，到7世纪初，苏门答腊岛上的一位国王也已经是佛教徒，而且，由于该国的发源地巨港城还是一座中国贸易的中心，所以来自中国和印度的佛教徒都对这里产生了巨大影响。

当时尚未统一的日本，就像一张吸墨纸，吸取了中国的大量影响，如建筑、绘画、诗歌、律法和宗教，但在时机恰当时，日本也会毫不犹豫地改造它们。当伊斯兰教在亚洲的另一边活跃起来时，佛教也在日本得到蓬勃发展。到7世纪末，日本的土地上已经佛光普照了。

模仿中国城市修建的新都城平城京（今奈良县），实际上成了一座完全献给佛陀的城市。737年，日本爆发天花，给全国带来了毁灭性打击，且就其严重程度来讲，远超黑死病对欧洲人的影响。于是，早已对佛教极有好感的圣武天皇，转而向觉者寻求慰藉与指引，下令建造了一尊雄伟的青铜塑像，也就是至今仍然挺立的奈良大佛。

圣武天皇命各道修建寺院和尼姑庵，把佛寺建到了全国的各个角落。在 749 年，他将皇位传给女儿后，便出家为僧了。虽然日本本土的神道教不会把自己的支配地位拱手让给佛陀，但到 800 年时，这两门宗教已经互相融合，成了盟友，连神庙的建筑风格都与佛教有所呼应。

在东亚地区，佛教同任何外来宗教一样，都要仰仗皇权的认可。在中国、日本和朝鲜，这种认可时而会被收回，然后又被重新恢复。9 世纪时，曾在中国长期备受崇敬的佛教徒便在毁佛运动中遭到了迫害。而一个世纪之后，日本当时的都城平安京（今京都市），曾禁止在其棋盘式的街道中为佛寺留出地皮，但后来又允许了佛寺的修建。在朝鲜，佛教曾于 14 世纪盛行一时，但在 1393 年，形势却突然逆转，寺庙持有的大量土地被没收并重新分配出去。不过，佛教徒仍然百折不挠地坚持着，时不时地，他们还会再次受到青睐。

佛教徒在亚洲各地都修建了规模庞大的寺庙，有些甚至容纳着 7000 名僧人。而且，几乎所有的寺庙都担当了慈善救济和为旅者提供歇脚休息场所的职能。佛陀还为大量纪念性建筑带来了灵感，比如 9 世纪初爪哇岛南岸用深色石料修建的波罗浮屠寺庙群，和 12 世纪初柬埔寨修建的大小吴哥。

他还激发了可能连他自己都不太会认同的宗教虔诚，他的遗物也成了无价之宝。在缅甸的首都，塔顶全由纯金铸成的瑞大光塔（仰光大金塔）雄视全城，朝拜者们拾级而上来到顶部的平台，是为了最大限度地接近圣物——佛陀留下来的八根头发。

几个世纪以来，佛教就像一群大雁，从印度振翅高飞后，安然降落在东亚地区的每一个角落，并开始茁壮成长、繁衍生息。但就在它的主导地位似乎稳固之时，伊斯兰教成功地发起了袭击，先进驻了马来半岛，接着又俘获了印度尼西亚的大多数岛屿。伊斯兰教在印尼群岛上现存的最早遗迹，是在东爪哇地区发现的一块墓碑，其镌刻时间约在 1082 年。此后，伊斯兰教又席卷了菲律宾的南部地区。佛教和伊斯兰教在与其发源地远隔万里的东亚地区双双成功，显示出即使在欧洲人发现通往外部世界的新航路之前，这个世界也已经在相当程度上一点一点变小了。

三大教的胜利

这三门富有开拓精神的全球性宗教，吸引了不同的地区和人们，而它们产生的时代也是人类历史上十分特殊的一个阶段，佛陀、基督和穆罕默德先后在一千多年之内崛起：最早的是佛教，约兴起于公元前 5 世纪，最晚的则是伊斯兰教，诞生于 7 世纪。自此之后，再未有新的宗教能获得全球性的成功。

这些世界性宗教反映了人类信仰的转变。以前，上帝在多数情况下都是恐惧的象征，但现在，人们却坚信爱才是上帝的标志。因而，它们代表的是一种更为深刻的人性观。不过，一门宗教被某个种族独占的事情，似乎永远没有发生的可能。诚然，在这些传播广泛的宗教中，有两门都起源于犹太教，所以它在某种程度上也算是全球性宗教，但在多数时期，犹太教并没有积极主动地去谋求新信徒入教。

起初，在城市间做生意的商人要比生活在乡下的人更容易接纳新的宗教，因为在异乡的商人需要一种信任的氛围，以便履行书面合约和口头协议，而这些宗教都恰逢其时地在教义中强调了信任这一点。佛陀的早期信徒通常都是商人，穆罕默德本人也是商人，而基督教在开始时也是由那些在外做生意的犹太人散播到了其发源地以外的地区。虽然基督曾将钱商从耶路撒冷的圣庙里赶了出去，但那是因为他们出现在了错误的地方，而不是他们从事的职业有多么卑劣。基督讲过的很多寓言都是关于农民和牧民在日常生活中陷入的两难之境，从他充满同情的语气中就可以发现，他并不敌视商业行为。毕竟，他自己是木匠，父亲也是木匠，所以他对商业世界还是十分了解的。

当然，这些宗教在异国他乡的最终成功，还要归功于那些为了传教事业而愿意奉献甚至牺牲自己生命的虔诚无私之人。一门宗教能否在新的土地上生根发芽，还取决于这片土地的统治者会不会热情地接纳它。这些世界性宗教尤其吸引了那些意欲在缺乏社会凝聚力的情况下管理好各民族的皇帝。比如，在传教工作兢兢业业进行了几个世纪后，佛教和基督教仍然处于艰难挣扎的状态，但有了印度的阿育王和罗马的君士坦丁这两位强大的皇帝信徒后，它们接下来都取得了巨大成功。大国的皇帝更愿意接纳一门新宗教，因为这能使他的臣民在简单甚至有时很艰苦的日常生活里获得一种满足感。

到 900 年，这三大世界性宗教已经瓜分了当时已知世界的绝大部分地区，只有美洲大陆、非洲南部地区和新几内亚、澳大利亚以及一些遥远的小岛，是它们鞭长莫及的。三大宗教中最年轻的伊斯兰教，或许也是其中最有活力的，在阿拉伯商人的协助下，进入了面积广大的东南亚区域。不过，影响人数最多的，却是其中最古老的佛教，因为它的势力主要在人口众多的中国、朝鲜、日本和中南半岛。而且，虽然它在发源地印度已经气息奄奄，影响不再，但却在印度之外开辟了新的天地。

基督教在此时是三大宗教中最没有活力的一个，除了在非洲东北部和小亚细亚的部分地区有势力存在，在严格意义上的亚洲地区并没有赢得多少新信徒。在欧洲地区，基督教虽在爱尔兰到希腊一线处于主导地位，但在地中海沿岸却败给了伊斯兰教，也未能成功打入寒冷的北部地区，以及吸引到瑞典及丹麦的信徒。其他福音布道者在俄罗斯地区同样收获甚微。

在很大程度上，每一门主要宗教都要仰仗强势世俗统治者的支持，但是基督教欧洲的统治者们已经大不如前，不再拥有罗马帝国时代的那种强大实力。此外，主要宗教的传播机会，还要依靠信徒中的商人，因为只有他们到异地他乡做生意时，才有机会到处宣传，为后来的传教士铺平道路。但到900年时，基督教欧洲的商人们却两头为难，一边被伊斯兰教挡住了去路，一边又只能对着充满未知的大西洋慨叹。

在900年时，如果有几名智慧的观察员，如果他们对当时的已知世界也有着广泛的了解，那么在被问到哪门主要宗教看起来似乎胜券在握的话，他们肯定不会说是基督教，因为在那个时代，基督教基本上陷在了死水一潭的欧洲文明中无法动弹。不过，在六个世纪之后，基督教却忽然间有如神助，前景变得无限光明起来。

第十三章

迈向波利尼西亚

这一时期的世界，仍然被分隔成了无数个近乎可以自给自足的小世界。虽然欧洲和中国各自都构成了较大的世界，双方也互有交通往来，但非洲、美洲和澳大拉西亚地区仍由无数与世隔绝的小世界组成：在这些地区，人数较少的群体通常很少或根本不会同方圆 1000 公里之外生活的人们有任何来往。在地球上的某些区域，如此宽的一段距离，实际上就是一条无法逾越的鸿沟，如果中间隔着的还是海洋的话，就更是天堑无疑了。

有时候，这些鸿沟会被跨越，而这样的跨越对人类而言，有着至关重要的结果。在整部人类历史中，这种远渡重洋到大型无人区定居的重要跨越只发生过三次。第一次是从亚洲向新几内亚和澳大利亚大陆的迁徙，发生在五万多年以前；第二次是从亚洲到阿拉斯加地区的移居，发生在两万多年前，随后，人类慢慢占据了整个美洲大陆；第三次发生的时间相对近些，主要是波利尼西亚人向太平洋和印度洋上一连串无人岛的转移。最后这次迁徙发生在基督时代，可见它到底有多么近，只是这些移民当时还没有听说过基督这个名字罢了。

波利尼西亚人横渡大海到达新陆地，是人类历史上最了不起的迁移行动之一。他们的某些航行，比哥伦布后来在1492年横渡大西洋时的跨越还要勇敢无畏。事实上，这两次航海还有一些不可思议的相似之处：波利尼西亚的领航员队伍为了开辟新天地，从中国出发，而哥伦布从欧洲起航，则是为了寻找中国。

这场向岛屿的缓慢迁移，始于中国南部树木繁茂的热带地区。可能在约公元前4000年时，一些富有冒险精神的定居者开始横跨海峡，到达了丘陵起伏的台湾岛。在试图完成这样危险性极高的航行时，很多水手一定会命丧海底，但是那些上岸的人们，却很快建立了新的生活方式——最有可能的是当农民或渔民。他们打制了自己的石器，还懂得如何制作那种当时在中国大陆很流行的陶器。此外，他们极有可能也饲养了猪、鸡和狗。当然，毫无疑问的是，他们很善于航海，而他们使用的船，或者说至少在几个世纪后，当他们到达太平洋中部地区时使用的船，便是所谓的舷外浮杆独木舟。这种小船的船身在中间，两侧是原木，也就是舷外浮杆，这些木头被平行着用绳子紧紧和船身绑在一起，在波涛汹涌的大海上，可以起到稳定船只的作用。

他们这一系列航行时断时续，就这样从一个岛到另一个岛，缓慢地东进着。在接下来的几千年中，这些海上民族先是到达了菲律宾群岛，并在岛上的小片区域内开荒种田。随后，一次次的航行又载着他们的子孙后代到了婆罗洲、苏拉威西岛、帝汶岛以及苏门答腊岛和爪哇岛，到公元前2000年时，所有这些岛都已有人类生活栖居。这些定居点有不少都位于新发现的岛屿上，但也有一些是在早已有人居住的地方。原先在这些区域定居的居民，要么在战争中被打败，要么因为感染了新的疾病而死掉，要么被逼到了条件较差的山里，要么便干脆被入侵的民族同化了。

在解释各民族这种持续不断向外迁徙的过程时，能一言以蔽之的答案是很诱人的。或许他们是为了应对人口过剩，或许他们是偶尔被火山、地震、台风和其他自然灾害逼着寻找新家园。但任何单一的解释都是不够的。促使这些类似中国人的民族迁徙的因素有很多，就像第一批欧洲定居者移居美洲时也是受到了很多影响的驱使。作为海上民族，或许他们根本就拒绝远离大海，不想生活在深山里，于是才搜寻其他既方便捕鱼又利于种地的海湾或海岸山谷。而在任一地区，无人居住的海湾和海滩数量都是有限的，所以他们又必须不断迁徙，寻找新的岛屿或海岸线。

这些人挤在他们的附帆舟里航行探索，遵从了一定的逻辑。朝东冒险时，他们可能会发现有人或者无人居住的岛屿，而且那里仍属热带气候，岛上的植被也与他们刚离开的地方差不多。在迁徙的早期阶段，海风也十分有利。由于该地区紧邻面积广大、季节性冷热交替的亚洲大陆，会常年刮季风，因此，只要这些海上民族满足于留在相对靠近赤道的区域内，那么季风就可以很方便地吹着他们朝东西南北各方向迁徙。地理环境也对他们青睐有加，安排了数千个岛屿向东依次排开，就像一条踏脚石组成的路。当然，很多岛屿从高山上用肉眼便能望到，但其他的一些则只能靠无计划的航行来碰运气了。

这场沿赤道一线缓慢进行的迁徙，在公元前1600年时来到了久有人居的新几内亚岛，先是占据了沿海外围的地区，然后又登上了一些从未有人居住过的热带海岛。到公元前1200年时，他们那些扬着褐色风帆的船，已经出现在了新喀里多尼亚、汤加、斐济、所罗门群岛和萨摩亚群岛的港口村庄，在夏威夷和复活节岛也能看到他们的船。如果按从东往西一线航行的距离来算——把一代代人进行的一场场航行都加起来——在四千多年的时间跨度里，他们航行了相当于从欧洲经陆路到中国的全部里程。后来，这些航海者又沿原路折回，发现了偏远的新西兰诸岛。

在太平洋上，众多小岛组成了一条银河似的长带。沿着这条带子，水手们留下了很多有关他们起源的有力证据。即便在今天，从台湾与世隔绝的深山老林到复活节岛和东边的皮特凯恩岛这一路上，仍残存分布着隶属于南岛语系的各种语言。

对于波利尼西亚人而言，发现复活节岛这座火山岛，本身就是一个特殊的成就，因为这座小岛真正可谓是沧海一粟，远在离它最近的人类聚居地1600公里之外。不过，随着新定居者的到来，这座曾经植被茂密的小岛遭到乱砍滥伐，到最后，岛上最雄伟壮观的地标已不再是那些参天古树，而是换成了六百多座巨大的石像，其中一座未完工的石像高达20米。在语言和社会方面，复活节岛的岛民是波利尼西亚人，但这里的巨石雕像和文字系统却表明，他们可能还有别的祖先或受过其他民族的影响。

波利尼西亚人的社会类型，从互相不睦的部落到统治着众多岛屿的强大君主政体都有。当第一批欧洲人到来时，可能拥有20万或更多人口的夏威夷，总体上是一个君主国。有些波利尼西亚的君主，和他们的欧洲同行一样，都认为自己是神的后裔。

在这一连串漫长的迁徙中，其他的探索者则到达了面积广大但无人居住的马达加斯加岛。在马达加斯加东北部，无边无垠的大海一直延伸到了印度尼西亚群岛，但几乎可以肯定的是，马达加斯加上的首批定居者肯定来自这些5000公里之外的岛屿，因为即使在现代，马达加斯加语也仍属于马来—波利尼西亚语族。相较于毗邻的非洲，今天的马达加斯加人在语言方面，反而同遥远的婆罗洲地区更为类似。

前往马达加斯加的第一次航行发生在 400 年左右，当时的罗马城正在迅速衰落，而在隔着半个世界的东边，其他波利尼西亚人也刚刚在复活节岛上定居。这场马达加斯加之行，东北季风帮了不少忙。站在棕榈树遍地的海滩上，看着印度洋的海浪有气无力地撞击着珊瑚礁，你可以想象出褐色的草席船帆缓缓出现在视野中的情景，接着便是那一两艘在大海的浪涌中颠簸起伏的印度尼西亚小船。在这些越来越近的船上，每个人一定都在或激动或焦虑地注视着眼前那翻滚着白沫的海浪和重峦叠嶂之下的热带丛林，而且他们也一定猜想过自己能否在船被海浪冲毁或撞上珊瑚礁之前登上陆地。

马达加斯加岛和新西兰群岛，是人类发现并定居的最后两块较大的宜居区域，而且在两者之中，马达加斯加可能还更为重要一些，因为它的面积是新西兰的两倍多。但无论如何，这两次发现之旅都是人类航海史上的伟大胜利，构成了一系列探索与迁移的冒险传奇，而到 1000 年时，这段史诗基本上已经完美收官。

恐鸟之乡

从海上望去，早期毛利人如堡垒般加固设防的村寨，一定很容易就能看到。有些村寨占据着狭窄的陆岬，三面环海，这是他们的第一道防线。从海滩或礁石到堡垒的陡坡常常几近垂直，这是第二道防线。第三道防线更高，是一圈精心修筑的围墙，低矮结实的木桩被间隔均匀地插埋在土地上，两两之间还有一排高大的尖木桩，将整个寨子——被称为"坝"，即毛利语中的 pā——团团围了起来。

坝的上层是一些木质住所和夹杂其间的储物仓库。为了防止野鼠偷吃粮食，这些仓库都建在有一定高度的平台上：人们偶尔也会用盖着低矮顶盖的坑来储存蔬菜。房子本身没有四壁，只有茅草做的斜房顶，因而海风可以穿堂而过。在遭遇突袭时，这些设防的村寨能构成一道有力的防线，但是若被围攻，它们就无力抵抗了。因为坝里通常没有水井、泉眼或者稳定长久的淡水资源，就连柴火都要从远处运回。

新西兰的北岛是坝之乡，这里现已被鉴定确认的村寨遗址有 5000 座之多。虽然房前的台地早已被风化侵蚀，栅栏围墙也破败腐烂，到处都是重新长出的灌木、爬藤和杂草，不过从远处看，寨子的轮廓仍时常清晰可辨，好似一个带着一串阶地或台地的小型露天坑。

为每个部落或村寨提供足够的食物，需要面积广大的园圃。人们用一种外形类似撬棍的长木棍先为园子松土，然后用木锹将表层土齐整地码成一排排土堆，最后再在高高的土堆里种上植物块茎。库马拉是所有块茎植物中价值最高的。这种薯类有点像长长的甘薯，外皮呈粉红色，表面有微微的凸起。对了，库马拉的种植日期，要根据月相来决定。

对于早期定居者而言，还有一个大奖在等着他们：肉类的丰盛程度令人难以置信。在南北岛上，打猎的毛利人很容易抓到一种会奔跑但不会飞翔的巨鸟——恐鸟。这种鸟身高可达3米,大腿发达,十分适合奔跑,头部又无法轻易对捕猎者造成威胁,就好像一只温顺的驮畜。而且,恐鸟的背部又直又长,假如被驯化过来的话,可以轻易驮着四五个并排坐在一起的小孩。

但是,由于毛利人大肆捕杀恐鸟,到15或16世纪时,这一物种已几近灭绝,而以恐鸟幼雏为食的长翼巨鹰哈斯特鹰也因此受到牵连,在劫难逃。当第一批欧洲定居者到来时,哈斯特鹰直冲云霄的情景早已不复存在。

毛利人没有陶器,所以使用大葫芦的外壳来做盛器。在夏天时,沿着房顶或在种植园里蔓生的葫芦藤会长出许多葫芦。毛利人也没有畜群和猪,唯一驯化的动物是狗。他们使用的是石器工具,不是金属器具,但是打磨制造的技艺可能与金属加工工人具备的技术一样精湛。人们找到制造石器的原料后,会将石头开采出来,然后再走很远的路或者用小舟将其运到缺乏合适石料的地区。一块巨大的毛利磨石,从海滩被运到奥克兰一家博物馆之后,至今仍吸引着众多的参观者。

大多数欧洲人在见到那些生活方式即将发生剧变的波利尼西亚人时,都会被他们的勇猛所打动。但观察者也注意到了波利尼西亚人暴力的一面,比如人祭和同类相食的行为。当然,有一点是毫无争议的,那就是毛利人在打仗方面天赋异禀。何以为证?18世纪80年代,英国政府考虑到底是在澳大利亚还是新西兰设置定居点时——这一决定,将对地球上的这片土地产生深远影响——最终选择了前者。毛利人浑身是胆，其骁勇善战也是公认的，不去招惹他们，确属明智之举。

第二部分

路　标

在 1000 年时，许多基督徒都期待基督会再次降临，或者世界将以一种惊天动地的方式终结。然而，生活依旧如常，新的千年缓缓而至，并继续绵延向前。但这个千年，将会成为人类离开非洲故园后经历的所有千年中，最不同寻常的一个。而它之所以不同，不光是因为改变步伐的加快，更是因为人类重新找回了曾经遗失的世界。

在海平面最后一次强烈抬升前，所有的人类部落间都有着松散的联系。一系列的人类交往，一连串的游牧定居，在时间的长河里从未间断过，一路跨过亚洲，抵达了欧洲和非洲；而且不难想象的是，黄河沿岸产生的某个新观念，在一千年后，很有可能会最终传到尼日尔河与尼罗河畔。

但在此之后，抬升的海平面将大量人口隔绝开来，人类的定居点被分割成大块的碎片，几乎所有的交往都终止了。

到 1000 年时，美洲已经与亚洲和欧洲隔绝了十多个千年，澳大利亚大陆也在很长一段时间内与亚洲毫无往来。但在新千年中，所有曾经孤立无援的区域以及更多地方，都接二连三地同欧洲、亚洲和北非组成的那个活力无限的世界中心，重新产生了联系。

这场再发现之旅中，最为出人意料的部分便是它的源头，因为它的发起者是世界上一个发展较为落后的地区：发现失落世界的船只，大多数都将会由大西洋沿岸的欧洲国家派出。更不可思议的是，这个遗失世界的一个部分——北美洲——将会在这个千年结束前，崛起成为新的全球领袖。

第十四章

蒙古人

　　在人类历史上，有时候海洋是一个难以跨越的障碍，阻隔着遥远民族间的交往，但有时候，面积广阔的陆地才是更大的屏障。不过，在运输这个问题上，大帆船在海上能做到的，马匹至少在一个大陆板块上也实现了。在亚欧大陆的东西方向上，草原与山脉曾组成了一条宽阔的洲际走廊，将对比鲜明的东亚与地中海文明隔开，而马儿们在这条走廊中，慢慢踏出了一条稍显粗糙的交通干线。

　　时不时地，干草原上的民族会像一支火箭，射向走廊两端那些武装完备的世界，并且赢得几场令人刮目相看的胜仗。比如，西迁的匈奴人就向西方世界发起了猛攻，打得气息奄奄的罗马帝国两腿筛糠。而近一千年之后，东边的蒙古人也靠着勇敢、残暴与一点点的才能，开创了到那时为止单一统治者所拥有过的最大疆域面积。

蒙古人的发源地位于丝绸之路以北的地区。有一段时期，他们可能还在贝加尔湖地区生活过，也就是东西伯利亚与现代蒙古人民共和国的交界处。在 10 世纪时，他们从满洲北部迁到了蒙古东部地区。后来，十几个加入他们伟大征伐的游牧民族，也开始使用蒙古人这个称谓。与他们的邻居和对手一样，蒙古人几乎从不种庄稼，也不懂得灌溉，甚至连定居民族都不算。

那些传统上就在蒙古草原生活的家庭，会因着季节的变化，赶着牧畜从一片草场迁到另一片草场。不过，他们拥有的只是绵羊、山羊和马匹这些牧畜，土地本身实际上属于更大的族群集体所有。到了迁至夏季或冬季草场的时间后，牧民们便会赶着牛车，拉着沉重的羊毛帐篷前往目的地。不过，由于没有大型城镇，蒙古人的总数并不多。

牧畜是蒙古人的资本，是他们的首要财富来源，所以蒙古人不想把他们的资本吃掉，而是更愿意将源源不断的牛奶、绵羊奶和山羊奶物尽其用，以它们的副产品为食。利用这些奶，蒙古人制作出了黄油、至少四种口味的奶酪、在西方俯拾皆是的酸奶、一种叫作乌日莫的干奶油以及被称为艾日格的蒸馏酒。[1] 连体格强壮、奔驰如飞的马产下的奶经过发酵后，都能成为人们开怀畅饮的佳酿。

1　乌日莫和艾日格皆为蒙语音译，在汉语中分别是指奶皮子和马奶酒。

乍一看，这样的环境似乎无法为一个人丁稀少的民族提供必要条件，使他们有能力推翻那些自信满满又人多势众的文明国家。但蒙古男人天生善骑射，即使在疾驰的马背上射出铁头箭，也可以百发百中，因此可靠速度制胜，迅速抢占大片区域；而男人在外参加征战或掳掠行动时，留下来管事的女人们同样出类拔萃。事实上，蒙古女性的地位之高，让很多中原人都惊讶不已。在某些方面，蒙古人可被拿来和不久以前曾兴盛一时的维京人一较高下。维京人在大海上所做的一切，蒙古人在陆地上也做到了。而且，双方都来自气候恶劣、人烟稀少的地区——这一点虽然未必是优势，但在某些情况下，却可以化腐朽为神奇，尤其是当住在隔壁的帝国虽然国力强盛、人口众多，但也越来越自视甚高，还有些臃肿不堪的时候。

蒙古人来了!

每一位英明的中国皇帝都懂得，挑唆游牧民族相互争斗，可以坐收渔翁之利。如果说12世纪时这些游牧民族有多分裂，那么一个世纪后，就可以说他们会有多团结。1206年，蒙古部落的可汗成吉思汗奇迹般地将草原上的这些骑兵联合了起来。那些可能会不忠的人，要么早被他杀掉了，要么就是遭到了恐吓，所以现在所有的部落宗族或部族都宣誓要效忠于他。成吉思汗是个极富魅力的领导者，据说还有天赋异能。就这样，手握着近13万骑兵部队和安插在敌方疆域内的间谍网，成吉思汗开始东征西讨了。而且，他手下还有数千骑兵不但会骑一匹骏马，边上还要再备一两匹，以便在路途遥远时，将精疲力竭的那匹换下来。

成吉思汗用兵神速，所以奇袭成了他的惯用武器，但要是围攻设防的城镇时，他偶尔也会使用火药这种新发明。通常情况下，他会给予一个城市投降的机会，但代价就是交出城中十分之一的人口和十分之一的财富。结果，他的奴隶、征募士兵及财富开始成倍增长。那些坚决不降的城市则或被围攻，或被踏平。蒙古人这种大杀特杀的招牌式行动，搞得敌人魂飞魄散，以至于蒙古人经常发现自己在追击敌人时，只能追一追对方落荒而逃的背影。

无情但聪明地搞破坏，是他们的又一项武器。蒙古人会破坏灌溉系统，切断大片农田的生命线，或者毁掉被围困城市周围的土地，导致路旁和农田里浮尸遍野。向守卫森严的城市进发时，他们有时还会逼迫战俘走在前面，到城墙之下组成人盾。不过，蒙古的领导者在部落内部却会执行严格的纪律。

对于蒙古人而言，万里长城只是又一道需要跨越的障碍而已。1215年，他们最终攻下北京，并在此定都。当时在中国南部还有大片区域掌握在汉人政权南宋的手中，但它后来也慢慢被蒙古人征服了。蒙古人征服南宋这个当时在物质方面领先世界的国家，就好比现在非洲中部的某个国家占领美

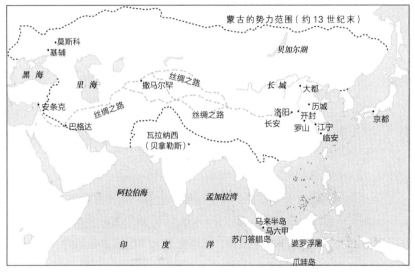

蒙古的势力范围（约 13 世纪末）

莫斯科
基辅
黑海
里海
贝加尔湖
撒马尔罕
丝绸之路
长城
大都
安条克
丝绸之路
丝绸之路
洛阳
历城
京都
巴格达
开封
长安
罗山
瓦拉纳西
（贝拿勒斯）
临安
江宁
阿拉伯海
孟加拉湾
马来半岛
马六甲
苏门答腊岛
婆罗浮屠
印　度　洋
爪哇岛

蒙古人的亚洲

国后，还把首都定在华盛顿一样，让人难以置信。但是，在思忖蒙古人时，有一点是确凿无疑的，那就是他们进行的征伐，是有史记载以来绝无仅有的。

在亚洲的另一端，蒙古人几乎同样叫人叹服，他们攻下了一座又一座躲在高墙后求安的伊斯兰城市，甚至连巴格达也最终落入他们手中。到13世纪结束时，蒙古帝国的疆域已经从多瑙河沿岸延伸到了香港的小渔村。

虽然罗马人耗费几个世纪才完成的征服大业，成吉思汗花了不到20年就完成了，但两者却无法轻易被拿来比较。蒙古人发动西征时，一路拼杀而过的是亚洲一片地广人稀的区域。他们的主要目标是那些围墙高筑的城池、河流渡口和山口要道，必须不惜一切代价拿下。也就是说，在实际中，他们必须要占领一系列有如汪洋大海中的小岛一般分散的点。他们的目标之一是南宋都城临安（今杭州），这是当时中国最大的城市，生活着近百万人口。后来在1276年，经过耐心的围攻，蒙古人终于将其收入囊中。

或许，在陆地上赢得一个帝国，确实要比在海上容易完成。从根本上讲，成吉思汗和亚历山大大帝能成功打下面积广大的疆土——或者把拿破仑和希特勒的主要胜利也算入此类——都是得益于他们不用对付变幻无常的大海。攻下一座坚固的海上城市或王国绝非易事，因为大海常常就充当着它们的盟友。即使敌人的大批海军已经近在眼前，也未必会满盘皆输。对于防守的一方而言，熟悉当地情况是它们无可比拟的优势。而入侵的舰队，无论是破浪而行，还是停靠在缺少港湾掩护、风向又诡谲难测的海岸边上，都极易受到攻击。

大海偏袒的通常都是防守者。因此，假如撒马尔罕和北京、赫拉特和基辅这些城市不是深处内陆，而是临近海岸的话，面对乘着舰船狂暴进犯的蒙古人，他们在抵抗时或许还会多出一线生机。当然，这样说只是为了换个角度来讨论陆上进攻，并不是要抹杀蒙古人的辉煌。

蒙古人的首要成就之一，是为绵长的丝绸之路带去了法度和秩序。在这之前，这条路还从没有被某个统治者单独控制过。蒙古人甚至还在地势较高的地区修筑了新的路堑，在各处架起旱桥，在沿途设立简单的驿馆和旅店，方便商人和他们的奴仆、驮畜过夜休息。丝路上来往流动的货物种类繁多，据记载，从 1366 年到 1397 年，意大利佛罗伦萨的一家奴隶市场中一共卖出过 257 名奴隶，其中大多数都是经丝绸之路贩运至此的年轻女性。

丝绸之路的安全程度成了一段传奇，据说旅者甚至在夜里都能继续赶路，当然，这可能说的是在满月皎洁的光芒照耀之下。不过有些讽刺的是，现在这条路虽然比曾经任何时候都繁忙，但对于欧洲而言，其重要性却早已大打折扣，因为欧洲的蚕农此时已经在桑树的荫庇下蓬勃壮大起来。更重要的是，从中东和印度到中国通商港口的海上丝绸之路，正在成为陆上商队的有力竞争对手。

衰微的中国科学之星

　　中国的发明创造有如蜂窝一样密集，仍有很多方面可以做西方的老师。虽然中国的某些地区仍比较落后，但这个国家的农民却可能是世界上最会种地的人。通过实验，人们发现了新的水稻品种，其中便包括一种抗旱和一种使每年都可以多种一季的早熟水稻品种。当然，中国人在消灭农业病虫害方面也很有创新性。

　　在通信技术方面，自书写发明以来最重要的事件开始在中国慢慢展开。纸张被不断制造出来，使用刻字木块的印刷术也一直在改进。中国最早的印刷书籍可追溯到868年。书籍的印刷取代手抄，为佛教教义和每个参加科举考试的人都要烂熟于心的孔子语录，提供了绝佳的传播机会。1273年，指导农业种植和蚕桑养殖的《农桑辑要》印刷出版后，很快就达到了3000册的发行量。与之相对的是，同样的任务在当时的意大利，可能需要一座修道院的僧侣花一年的时间来手抄才可完成。

　　在水利设计方面，中国人也是大师傅。罗马人善于修筑为城市输送淡水的渡槽，也就是架空的石砌水渠，而中国人则善于在崎岖地形中开凿浅水运河。和长城一样，中国的京杭大运河也历经多个世纪才修筑完毕。838年，一位西渡中国的日本僧人看到一队驳船在运河上缓缓航行后，惊得目瞪口呆，因为其中一些驳船被绳子拴成一排，使得三船可以齐头并进，而河岸上还有两头大水牛费力拉着纤，步伐沉重地拖动着船队往前走。通过京杭大运河，沿河两岸尤其是长江扬子江段附近农田产出的粮食被运往各地，供养着中国的那些大城市。

中国拥有丰富的硫黄、硝酸钾和木炭资源，而它们正是炸药的主要成分，因此中国人能发明火药，也就不那么意外了。在1044年成书的《武经总要》中，曾列出过三种不同的军用火药配方。很显然，在接下来的世纪里，火药时不时都会得到应用。

好几种建筑和航海所使用的技术，实际上也源于中国，只是西欧在应用这些技术时更为有效，也做了一些改进。铁索吊桥在中国的建造，远远早于英国在工业革命初期建造的那座著名铁桥。在"征服者"威廉抵达英国五年以前，也就是1061年，一座铸铁宝塔（玉泉铁塔）便已在中国湖北建成，而且至今依然耸立着。在1400年时，假如某个观察人士拥有未卜先知的能力，可能会认为中国正先于英国，在朝着世界上第一场工业革命冲刺。但事实是，这种冲刺很快就将慢下来，并最终变成匍匐前进。

在医学和健康方面，中国人热切地尝试着各种新疗法，但同时，他们又固执地抓着旧疗法不放，尤其是可能是当时主要治疗手段的中草药。很多中国人都使用牙膏和牙刷，这在当时的欧洲简直闻所未闻。中国的大夫们还发现了某些特殊职业会引发危害性很大的病症，比如：在地下矿井中钻孔时产生的刺鼻烟尘，会对矿工的肺部造成损伤；制造工艺品时使用的水银，会被银匠吸入体内；厨子的视力则会因为他们经常要检查炉灶的火苗而慢慢下降。此外，中国学者在解剖学方面也取得了长足进步。

同所有地方一样，人身自由在中国也分三六九等。即使在 1200 年时，中国仍然还有几百万奴隶，其中有些是在战争中被俘后成了奴隶，但更多则是世代为奴的寺户，这些人被作为礼物赠给佛寺后，一生都要为其服务。再有就是那些被忍饥挨饿的家庭卖身为奴的小孩甚至是大人了。

中国人不走运的地方在于，他们在很多技术方面都长期领先于世界，但在那项后来被证明是打开未来之门的关键技术上，他们却总是忽冷忽热，时而别出心裁，时而又懒于钻研——中国人忽视了航海术。是的，他们发明了指南针，但他们并没有驶向未知大海的执着愿望。他们是绘制地图的大师，但他们最精细的地图展示的，只是所在地周遭的小片农业区。一幅世界地图对他们来说没什么意义，因为他们相信，中国肥沃富饶的平原便是地球的中心，是东方的伊甸园，任何与那些平原相去甚远的东西都无关紧要。

中国的科学家一直认为地球是平的，而且有着明确的边沿，但这种让人安心的观念在欧洲早就被抛弃了。当时的欧洲人越来越着迷的，是另一种在中国人看来毫无意义的理论，那就是一艘船从欧洲出发后不必往东走，而是一直向西航行，也能抵达中国。试想一下，如果中国人接受了这个观点的话，或许早在哥伦布到达美洲的东海岸之前，他们的大船就已扬帆起航，发现美洲的西海岸了。但是，中国人不相信地球是圆的。

中国人的造船技术同样很高明。在1405年到1430年间，钦差正使总兵太监郑和曾数次率领庞大的船队南下西洋。他的船队在远赴他乡的考察中，主要访问了亚洲和印度洋地区的著名港口。近来出现了一种理论，认为郑和的船队曾到过澳大利亚和北美洲沿岸，但这只是一厢情愿的猜测，并无确凿证据支持。郑和下西洋结束后，中国的这类海上探险活动很快就终止了。

沿海运输本就在中国不断遇冷，京杭大运河经过整治拓宽后，又进一步取代沿海航线，成了南北运输的主要通道。令人唏嘘的是，在精于航海之术的中国人开始有意回避海洋时，葡萄牙人和西班牙人却开始了他们的远洋探险之旅，而其结果也最终会震惊世人。

第十五章

气候与疾病之害

中世纪时，北大西洋地区曾经历过一段气候温暖期。1000 年到 1200 年间的两个世纪，可能和北欧地区在 20 世纪 90 年代时一样暖和。在这段时期中，连那些曾因夏季过短而被认为不值得犁耕的土地上，都长出了等待人们用大镰刀收割的庄稼。葡萄园亦蓬勃发展起来，而且其分布范围远在现代的葡萄栽培区域之外，连英格兰最北部的地区都生产出了口味不错的葡萄酒。

在温暖期刚刚露出苗头的那段时期，冰岛便出现了定居者。因为这座岛屿虽然位于北极圈外围，但受墨西哥湾暖流影响，气候还算温暖。最先到达冰岛的定居者，是几个来自爱尔兰的神职人员，随后在 847 年，挪威的维京人也在这里安了家。值得一提的是，就在维京人把欧洲北部搞得鸡犬不宁时，信奉伊斯兰教的阿拉伯人也在地中海沿岸搅起了风云，而毛利人则刚刚在新西兰定居。虽然维京人如打仗般的劫掠行为名声在外，但他们的和平定居过程却也奏效，最终，维京人的城镇和区域一路从俄罗斯的贸易城市基辅、诺夫哥罗德延伸到了法国沿海地区、苏格兰和爱尔兰、奥克尼群岛、马恩岛和冰岛。

就连寒冷的世界最大岛格陵兰岛，似乎也成了宝贝。在那些温暖的年份里，维京人一边在岛上牧羊，一边把他们在海里捕来的鱼做成了熏鱼。985 年，一队小船载着 400 名定居者和他们的绵羊、山羊、奶牛和马匹，可能还有一捆捆的干草，从冰岛起航前往格陵兰岛。这些定居者多数都是挪威人，但也有一些爱尔兰人。在格陵兰岛南部海岸登陆后，定居者们在这里日益温暖的气候里，逐渐发展壮大起来。夏天的时候，他们会割好长草，将其绑成束堆晒干后，再垛到草棚里，好让牲畜在寒冬时节也能吃饱。

在不到 150 年的时间里，格陵兰岛的人口就增长到了 4000 至 5000 人。这个小小的维京共和国最终拥有了一座女修道院和一座男修道院，以及 16 座教堂和一座由格陵兰主教主持的总教堂。这样熙熙攘攘的定居地，是能让那些缔造它的家庭感到骄傲的成就，似乎可以绵延长存一万年之久。

格陵兰岛和冰岛是穿越寒冷的北大西洋地区的垫脚石，北美洲则是另一块。欧洲人首次登上美洲大陆，便是由维京人的探险队完成的，当时，他们才在格陵兰岛上定居下来不久。女人们也随着那些探险殖民者到达了纽芬兰岛，而且据说其中一支探险队及其两艘船，还是由一位名叫弗蕾迪丝的女性率领——她和敌人作战时用的武器，是一把大斧头。

不过，这类殖民行动最后还是无果而终了。因为美洲的印第安人没有理由欢迎维京人，而对于维京的贸易者而言，这一地区除了皮毛之外，也没有什么让他们兴奋的产品。假如五个世纪之后的哥伦布发现的也是这片海岸，而不是在温暖舒适的西印度群岛登陆的话，或许也没有太多人会记得他，就像并没有多少人记得那些曾在纽芬兰岛上建造过木屋、放牧过牲畜的维京人一样。

仅仅过了几个世纪，温暖的季节就开始改变了。到1150年时，连地中海上的克里特岛都进入了较为寒冷的阶段。在德国和英国地区，寒冷期大约在一个世纪后也到来了，而且1312年到1320年间的大多数年份，不但寒冷，还异常潮湿。在收成欠佳但又必须要为来年播种留足谷物种子的情况下，饥荒降临到了很多人身上。1316年时，在比利时的伊普尔地区，可能每十个人中就有一个因饥饿或营养不良而死亡。不少地区还发生了人吃人的事件。

在法国西部举行的圣周游行，就反映了越来越寒冷的季节给人们带来的影响。在一些游行中，无数人都瘦削不堪，赤脚走路，有些甚至衣不蔽体。因为农业歉收不但影响便宜食物的生产，也影响廉价衣物的供应，因为穷人的日用织品是由亚麻做的，而亚麻也受到了糟糕季节的影响。事实上，那些通常用来种植亚麻的土地，可能更迫切地需要被用来改种谷物。

时间一年年过去，格陵兰岛和北大西洋地区的气候也变得越来越冷。曾经堆满干草的牲口棚现在多出了不少空地，以前放着四五捆干草的地方，现在可能只放了三捆。从欧洲或冰岛前来的船只，则在某些曾经畅通无阻的海域上发现了大量漂移的浮冰。格陵兰岛的居民们苦苦地等待着老辈人说起过的从前那种夏天能够再次来临，但一切都是枉然，农田和教堂被废弃，年轻人也变得寥寥无几，婚礼更成了稀罕之事。在1410年时，幸存的移居者坐上了等候的船只，起航前往冰岛和挪威。欧洲人在这片寒冷地区生活立足，只持续了四百多年。这就好比伊丽莎白时代的英国在1576年定居澳大利亚的悉尼港之后，因为气候不断恶化，在2000年时又把它抛弃了。

这段气候温暖期提高了欧洲的人口增长率。在1000年到1250年间，这一地区的人口迅速增长。但接着，寒冷的年份就到来了，继而便出现农业歉收和人口增速的下降。饥荒发生的年份越来越多，瘟疫肆虐的几率也逐步增加。黑死病入侵欧洲的时机似乎已经成熟。

黑死病

1348年发生的黑死病并非个案。可能在好几个世纪之前，这一疾病就已经在亚洲或者非洲爆发过，只是并没有留下详细的伤亡记录而已。165年到180年间，类似的瘟疫曾经袭击了罗马帝国，并间接为基督教做了宣传，因为基督徒向那些因病重而无法行动的受害者施舍面包和水的情景，给很多罗马人留下深刻的印象。大约三个世纪后，又一场瘟疫——也是黑死病——从印度袭来，在542年传到君士坦丁堡后，又一路杀到了欧洲。大多数因早期这波黑死病死亡的人，在出现最初症状后的六天内便纷纷毙命了。黑死病的初期症状包括头痛、高热和皮肤上出现鸡蛋或金橘大小的肿块，也就是淋巴结肿大。不过奇怪的是，那些肉上长着极大肿块的感染者，却反而可能活下来。此外，中国和日本也因类似于黑死病的瘟疫而遭受了巨大的人口损失。据说在1232年爆发的一场瘟疫中，仅中国汴京（今河南开封）便有几十万人死亡。如果城市的损失都如此惨重的话，估计周围的乡村地区也同样遭到了疾病的蹂躏。

瘟疫就像一位缺乏自控力的游客，只要一有新的旅行方式出现，它就会变得精神抖擞。蒙古人侵略并统一了亚洲的广大区域后，复苏了原有商贸路线上的贸易往来，但同时也为黑死病沿着西北方向蔓延并最终侵入欧洲，提供了一条高速路。在欧洲很多港口中出没的野鼠和跳蚤，是这场瘟疫的携带者。1348年，黑死病抵达欧洲，并开始迅速传播。一些城市——巴黎、汉堡、佛罗伦萨、威尼斯——损失了超过一半的人口。农村地区要比城市更容易躲过感染。而且，瘟疫在冬天的传播速度要稍慢，在夏天则会很快。总之，欧洲的死亡人数可能达到 2000 万，也就是说当时每三个欧洲人中便有一个丧生。这场黑死病是瘟疫中的大哥大，在此之后，欧洲还间隔爆发过几次规模较小的瘟疫。

现在，劳动力紧缺取代了前几十年的食物短缺，农田的数量不再吃紧。在德国的某些地区，废弃的村庄比有人住的村庄还要多，而那些曾经回荡着收割者喧闹声的农田里，现在只剩下了丛生的杂草与无边的寂静。

通常认为，从 500 年到 1500 年这段时期，是欧洲的中世纪时代。与过去的几千年不同，和接下来的五百年也相异的地方是，中世纪更倾向于关注内心，而较少沉迷于个人成就。那个时代在物质方面取得的成果要逊于罗马帝国，但人们并没有因此而对它失望。大多数基督徒可能还认为，虽然生活在志得意满的年月里，但那些罗马市民本质上是异教徒，所以他们的很多成就没有多少价值可言。

很多中世纪时的欧洲政治领袖和知识分子，并不觉得他们比罗马帝国差劲。相反，他们根本不想与罗马帝国有瓜葛。这些人相信，他们正在建立自己的帝国，而且它将团结在共同的宗教信仰之下。这个后来被他们称为神圣罗马帝国的政治联邦，让当时的人们抢先体验了一把在 20 世纪后半叶开始的欧洲一体化进程。

第十六章

新的信息使者

漫长的中世纪也被称为黑暗时代，但它并没有完全因为死气沉沉而窒息。对于欧洲北部的维京人和南部的伊斯兰国家而言，这些世纪并非黑暗时代，而是光明时代。到中世纪末期时，整个欧洲地区的冒险与创新精神再次复苏，12世纪时，这里还出现了大学——八个世纪后，这种机构将遍布全世界。在同一个世纪中，还出现了第一座风车以及第一座船闸——这种精巧的装置使得航行的船只可以沿着运河，一路到达比利时日益繁荣的港口城市布鲁日。采矿的技术也将在这个时代得到改进，在欧洲北部地区，一种对未来至关重要的矿物——烟煤——被开采出来。与此同时，仅有风力驱动的深海船只，在指南针的导引和尾舵的控制下，正在悄无声息地把探索的可能性指向一望无际的大西洋。

中国仍是各种创新的源泉，比如火药、纸张和墨汁使用技术等了不起的创造。当然，欧洲人接纳这些新事物并对其进行改造提升的方式，也毫不逊色，而且在制造钟表和印刷等专门行业中，更是没有什么地方可以比欧洲更重要。钟表这一媒介，就像一面声音柔和的鼓，用金属的叮当声悄悄地规劝着人们：一刻值千金。

即便在中世纪时，也有大众传媒在运转。钟声、旗语、烟火信号便是当时的媒体，可以同时将信息传递给成百上千人。洪亮的钟声从中世纪某座城市教堂高耸的尖塔上响起后，在几公里之外都可以听见。不过，离教堂近的人就得好好琢磨一下钟声要传递的信息了——是在召集他们参加礼拜仪式，还是在宣布某位重要人物的死讯。

通常由羊毛织成的彩旗，可以向一代代既不识字又不会数数的人，发送去一条条明确无误的视觉信息。最晚到19世纪时，黄旗仍然代表着传染病，白旗则是请求在战场上讲和。当战争一触即发时，火和烟是另一种可以使用的媒介。一连串的篝火会被有序排好，而且每个火堆都要在另一个的视线范围内，这样就可以按顺序点燃，像接力一样将战争的信号悄悄传递到万里之外的首都或关键港口。静默的集体祷告则被视为又一种强有力的媒介。

在所有的传统媒介中，人的声音是使用最广泛的一种。无论是在中国的某条路旁还是爪哇岛上的某座神殿中，以前的大多数消息都是靠口口相传。即便在大型的圆形露天剧场中，只要一字一句、从容不迫地讲，每句话也能传到剧场的各个角落。基督和施洗约翰一定拥有那种浑厚响亮的嗓音，可以传到很远的地方。那些现在生活在扩音器和麦克风时代的人，大概不会意识到不借助外部工具的声音到底可以传多远。1739年的一天，年轻的英国福音布道者乔治·怀特菲尔德正在美国费城进行户外演讲。当时有一大群人拥挤在他周围，希望能听到他的福音，站在外围的本杰明·富兰克林很好奇，到底有多少旁观者能听到他的话呢？于是，他在脑子里记下了外围区域中那些几乎快要听不见演讲者声音的地点，然后计算发现，那天有三万多人在聆听怀特菲尔德的布道。

时钟近在眼前

在中世纪晚期，作为信息传递媒介的口头语言，首先受到了印刷媒体的挑战，但时钟却是先于印刷媒体产生重大影响的媒介。当时的欧洲恐怕无法预料到，将来有一天，每个人都会拥有一座时钟。

最先听到时钟的报时声、看到时针在表盘上艰难移动的人，是意大利一些大城镇的居民。当时的钟必须安装在高高的塔顶，这样广场和附近街道上的人才能看到它的指针。通常来讲，那个年代的钟只有时针而没有分针，所以居民们可能还没有办法读取时间，但至少当那些急于炫耀自己知识的友人告诉他们时间是几点时，他们可以赞许地点点头。欧洲的第一座时钟可能是1335年米兰一座大教堂安装的，每个小时的钟鸣整晚都可以听到。在教育成为必须之前的几个世纪中，公共时钟一定是位坚持不懈的老师，教会了人们数数——好吧，至少教会了怎么数到12。

高塔上的公共时钟不但可以指示时刻，还向人们宣扬了时间不可浪费的道理。因为有一天，审判日将会突然到来，严肃地召唤每个人，叫他们证明自己勤勉认真地利用好了主赐予他们的每时每刻。

西方的机械钟出口到中国后，让那里的人赞叹不已。而且，仿佛是技术交换一样，一种起源于中国的发明也出口到了欧洲。这种将在那里的城镇中大显身手的发明，就是与一张张纸有关的印刷术。

纸张与圣书

纸和墨传入欧洲的时间，要大大早于印刷术。最先学会造纸的是中国、日本和朝鲜，但在751年时，几名通晓造纸术的工匠被俘虏并押送到了中亚城市撒马尔罕：在这个对于中国人来说或许可以被称作"近西"的地区，工匠们透露了自己的技术，并制造出了那里第一批厚厚的纸张。造纸的工序后来传到阿拉伯世界，接着又抵达欧洲，并开始慢慢对羊皮纸的使用发起挑战。由于羊皮纸只能用动物的皮制作，因此一本有200页的大开本手抄书，可能会用掉约80头绵羊的皮。而且，一本羊皮页做成的书，在价格上也要远远高于一本印在纸这种新发明上的书。

早期的纸是由一些碎料制成的，比如破毯子、烂绳子这些，在水轮的协助下，这些纤维最终会被转化为纸。法布里亚诺是意大利较早开始造纸的城镇，而且这里至今依然还会在山脚下造纸，只不过已不再使用急流驱动的水车。欧洲开始造纸后，印刷术出现的时机也成熟了。

那时，中国人雕刻文字或图像的材料是木头或胶泥，不是金属。朝鲜人可能最早在1403年制造出了青铜活字，不过他们的创新并没有影响到欧洲。即将出现在欧洲的印刷进步有着截然不同的特点，其步骤包括，首先用铅来浇铸出持久耐磨的单个字母，然后再使用重重的压印板，使刷了墨的金属活字把字迹牢固、清晰地印到纸上。

德国港口城市美因茨的居民约翰内斯·古登堡，可能是第一个使用印刷机和金属活字来印制书籍的欧洲人。他的技术在完善之后，很像后来使用的打字机。不过，现代打字机只需要四行整整齐齐、可以打出每个字母大小写形式的按键就够了，但古登堡的印刷方法却需要将每个字母用金属铸造出数百个一模一样的复制品。

古登堡和他的印刷工同事，将数百个a或b等字母摆在面前的台子或者架子上，然后从这一堆金属字母中，用手快速拣选出所需字母，将其按顺序排版，组成句子和段落。接着，再使用改装过的酒榨机或装订机，将金属活字组成的页面压到白纸上。比起中文的 5 万个汉字，铅活字印刷术显然更适合印刷欧洲的文字，因为欧洲语言是以简单的罗马字母表为基础发展而来的。

人们从古登堡的印刷所中学到这一新技术后，又对其进行了改进。到 1480 年时，远至克拉科夫、伦敦和威尼斯的城镇中，都有了在工作的印刷工，而且他们印刷的大多数书都很严肃，甚至很有学术性——只有学识渊博的人才认字——连文字都是拉丁文。

在此之前，一本手抄书的造价，无论是纸书还是羊皮书，都极为昂贵，所以大多数欧洲的小教堂连一本《圣经》都买不起，只能用手抄福音书来凑合。这些福音书的内容只包括了那些在做弥撒时需要的《圣经》段落，有点像中世纪时抢先体验的"圣经版"《读者文摘》。多亏了印刷机，现在终于可以买到便宜的《圣经》了。

印刷术是一场社会革命。对于这一技术的到来，欧洲早已做好了准备，并且迫不及待地要应用和改进它，因为 15 世纪末时恰值欧洲的精神觉醒时期。印刷机的出现，加快了这种觉醒的步伐。

尤其值得注意的是，传播宗教思想的急切愿望——先是佛教在中国的传播，接着是基督教在欧洲的传播——都刺激了印刷术的发明和应用。不过，伊斯兰教根本没空理会这种新玩意儿，而且在 19 世纪之前，实际上一直对印刷术持拒绝的态度。

奥斯曼帝国的征伐

在这个急速变革的时代，欧洲在思想上变得越来越自信，但在军事安全上，却远非如此。蒙古人曾从亚洲内陆策马飞奔而来，现在追随着他们的影子，土耳其人也来了。

土耳其人以前主要生活在中亚的土耳其斯坦地区。这群战斗力极强的勇士步步为营，趁蒙古人进攻时造成的混乱，不断向西推进，占领了不少地区。到1400年时，奥斯曼土耳其人几乎已经占据了现代土耳其的全部疆域，并将势力深入到了信奉基督教的欧洲。他们控制着达达尼尔海峡的两岸地区，包括后来在第一次世界大战时上演了加利波利战役的沿海狭长地带，还占领了多瑙河沿岸很长一部分河段，以及现代阿尔巴尼亚、塞尔维亚、科索沃、波斯尼亚、保加利亚和罗马尼亚的大片区域。在巴尔干半岛上，入侵的土耳其人既碰到了支持者，也遇上了反对者。很多信奉基督教的农民都要为那些他们恨之入骨的富裕地主劳苦工作，所以对于土耳其人的到来，他们抱持着默默欢迎的态度，甚至还接受了土耳其人的宗教，并以雇佣兵的身份加入土耳其军队。

土耳其人从陆上和海上将著名的君士坦丁堡团团包围，使这座城市成了一座被困的小小孤岛。1453年5月28日——这天也是基督教礼拜仪式最后一次在圣索菲亚大教堂举行的日子——土耳其人登上了高高的围墙，准备攻入君士坦丁堡。在建城11个世纪之后，这座基督教的著名城市最终失守。

在 1516 年到 1521 年的五年间，土耳其人还占领了大马士革、开罗、贝尔格莱德等多座城市。当欧洲人正强行在美洲和亚洲建立自己的帝国的时代，奥斯曼土耳其人也暴力侵入了欧洲。现在，他们成了一支欧洲强权。

土耳其人能被如此容忍，表明了在 1500 年左右的意大利，宗教氛围已经不再那么强烈。而人们对天主教的热情有所减退，也为新教在欧洲内部的崛起铺平了道路，现在新教徒的宗教热情开始高涨起来。不过，他们的敌人不是奥斯曼帝国的苏丹，而是罗马的教皇。

第十七章

鸟 笼

　　1500 年前夕，欧洲西半部发生了一系列影响深远的事件。这些事件汇聚在一起，成为截至那时世界历史上最惹人注目的变化。航海家和画家、教士、教师和科学家们，仿佛恰好走到了同一个十字路口之后，碰撞出了令人意想不到的火花。

　　一场被总称为文艺复兴的思想文化运动开始在这里兴起，出现了绘画、雕塑的新方法以及建筑风格的新视角；一场被称为宗教改革的宗教觉醒横扫欧洲北部；而印刷术这种传播新旧知识的绝妙手段，也开始在城市间迅速传播；再加上美洲大陆和从欧洲到东亚的海上新航线接连被迅速发现，一个完全崭新的世界出现在了人们面前。但令人不解的是，这一串接踵而至的重大事件，并没有一个总括性的名称——当然，现在再起一个大家都可以接受的名称，显然为时已晚。

这些事件反映了人们看世界的新方式。很多艺术家和建筑师开始用新眼光来审视周围的现实，无论是人体结构还是透视关系。理性主义者和教士们各自都相信他们重新发现了人性。天文学家和航海家则重新整理了星空图和海图。所有的一切，都反映了人们想要用盐水冲洗一下疲劳的双眼，用新眼睛看世界的愿望。毫无疑问，这些看世界的新方式以及从中生发出的兴奋感，非常有感染力。而印刷术对这种感染力的扩散又起到了推波助澜的作用。这些独立的领域沿着我们不太容易分辨的路径——因为宗教、艺术和航海分属不同领域，其代表人物也各不相同——互为影响，比如，产生于这个激昂时代的新教，便受到印刷术的极大助益。

从各自角度讲，这一组组的新发现确实具有革命性，但它们部分也源自对过去的崇尚。很多艺术家都对失落的希腊和罗马世界着迷不已，并想尽办法要再现那种辉煌。马基雅维利等世俗思想家在精神上重返古罗马，希望能汲取罗马公民的爱国精神，而神学家们则试着复现圣奥古斯都和其他早期教会圣师的确切言辞。就连航海家最初也并非想探索新事物，而是只想找到一条通往古老中国的海上路线，不用再走陆路。当然，尽管神学家、印刷工、画家和航海家起初对过去很着迷，但同时，他们仍然是探索者。时代与氛围，鼓励着某种思想上的冒险意识。

不过，这并不意味着过去给人们戴上的眼罩突然就被揭了下来。露出双眼的过程是一点一点发生的，而且在艺术和建筑方面可能最为平缓渐进，花了三个世纪才积攒好动力。

1500 年左右，这些看事物的新方法似乎开始百花齐放了。就在列奥纳多·达·芬奇完成他的那幅女性肖像《蒙娜丽莎》前，西班牙人刚刚发现了美洲，葡萄牙人则航行到了印度洋。很快，米开朗基罗也完成了他在罗马西斯廷教堂天顶上创作的"旧约"主题绘画。而阿尔卑斯山另一侧的马丁·路德，正在抗议罗马离经叛道的税收体系——赎罪券——罗马就是靠这个来为西斯廷教堂的那些装饰画提供资金支持的。

艺术、宗教、学术、印刷和航海等领域发生的这些影响深远的变革，通常并不被认为有着密切的联系，因为各自领域发展成熟的地点，分属欧洲的不同角落。艺术和建筑主要在意大利中北部和荷兰地区发展；宗教改革者最初活跃于德国北部和瑞士一些湖畔的港口城镇；活字印刷术在德国莱茵河西部地区发明；勇敢的航海家则是从葡萄牙和西班牙在大西洋上的港口扬帆起航。但值得注意的是，这些重大事件多发生在阿尔卑斯山以北而不是以南地区，多位于大西洋沿岸而不是地中海附近——这在欧洲的历史上尚属首次。

不过，在信仰基督教的欧洲，有一个地区并没有为这场激动人心的变化做出什么贡献，因为它当时落入了不断扩张的伊斯兰教之手。1592 年，土耳其人甚至还围攻了维也纳城，而在离步步逼近的土耳其人不到 300 公里的地方，新教改革正如火如荼地进行着。

这场多方位的觉醒有了新的赞助人。在强大的罗马，教廷是艺术的支持者，但那些有钱的新兴商业城镇也扶持并资助了很多艺术、神学或航海方面的探索者。佛罗伦萨、热那亚、根特、纽伦堡、日内瓦、苏黎世、里斯本和塞维利亚的商业家族，不但为看世界的新方式提供了赞助和资金，还常常会给予同情和支持的态度。这些商业城镇虽然占了欧洲人口的很小一部分，但却充满无限活力。

这些探索者像一群久困笼中的鸟，而欧洲就是困住它们的那个庞大又萧瑟的中世纪牢笼。然而，当笼子的门稍微敞开一个缝后，鸟儿们就逃了出来，先是一只一只飞，接着又四只四只飞。在新的自由天空之下，它们一边展示着自己夏日的华美羽毛，一边像此前从未有过的那样尽情歌唱起来。

打开鸟笼

1492 年 8 月，当克里斯托弗·哥伦布和他的三艘小船从西班牙扬帆起航，开始一场艰险重重的远航时，鸟笼也被以前所未有的乐观精神打开了。毫不过分地说，他的这场航行可以被归为人类第二个千年中意义最重大的事件。

其实，早在哥伦布驾船横跨大西洋之前七十多年，其他人便已经在绘制海上的路线了。1420 年，马德拉群岛上出现了定居的葡萄牙人。11 年后，亚速尔群岛被发现。这些小岛只是大洋中的小黑点，距离美洲大陆还有很长一段路，距里斯本和纽芬兰也分别有 800 和 1000 海里。葡萄牙船队还向南行驶，到达了非洲的海岸。1487年，勇敢的巴尔托洛梅乌·迪亚士从里斯本出发，沿大西洋进一步向南航行。在好几个星期中他都没有看到陆地，于是在绕过非洲最南端的海岸之后，他便掉头返航了。由于在返航时较为靠近陆地，他终于看到了非洲南端的几个岬角，并将其中一个命名为"风暴角"。不过，即便在那个时代，公关这门艺术也很流行，所以这个岬角的名字后来被改成了"好望角"。

实质上，哥伦布准备要冒险深入的大洋中，有一部分已经为人所知，但也有一部分还是谜团。他原本希望葡萄牙能提供资金支持，但是这个国家靠着自己简单直白的地理理论，已经取得了成功。于是，他便转而向西班牙求助。

1492年8月，已经充分知晓地圆说的哥伦布，从西班牙起航向西行驶，希望能到达东方。他开始横跨大西洋，并且坚信这就是通往中国的新航路。这样的想法放到现在，似乎有些牵强，但他当时却有足够理由认为自己要跨越的实际上只是一片很窄的海域。因为在那个时代，人们错误地以为海洋只占地球表面积的七分之一，因此宽广无际的大洋根本不可能存在。这一见解来自古希腊地理学家托勒密——在去世一千多年后，他的名字仍然备受推崇。

托勒密的著作在西欧失传已久，但机缘巧合的是，就在哥伦布第一次航行前不到15年时，这些作品在意大利博洛尼亚的一家新印刷所被重新印了出来。托勒密的说法让哥伦布更加确信，不用向西航行多远，便可进入中国的水域。此

格陵兰岛

冰岛

亚速尔群岛

马德拉群岛

加那利群岛

哥伦布 1492

古巴

海地
（伊斯帕尼奥拉）

阿兹特克帝国

佛得角群岛

亚马孙河

库斯科

巴西

的的喀喀湖

太平洋

印加帝国

达·伽马 1497

大西洋

好望角

合恩角

阿兹特克和印加帝国及欧洲探索者（约 1500 年）

外，由于当时还有一些中国海岸线和港口的略图流传，所以哥伦布的目的地很可能是中国南方的港口城镇汕头或广州。

已经把西班牙海岸线远远甩在身后的哥伦布，开始信心百倍地朝西或西南方航行，就连在漆黑的夜晚也一往无前。1492年10月7日，当他看到一大群飞向西南方的鸟之后——当时他正在驶向的实际上是现代的佛罗里达地区——便调整了航向，准备跟着它们走，而且他还满怀希望地注意到，这里的海风十分惬意温暖，闻起来就像"4月的塞维利亚"。

终于，一条海岸线出现在了眼前。在奋力划向岸边时，他一定有种胜利在望的感觉。虽然那是西印度群岛中的一个小岛，但哥伦布认为这就是印度，于是从此之后，美洲的原住民就被称为了印第安人，而胜利返回西班牙的哥伦布，也荣获了印度群岛总督的头衔。

发现古巴和海地诸岛之后，哥伦布于1493年3月返回了西班牙。他的新发现在当时引起巨大轰动，其程度之高或许超过了后来第一次登月时人们的反应。在第二次航行时，他率领17艘船，在伊斯帕尼奥拉岛（今海地）建立了新半球的第一个欧洲城镇。1498年8月，在第三次航行时，他最终到达了美洲大陆，并在现代的委内瑞拉地区登陆。1506年，哥伦布去世，不过，伟大的阿兹特克和印加帝国在此时却还没有被任何一个欧洲人发现，因为那里距哥伦布到达的海岸还很远。但是，他已经打开那扇大门，虽然在他去世时，门还半掩着。

哥伦布在第一次航行时认为自己到达的是亚洲,而就在他这次凯旋四年之后,葡萄牙人也策划了一场前往亚洲的大型探险,不过他们准备走的是另一条路线。1497年,瓦斯科·达·伽马率领三艘船及170名船员,从里斯本出发了。他的船队先横跨赤道,接着又绕过了非洲的最南端。与哥伦布的第一次航行相比,他在这段航程中没有看到陆地的天数要更多一些——或许还从来没有哪艘船见不到陆地的时间能有这么久。行驶到非洲东部海岸时,达·伽马终于进入了穆斯林的商业势力范围内,并在莫桑比克港遇到了阿拉伯人的船只。所以此后的一段航程,基本上顺风顺水、平淡无奇。信仰伊斯兰教的印度领航员甚至领着他驶过印度洋,到达了印度的西海岸。就这样,在穆斯林的帮助下,他也和哥伦布一样,发现了一条通往远方的新航线。

克里斯托弗·哥伦布和瓦斯科·达·伽马的这些航海壮举,是自农业在几千年前被缓慢发明以来世界历史上最重要的事件。葡萄牙人的航行,将世界上两个充满活力和财富,却没有通航的地区连接起来。西班牙的航行,则让两个曾有人居住,但远隔万里且互不知晓的世界发生了接触。可与之相提并论的事件不会再有了,除非是在别的星球上发现了高等生命。

蒙特祖玛的王宫

好几个世纪之前，维京人和哥伦布一样，也登上过美洲大陆，只不过他们的登陆地点阴冷荒凉、人烟稀少，没有给他们带来什么收获，并且很快便被人遗忘。但是哥伦布和他的西班牙船员，却停靠在了更靠近美洲中心的地方，只是他们并不知道那里有广袤的沃土，有金矿和银矿，有壮观的城市，甚至还有帝国。

1517年，西班牙航海家格里哈尔瓦从古巴起航，向西前往美洲大陆上的一些港口城市。在为期九个月优哉游哉的航行中，他曾上岸逗留数次，并见识了很多让他印象深刻的东西。回到古巴时，他带回了有关阿兹特克帝国的消息和传言。这个富有的帝国位于深入内陆的高地之上，其国王蒙特祖玛二世也令生活在海边的玛雅人感到畏惧与愤恨，所以任何敢于冒险踏足他的领地的西班牙人，必须要英勇无畏且准备充分。被选中进入蒙特祖玛王国的人叫埃尔南·科尔特斯。此人年仅34岁，英勇果敢，但却准备不足，也并非一名久经历练的领导者和战士，而且身材短小，走路时会轻微驼背，还有些罗圈腿，但就是这样一个其貌不扬的人，最终完成了历史上最令人瞠目结舌的军事胜利之一。

1518年11月，科尔特斯率领一支小船队从古巴出发了。在随行的530名欧洲人中，有30位是射击弩弓的高手：事实上，科尔特斯的大多数士兵对枪械都很生疏，而是弓箭方面的专家。此外，船上还有几百名女性和男性古巴印第安人——其中很多都是私人奴仆——以及一些非洲奴隶。船的甲板上圈养着 16 匹健壮的马，这些算是出其不意的武器，因为美洲人之前从未见过这种动物。当马匹上岸之后，围观者被它们的大嘴巴和大蹄子吓了个够呛。

1519 年的复活节前后，科尔特斯和他的团队暂时中止了前往内陆的行程，在中美洲城市波顿昌待了三个星期，并在棕榈主日当天，在城市广场上竖起了一座基督教十字架。在离开之前，当地人献给了他一名性格活泼且会说当地语言的女人。这个女人既懂沿海的玛雅人熟悉的语言，也会说内陆的国王蒙特祖玛所讲的语言，而这两种都是科尔特斯所需要的。很快，这位天资聪慧的翻译便让他欣喜不已，而在受洗成为基督徒并获名玛丽娜之后，她又迅速学会了西班牙语。这个女人对科尔特斯的价值，用一位历史学家的话来讲便是，"绝对抵得上十尊青铜大炮"。因为通过她的话语，科尔特斯要进入的这片陌生之地，突然间变得清晰明朗起来。

蒙特祖玛的都城是特诺奇提兰，位于大西洋和太平洋中间的一个高原上。这座海拔 2500 米、空气稀薄的城市，坐落在一个狭长湖泊中的一座小岛之上，周围群山掩映。这里现在坐落着墨西哥城，不过湖早已消失不见。

远道来访这座城市，是全世界能提供的最了不起的体验之一。旅者要先翻过巍峨的群山，其中一座山顶上常年积雪，还有很多则是丛林密布。抵达高原之后，从上面可以俯瞰湖泊，并远远瞥见作为这个文明的地标性建筑之一的石头金字塔。湖上有三条主要堤道，通向这个有着20万人口的小岛城市——这是世界上最大的城市之一。有几个西班牙人在来到新世界之前，曾广泛游历欧洲，但能与这个城市的规模比肩的，可能只有君士坦丁堡和那不勒斯等港口城市，而且据他们所知，就连中国也没有多少比这更大的城市。

阿兹特克帝国的面积几乎和今天的意大利一样大，人口可能有600万或800万之巨。他们在建筑技艺方面极为擅长，也是一流的金匠和宝石匠，在数学方面表现亦非常出色，并且精于农耕，种植着各种作物，还饲养着火鸡和麝鸭。当然，他们没有欧洲人引进或想出来的一些主要发明，因为他们不知道什么是青铜和铁或者螺丝和钉子，也没有轮子，没有机械滑轮，没有火药和深海船只。

人祭几乎占满了这个小岛城市的日历，不过，与其说这种献祭行为是宗教节庆，不如说更像是有计划的屠杀。在此前的世纪中，随着仪式性献祭越来越频繁，每个月可能有数千名被选作祭品的人遭到杀害，其中多数为男性。由于来生被视作比此生更重要也更长久，所以当某个小女孩和小男孩被领到神庙前，并在仪式上被杀害时，或许知道自己将会得到一份永久的回报，至少也是某种慰藉。

整个行刑过程就像一出高潮迭起的戏剧，有祭司主持，有信仰撑腰，还有某些主动欢迎此举的父母，尤其是穷人，甚至会主动献上自己的子女。而那些从家乡被掳掠来且信仰不同的战犯，肯定不会从同一个慰藉的角度来看待那个祭坛和那把石刀。被按到沾满鲜血的祭坛上，望着祭司手中握着的尖利燧石刀，是数以万计的受害者在死前看到的最后情景。接着，作为仪式的一部分，死者的心脏会被娴熟地挖出来并烧掉。

要供养如此大的一座城市，只有靠着高超的组织能力和辛苦的劳动才能做到。城市中储备的各种食品、谷物、柴火和建筑材料，均由人力运输，因为在这里，人就是驮兽。美洲大陆没有轮车，不过就算有，也没有马或牛来拉。柴火和食品可以从湖附近由船运送一小段距离，但是其他需要长途运输的物件——最远要从墨西哥湾运来——只能由人力来完成。这些运送者要背扛的特制包裹能承受近25千克的重量，加上部分路段还十分陡峭，所以他们的身体一定强壮无比。

湖泊周边的大部分土地都很肥沃。有大约4000年的时间，人们只需用相对原始的木质农具来耕种，但是在近几个世纪中，这些土地却要靠从城中拉来的粪肥保持肥力，靠从湖泊或山泉引来的水流灌溉。高产的玉米以及豆类、绿叶蔬菜、辣椒、南瓜和其他蔬果，都产自湖泊附近的土地。在所有作物中，玉米是这座城市在经济上能获得成功的秘密武器。这里一平方公里土地上所种玉米可以供养的人口，是欧洲地区同样种植面积的小麦或黑麦可供养人口数量的三倍。

攻占蒙特祖玛都城的大胆计划，由科尔特斯制订。他从战争开始时就很清楚自己寡不敌众，而且更重要的是，他是在异国他乡，在敌人了如指掌的土地上作战。从理论上讲，他的劣势远远不敌优势，不过他却从附近地区那些痛恨阿兹特克帝国的人身上获得了至关重要的支持。这些人巴不得充当西班牙人的先头侦察部队、运输工、食品供应者和士兵。科尔特斯甚至还获得了阿兹特克一些重要人物的支持，因为当他在1519年到来时，这些人还以为他就是他们长久期盼的某位神灵的化身。最终，科尔特斯取得了世界历史上有据可查的最令人难以置信的一场胜利。

面容黝黑、长着鹰钩鼻、温文尔雅且口才一流的蒙特祖玛二世，低声下气地投降了。而科尔特斯不但控制了阿兹特克帝国，甚至还接管了国王的子女。

第十八章

印加帝国与安第斯山

　　阿兹特克帝国分崩离析后，在南部遥远的安第斯山脉中，又崛起了一个相对较新但更令人敬畏的帝国。这个帝国的统治者被称为印加，与加勒比海上的新西班牙港口城市相距也更远。此外，它的城市和村庄还有山川峡谷作为保护屏障。

　　安第斯山中段和南段的山区以及附近的太平洋沿岸，长久以来一直由那些采集者和狩猎者占据。这个区域曾是人类世界的荒僻之处，但在公元前3000年时开始渐渐活跃起来，驯化了三种极为有用的牲畜——美洲驼、羊驼和豚鼠。一千年之后，这里的人又种植起了玉米和土豆，而亚洲、非洲、欧洲在当时对这两种重要作物还一无所知。在灌溉庄稼的过程中，他们需要设法应对的地理障碍，远比中东那些河谷城市所面对的更为艰难。到基督时代时，纳斯卡人已经在秘鲁南部的山脉中开凿隧道，导引地下河灌溉了。他们建造了十分壮观的梯田和灌溉沟渠，并且以同样令人钦佩的能力驯化了越来越多的有用农作物。

从某种物质主义的定义来看，中世纪对于欧洲而言是黑暗时代，但对安第斯地区来说却是光明时代，安第斯山一线的城镇和村庄因为新技术、新作物和新工具，正在发生着各种变化。在某些方面，1400年时那些安第斯地区的小国家，十分类似于同时代的意大利地区那些互为敌手的城邦，不同之处则在于安第斯地区有大量的独立城邦，而且其中有很多都各自霸占着一个山谷和周边的山坡。这里褶皱式的地貌也导致了地区间的隔绝。中南部的山坡和太平洋沿岸的狭长地带，至少有20种不同的语言，并被100个甚至更多的民族占据着。但随后，一个超级强国在很短的时间内一路拼杀到了最前方。西班牙人到来时，正是它在号令天下。

这些群体或者迷你国家之间的战争，近来几乎成了家常便饭。而在后果更为严重的战争中，敌人的灌溉体系和田地——一代代人用劳动和智慧换来的结果——遭到了毁坏，女性和儿童被掳去，牲畜和庄稼被毁掉或劫掠。就连一些战败者"用来磨面的那些磨石"也被抢了去。在这段长期混战中，印加人证明了自己更胜一筹，自1438年起，他们的领土开始扩张。

印加人最初来自现代秘鲁城市库斯科附近的高原地区，人数有4万左右，但经过一系列战争或战争威胁后，他们控制了所有其他的民族，统治着近 1000 万或 1200 万人口。在哥伦布第一次登陆美洲的时候，印加人的领土让西班牙和葡萄牙帝国都显得渺小不堪。他们的统治范围从北边现在的哥伦比亚和厄瓜多尔，一直延伸到了南边的智利中部地区。今天，五个独立的共和国占据着印加人曾经统治的区域。

印加帝国幅员到底有辽阔？从中部地区派往远方前哨的士兵，要在路上花 60 天或 80 天才能到达目的地。不过，如此的长途跋涉其实并不费力，因为这个帝国被四通八达的道路网络很好地联系在了一起。古罗马和中国的道路、桥梁的确更出类拔萃，此外没有哪个早期帝国的道路，可媲美那些由印加人役使的劳力修建的路。后来，印加帝国的道路总里程超过了 23000 公里——这一长度相当于横跨亚洲的最宽处。印加的两条主路并行延伸，一条沿太平洋海岸顺势南下，甚至穿过了智利的沙漠地区，另一条则沿安第斯山而建。两条大动脉中较为繁忙的山路，随群山绵延起伏，在有些地方超过了 25 米宽，但在某些陡峭的山坡上则更近似羊肠小道。由于印加人没有轮车，所以他们不用担心道路是否过于陡峭或无比狭窄。要穿越沼泽时，就用土或石头修一条窄窄的路堤。要过河时，就造一座浮桥。当峡谷挡住去路时，就用粗壮的绳索架一座横跨深谷的吊桥——有些桥在三个世纪之后仍然可以使用。

桥两岸还有高踞于急流之上的官方通信员。不过，他们既非赤脚——穿着未经鞣制的皮革做成的凉鞋，由羊毛捻成的绳子系在脚上——也没有光着头。这些通信员在长长的平路上的行动速度惊人，而接力系统又使得他们的信息传递速度进一步加快：大路上每隔几公里就有一个小屋，里面是另一位整装待发的通信员。

加急货物或信息便是这样由通信员接力传递的，比如，一包鲜鱼可以被长途送到首都库斯科的高官手中，供他们享用。如果高官本人愿意，也可以在此路上被抬着走，常见的运输工具是轿椅，两条轿杆由四个人抬，中间的椅子上则坐着尊贵的官员。

这些道路也会方便入侵者，但在一段时间内，印加人却无可匹敌。精于战术的卓越将领统率着他们的军队，担任着高级官员，而被征服的民族，无论男女，则充当卑微的步兵。不过，这并不是一个由不情不愿的臣民组成的帝国，印加人给被战争荼毒的地区带来了和平，也带来了合作的意愿，当然，前提是少数民族要不战自降。

在某些年月里的干道沿线上，还可以看到人们成群结队走很远的路，前往新的家园。同后来的苏联及其他帝国的统治者一样，印加人也明白，打散外来民族，将不同民族融合在一起，可以减少有组织的叛乱。在同样的道路之上，还走着要前往遥远地区的士兵，因为那里有巡逻任务或打仗的可能。沿路上间隔分布着货栈，可以为他们提供食物，而里面的服务人员则是那些被征服的族群。

和人们分享这条路的，是另一种驮兽——美洲驼。被雨冲刷之后，这些毛茸茸的驮兽原来漂亮的白色皮毛露了出来，上面还有黑色或褐色的斑点。美洲驼属骆驼科，不过没有惹眼的驼峰，一般可以承载 40—50 千克的重物，因此弥补了安第斯文明没有轮子的遗憾。

日、月与雷

印加人对宗教极为虔诚，在做重要决定之前，都要先向神灵祈求——他们会保佑战事胜利或来年丰收吗？这些卑微的请求需要太阳和月亮这两位神灵的帮助。太阳给予人们温暖，所以被视为友好的神灵，而来生也会生活在温暖之中。相比之下，印加人的地狱是个冷宫。

太阳是男性神灵，所以国王号称是他的后裔，以神授之权实行统治。印加人的历法同样受到太阳的规范，每年 12 月时，太阳到达赤道最南端的那一天，便是他们历法的第一天。所以印加人的新年始于炎热的天气，而几乎与此同时，欧洲的新年也在一片冰天雪地间开始。

太阳神有自己最喜欢的植物，而这种植物的叶子被制成在性质上有宗教意味的古柯叶。这种可以制造古柯叶的热带灌木，起初生长在安第斯山东部的山脚下，经过驯化，被移植到了安第斯靠海一侧低矮山坡的田地中。这种植物一般生长在平整的梯田中——都是在陡峭山坡上费力开垦的——灌溉用水则由干裂的土地上那些长长的水道导引到梯田中。由于制造古柯叶的作物价值极高，所以为了防贼，人们还修建了石墙来保护它，当然，也有可能是为了阻止灰狐擅闯田地，在如此神圣的作物上撒尿。

古柯叶被装在篮子或纤维编织袋里，通过交通干线运至首都，特贡给王国的高官和神殿的管理人员享用。古柯叶常常被和酸橙一起放到嘴里咀嚼，所以人的腮帮子看起来会鼓鼓的。古柯叶能导致大脑产生兴奋感，因而在敬奉太阳的神庙里进行预言求祷时，可以有所助益。而到了现代，1905年之前可口可乐的配方中的一种微量添加剂，以及毒品可卡因，也是从同一种植物提取的。

一个世纪前，在世界上所有已知的社会中，印加人在对待女性的态度方面，或许应该被归到级别最高的社会之中。女性不仅有权拥有自己的财产，还有她们自己的强大神灵。印加人的两位主要神祇中，月亮是女性之神，而印加女性则是她的祭司。月亮主宰着女性的生育，在生孩子时还会保护她们。女性在经济中扮演的角色和男性一样受到尊重，在丧葬仪式上，人们还会颂扬她的工作，满足她的需求。正因如此，男性的墓穴中会放入他曾使用过的锄头，而女性则会和她在纺织新棉线时使用过的木杆或纺锤葬在一起。

用动物献祭，尤其是豚鼠和很有价值的美洲驼，是宗教仪式的重要组成部分。但在加冕仪式上，或者在需要做出充满危险的战争决定的大型仪式上，就需要活人来献祭了。通常被选中的都是10岁到15岁的孩子，因为人们认为他们要比成人更纯洁，而能被选上也被视作是这个孩子的荣幸。

在首都城墙和神庙之外的遥远地区，为祈求丰产之神能保佑粮食作物，可能会在每年某个合适的时间，特意举行人祭仪式。而在那些高山地区，由于生长季节较短，如果夏天还又短又干燥的话，便会出现灾难性后果，所以为保险起见，童女会被用来献祭。

1995 年春天时，在海拔 6000 米高的积雪融化后，人们便发现了一次这样的印加人祭。小女孩的献祭发生在印加统治的末期，具体可能是某个干旱年份，所以人祭似乎成了求雨的唯一希望。由于尸体一直处于冰冻状态，因而被很好地保存了下来。人们发现这个小女孩大约 13 岁，而且显然在死前身体状况十分健康。

由于宗教献祭十分频繁，所以人血供应非常充足，多到可以被用来做医学实验。有证据表明，早在世界上其他地区成功实现输血前，印加人已经成功学会了将血液输入病人身体。由于几乎所有的南美人都属于同一血型，所以这里的人把血输给另一个人要安全很多。印加帝国灭亡近一个世纪后，意大利曾勇敢地进行了首次非相同血型人群间的输血，但安全性并不高。印加人的另一项技能则体现在手术中。他们可以在不伤及大脑的情况下，割下一小块受伤或得病之人的颅骨，或将之在固定位置刮擦干净。该手术难度很高，需慎之又慎，但成功率却可能高达 60%。这项成就表明，印加帝国那些开拓性的外科医生可能使用了抗菌剂来防止创口感染。

只有明白安第斯山脉地区独特的地理环境，才可能理解印加人及他们之前的众多迷你国家的经济状况。这里的地形和气候多种多样，人们越往海拔高的地方去，就越像进入了一个接一个的新国家。安第斯山脉地区有四个独特的气候和地理区域，它们紧挨在一起，仿佛是站在一架斜放的梯子上。通常来讲，如此迥异的地理环境间一般都隔着绵延数千公里的海洋或陆地，但这四个地区却是由高度不同的海拔带分开的，而不是纬度带。这就有点像把挪威垒到了荷兰上面，然后又把荷兰搁在了西西里岛之上。而且，这些不同地区间也不是由长长的海路连接，而是被蜿蜒曲折的山间小道串到了一起，当然，偶尔也会有宽阔的大路。

　　在山谷的坡上和谷底，有一片温暖、干燥的区域。通过灌溉，这里可以种植水果、仙人掌，甚至玉米。海拔至少有500米的中间地带，则是最适合农业耕作的区域。这里生长着玉米、绿豆、南瓜和富含蛋白质的藜麦。

　　再高一些便是第三个农业区了，这里更凉爽、湿润些，主要生长着马铃薯和块茎植物，而且种类多到令人咋舌，可能总共有二百五十多种。比马铃薯种植区海拔更高的则是在夏季才可被利用的高山牧场。成群结队的美洲驼可以在这片高地的大部分区域啃食牧草。人们屠宰完动物之后，会把肉切成长条，并在太阳下晒干。

　　在发现或驯化植物方面，早期的南美人取得的成就令人瞩目，现在这些植物已经遍布世界的各个角落。他们驯化了马铃薯、甜薯、西红柿及各种豆类，还有腰果、花生、古柯、辣椒、南瓜、木薯和菠萝。玉米这种田间作物是由南美和墨西哥各自独立驯化的。此外，这里还生长着橡胶树和一种特有的棉花品种，可被用于制造渔网或钓丝。

这些在宗教方面十分保守的山区民族，却有着异乎寻常的创造性。他们发明了可用于采矿的撬棍，并制造出一种极为实用的耕地用锹。而且，他们还学会使用铆钉和焊接金属。印加文明基本上是一个自创文明，从中美洲和阿兹特克人那里借鉴来的东西，可能还不如印加人自己创造的多。

印加帝国的倒掉

印加人坐拥它们这个由山川、高原、沙漠、炎热雨林和永久积雪组成的帝国还不到一个世纪，西班牙人便来到了它的周围，而西班牙的影响也以疾病的方式迅速在土著民族间传播开来。1525 年，到前线战场御驾亲征的印加帝国皇帝在从南方返回印加的地盘时，染上了一种神秘疾病，没多久便一命呜呼了。和欧洲的许多君主制国家一样，谁来继承皇位的问题也事关大局，引发了争权夺位。突然间，真正的敌人还没到来，印加人的统治便因内战而陷入危局。

在很多时候，世界上影响最大的权力中心常常会在内部发生混战，而且即便早已风光不再，也仍然自视甚高，以为能免遭外部进攻的侵扰。古希腊人就曾多次因为这个栽过跟头。就连欧洲也时不时会落入这一自负的陷阱，1914年发生过一次，1934年则是第二次。同样，印加人在内部打得你死我活之时，也没有意识到一个他们听都没听过的劲敌已经兵临城下，那就是西班牙。

不仅如此，印加人在另一个敌人——与侵略者一起到来的疾病——面前更加束手无策。克里斯托弗·哥伦布发现美洲时，天花正在他刚刚离开的欧洲肆虐。一些西班牙人在毫不知情的情况下漂洋过海，将这种传染病带到了大西洋对岸。到1519年时，天花已经传到伊斯帕尼奥拉岛，并导致那里三分之一的人口死亡。对于那些追随着弗朗西斯科·皮萨罗从巴拿马起航，意欲征服印加的士兵而言，天花成了他们最意外的秘密武器。1532年11月，西班牙人不费吹灰之力便擒住了印加皇帝阿塔瓦尔帕。天花这个看不见的盟友早已先人一步，赶在西班牙士兵之前杀死了大量印加人。

对于那些只能无助旁观的人来说，天花的破坏速度本身就是绝望之源。这种潜伏期仅有12天的传染病表现出的主要症状，包括脉搏加快、口干舌燥、胸口绞痛、后背剧痛，并常常伴有呕吐反胃。那些挺过来的幸存者的面部会出现丘疹和结痂，到发热第16天时开始脱落，有时还会在脸上留下麻子，让患者永久毁容。在维也纳和马德里的街头已然十分常见的麻子脸，现在也成了美洲一景。到16世纪30年代，从南美的玻利维亚一路到北美的五大湖区，到处都有天花肆虐的踪影，或者说已经造成的严重破坏。

与此同时，在印第安人的村庄和圆顶棚屋里，在安第斯山的高坡上，在密苏里河沿岸的绵延群山中，另一种梦魇般的传染病也从天而降。天花到来之后不久，麻疹亦接踵而至，然后是斑疹伤寒——不过，西班牙人也刚刚染上这种病不久，最先发现的病例是刚从塞浦路斯岛返回的士兵。随后，流感（1545年时首次在美洲爆发）、百日咳、白喉、猩红热、水痘，甚至疟疾也纷至沓来。对美洲的原住民而言，所有这些疾病都似乎前所未见，因此也更具杀伤力。

在西班牙人到来后的前半个世纪中，单是有多少墨西哥人因传染病而死亡，就引发了无数计算和学术猜测。科尔特斯到达时，墨西哥可能有800万人口，但半个世纪后，这一数字便锐减至不足三分之一。而在南部的印加帝国，人口死亡总数也有几百万，在一些人烟稀少的地区，死亡率可能达到了80%。

西班牙人以及他们带来的疾病，一开始便给美洲的原住民造成了巨大灾难。文明开始分崩离析，主要城镇的文化和经济基本上也早已解体，只有在那些人口稀少的地区受影响较小，又继续残喘了几十年。数百万人丢掉性命，而剩下的则从印加人的奴隶变成了西班牙人的压迫对象。对于这些被征服者而言，从长期来看，最大的慰藉或许只剩下后来主宰拉丁美洲的天主教了。

这些毁灭性改变的程度之巨，或许可以通过逆向思维来更好地理解。设想一下，假如是阿兹特克人或印加人突然来到欧洲，并将他们的文化和历法强加给欧洲人，还宣布基督教非法，在马德里或阿姆斯特丹设立祭坛，导致受害者无数，又无意间造成了规模几乎可与黑死病相比的传染病横行，并且毁坏熔化基督和圣人的金像，用石头砸碎教堂的彩色玻璃，把教堂的侧廊改成武器或食品仓库，不但推倒陌生的希腊雕像和罗马立柱，还满载着他们抢来的贵重金属以及奴隶、契约仆人和其他活人战利品，回到了墨西哥或秘鲁高地上的家乡……

第十九章

宗教改革运动

　　在欧洲，无所不能的天主教会陷入了岌岌可危的境地。因为它过多地鼓励了那些有钱和卑鄙之人通过走后门或不正当手段，默许他们缴纳一定数额的费用之后，堂而皇之地认为自己能妥妥地溜进天堂。当时的人们相信，圣徒守护着一个宽恕与赎罪的善功圣库，而他们可以从中分发一部分给那些希望在最后一刻获得救赎，也有购买能力的有钱罪人。有些免罪和让步行为，要通过金钱或善功来换取，合乎一定的宗教原则。也正因如此，在1095年，也就是十字军东征耶路撒冷，准备从异教徒手中夺回他们的圣地期间，教皇乌尔班二世才承诺，只要那些十字军战士是"出于纯粹的虔诚而漂洋过海，而不是为了赚取荣誉或金钱"，那么他们的罪责就能被免除。

人们捐钱修建大教堂后，可以获得一张圣票或通行证的认可，上天堂时能展示给永恒的守门人。1451 年，德国的施派尔主座教堂重新修葺时，至少有 50 位神职人员着圣衣而坐，听完忏悔之后，便会宽恕那些捐了钱的朝圣者。而出于那些已经被打入炼狱的死者的利益，二十几年之后，教皇又开始准许出售赎罪券。简而言之，有钱人可以替那些在死时觉得没有必要被宽恕的亲属支付点儿封口费，来免除他们所犯的罪责。不过，穷人因为穷，基本上被排除在了这种妥协之外。

出售圣血

教会雇用的专业收款人，类似今天的那种慈善基金募捐人，所以售卖赎罪券的就是他们。由于中世纪的教会要比今天大多数基督教团体更相信永无休止的惩罚，所以这种兜售免罪或缓罪的行为，实际上等于暗中破坏了其神学思想的一条关键信条，几乎就跟为了几块金币而出卖教会差不多。虽然天主教会中仍有一批值得尊敬、无私奉献的教士、修道士和修女，但例外也有不少。

后来，德国北部的一位教士开始质疑越来越误入歧途的教会。这个人叫马丁·路德，是一位成功矿主的儿子，在小城维滕贝格担任圣经教导的工作。33 岁时，他决定奋起反抗天主教会。

马丁·路德痛恨发售赎罪券的行为，所以在1517年10月31日，也就是诸圣日前一晚（基督教历法中的重要日子），他把用拉丁语写成的抗议贴到了小镇城堡教堂的大门上。这份宣言就是《九十五条论纲》，其中第一条的大意是："我们的主希望信徒应该用一生来悔改。"对于那些在大门口围观的人而言，路德要传递的信息明白无误，那就是既然有些小贩为了赚取几块钱币就能让人们免去忏悔的必要，那么为什么信教者还要忏悔？

现在我们仍然能见识到栩栩如生的路德，因为卓越的德国画家卢卡斯·克拉纳赫认识路德，并把他的形象保存在了画布之上。画中的路德有着一张刚毅又稍显粗糙的农民面孔，小小的眼睛炯炯有神，头发盖住了耳朵，脸上还有点小胡茬，鼻子微皱，鼻孔英挺，似乎像闻到了晚餐的味道。他的面孔表明他是个胃口很好的人，但也传递出一种苦行的特质。如果有人看到这个长相刚毅的人走在街头，或者站在星期天的布道坛上，他的注意力一定会被这种混合了农民的坚强与机敏的气质吸引过去。

和大多数宗教改革者一样，路德也不希望脱离天主教会，但在步步紧逼之下，他最终被赶到了无法回头的境地。教会自然提出了一些允许他继续留在教会中的条件，但路德无法接受。

仅在那些讲德语的城市，就似乎有两百多家印刷所在翘首以盼，等着这一他们毫不费力便可提供帮助的大事件发生，那就是新教改革运动。天主教会对《圣经》的垄断，马上就要被一项部分从连上帝的名字都不太知道的地方借鉴来的发明终结了。《圣经》以前只有珍贵的手抄本，非常稀有，所以很多教堂只能把唯一的一本拴在诵经桌上。但现在，福音书有史以来第一次在基督教世界变得唾手可得，其价格连乡村的教堂或相对富裕的商人都能承担得起。一份包含简单布道辞的小册子，现在通过印刷机的威力可以影响到更多人，远远超过以前单独一份布道辞所拥有的听众。

在马丁·路德看来，印刷所就是上帝对他的事业的恩赐。他写好宗教小册子之后，会把它们连同最新的布道辞一起交给印刷工。而且，他还开始着手翻译《圣经》，并在 1534 年最终完成了行文动人、用词通俗的德语译本。

人口只有区区 2000 左右的小城维滕贝格，曾短暂地成为德国的印刷业中心。炎炎夏日里，新鲜纸张和刺鼻油墨的味道，一定从门窗大开的印刷所中弥漫到了小城的街头巷尾。虽然全德国在路德抗议那一年只印刷了 150 本书，但六年之后，到 1524 年时，印刷数便已经达到 900 本，而且有一半都是在维滕贝格印的。这些书大多都倾向支持路德，对路德而言，印刷媒体就是一群"驱使着福音不断向前"的骏马。

路德是个持异议者，或者用当时的词来讲就是抗罗宗。虽然他的抗议有些政治和社会的意味，但总体而言仍然是宗教抗议。在路德的部分影响之下，欧洲的数百个城镇被这场令人瞩目的宗教觉醒动摇了，数以百万计的人们虽然无法恰当地表达他们的快乐、解脱和放松感，但的确开始感到原来上帝站在他们这一边。在路德看来，救赎不一定在于行善，只要简单、忘我地感谢上帝便已足够。成千上万听过他布道的人，都被他的雄辩和激情深深感动了。

不过，如果没有讲着法语的传道者约翰·加尔文的努力，路德那点亮夜空的霹雳之火或许会渐渐暗淡下去。这位出生于法国北部、在巴黎接受教育的神职人员没有路德那种魔力，在讲道时也没多么戏剧化，但是他独特的思维、抓人的信息和稍显局促的真诚感，却十分动人，引来不少热切的听众，摩肩接踵地挤在日内瓦湖边的大教堂里听他布道。在加尔文、由神职人员组成的牧师团以及城邦当局的治理下，日内瓦成了欧洲宗教和道德的展示大厅。

每一场改革和革命都会出现剑拔弩张的两个阵营，一方会坚持一切都要改革，另一方则在经历过改革的第一回合后便宣称："我们已经改得够多了！"由于加尔文把城里很多以前备受欢迎的基督教名字斥责为具有天主教倾向，所以在他自己的支持者中也激起了敌意。1546 年，牧师团在没有正式宣布其政策的情况下，宣布凡是那些被带到他们面前接受受洗仪式的婴儿，应该用真真正正的《圣经》中的名字来作教名，而不是用当地天主教圣徒的名字。城里一位理发师带着襁褓中的儿子来到拥挤的教堂后，希望其子在受洗时能被取名为克劳德——日内瓦最受欢迎的三个名字之一——但是牧师却面目冷峻地给他取名为亚伯拉罕。于是理发师一把抢过孩子，把他又抱回了家。此类事件在教众间闹得沸沸扬扬，也引发了人们的街谈巷议。

　　加尔文主义的核心信仰，可能现在会引起很大争议，但在那个宗教思想浓重的时代，他的学说在人们看来却很合理，甚至可以说是投其所好。加尔文信奉预定论，认为上帝拥有无所不见的智慧，预先已经知道了每个人的生命将会如何展开。简而言之便是，有些人从出生那一刻起便注定了会在天堂赢得一个位置；其他人则注定会走上歧途，而且他们无论做什么都无法改变自己的终极命运。主流的天主教学说认为，一个人可以通过行善得到救赎，路德则认为人们只能通过对上帝仁慈的虔诚信仰才能被拯救，但加尔文把这两种观点都摒弃了。上帝是全能的，只有他的决定才能拯救一个人的灵魂。在我们看来，这种学说似乎不公平到了一种荒谬的程度，但加尔文可能会争论说，我们的公平概念根本无足轻重。在他的观点中，在上帝的视角下，所有人在某种意义上都毫无价值。任何人最终被救赎的事实，恰恰体现了上帝对那些根本没有资格享受宽容的人都充满宽宏大量的仁慈。伊斯兰教的先知穆罕默德也认为，上帝早已定好每个人将会做的事，无论是善是恶。所以在这点认识上，加尔文与他有些相像。

　　加尔文牧师在预定论上的立场，让他的信众既感到安心，又觉得振奋。在加尔文主义者的典型礼拜会上，这个信条——加尔文会以《圣经》的文本为基础，用冗长的布道辞

欧洲西部（约 1500 年）

来阐释——可能会让一些听众惊恐万分，但大多数信众都兴高采烈地认为，他们早已被上帝选中。

在这些激情澎湃的岁月中，无论是坚守旧的信仰，还是拥抱新的思想，一群群普通人都展现出了无比的勇气。当然，大多数人在受到死亡、牢狱或财产损失的威胁后，会不得不支持那些掌管着他们土地的人所持的观点。但也有成千上万的人，愿意冒险浅尝一下新信仰，或坚守着以前的信条。

哎哟，哎哟，哎哟！

另一场意义深远的反天主教会运动由所谓的"再洗礼派"教徒发起，其派别名称在英文中是 Anabaptism，来源于希腊语。再洗礼派的教徒是宗教改革运动中的激进分子，最先出现于德国维滕贝格东边的城市茨维考，后来又在苏黎世和欧洲北部的几百个城市遍地开花。被赶出城市后，他们在天气温暖的月份里，很乐意在田间地头进行礼拜，把成年的皈依者浸入流水之中，为他们施洗。这些人在内部也有多种派别，怀抱着不同的信仰，但大多数都反对为婴儿施洗，认为洗礼是一份宝贵的礼物，不应该施予才出生一天的婴儿，因为他们还没有能力有意识地做出"生死皆为上帝"的决定。比起其他的反抗派别，再洗礼派在穷人间的影响尤为巨大。该派的领导者也甘冒生命危险，时时准备着对那些掌权者大张挞伐。

再洗礼派被路德、加尔文、茨温利以及宗教改革早期的传道英雄们斥为疯狂或邪恶之徒。很多掌权者也视他们为宗教改革运动的渣滓。"再洗礼派"逐渐成了一个侮辱性词语。其中最臭名昭著的是被称为"赤裸者"的 5 名女性和 7 名男性。1535 年，为了强调他们传扬的才是赤裸裸的真理，这群人在阿姆斯特丹的街头脱光衣服，边奔跑边大声叫喊："哎哟！哎哟！哎哟！——上帝之怒。"后来，这 12 名再洗礼派教徒全部被处死。再洗礼派被视为对抗宗教和社会秩序的洪水猛兽，所以在各地都遭到迫害。1535年之后的10年中，仅在荷兰和弗里斯兰两地便有约3万名再洗礼派教徒被杀害。不过，也正是在这一地区，他们最终幸存下来。

在路德死后的10年中开始兴盛起来的加尔文主义，为宗教改革带来了新的活力。在40年间，改革所传达的信息好像长了翅膀一样，从发源地飞到了很多遥远的地区。因此在一段时期内，似乎西欧、中欧和南欧的大部分地区，都有可能转信这些相互抵触的新信仰中的某一个。德国北部的大部分地区转到路德宗之下，从芬兰到丹麦和冰岛的大教堂也被他们接管。而在波兰和匈牙利，加尔文主义则横扫各大城镇，尤其吸引了那些富有家庭的加入。荷兰和大不列颠岛——苏格兰高地除外——则成了改革者的天下。来自日内瓦的一大群年轻牧师或徒步或骑马，浩浩荡荡来到法国，并在各海港城市，尤其是大西洋沿岸，赢得了广泛的支持。就连意大利也被渗透，再洗礼派教徒开始在维琴察做礼拜，而其他派别则在附近的威尼斯扎下了根。

新教徒反对很多天主教的标志性特点。比如，天主教徒崇尚隆重的宗教仪式、奢华的祈祷队列和主教头顶上珠光宝气的法冠。但很多新教改革者恰恰相反，坚持简单朴素的原则，即便是有钱的时候，他们也更喜欢没有彩色玻璃窗的教堂。天主教徒崇拜圣徒，认为人们需要祈求这个神圣群体的帮助。但很多新教改革者却将圣徒视为毫无用处的中间人，横亘在谦卑的基督徒和基督本人之间。天主教徒通常会用基督像来装饰天主教堂的墙壁，但改革者把这些雕像连同圣母玛利亚一起摒弃了。

天主教徒笃信牧师的引导力量，但很多改革者却认为所有信徒皆为神职人员。在他们看来，谦卑的基督徒在虔诚地研读《圣经》、谦逊地等待上帝启迪的过程中所传递出的灵性权威，与天主教的教区牧师所具备的权威并无二致。天主教徒早已抛弃牧师可以结婚的观点，但现在新教徒却对其进行了修正，比如路德就娶了一位修女为妻。

新教的教义促进了对天主教会不同程度的反抗。大多数加尔文教徒认为礼拜时不应有雄浑的音乐和高高在上的唱诗班，而是强调全部教众应该在没有乐器伴奏的情况下一起歌唱。圣歌的歌词才是最重要的，音乐仅仅是传递歌词的奴仆。在早期的加尔文主义者看来，音乐对礼拜有辅助作用，但也是一个诱人的陷阱。他们的这一观点呼应的，正是中世纪时西多会修士们关于风格简朴化的恳切请求。

但另一方面，德国北部华丽的音乐传统被路德宗保留下来，有了他们的帮助，这种音乐风格在路德首次抗议之后的两个世纪中，取得了令人惊异的发展。德国北部的两位年轻音乐家亨德尔和巴赫，为了聆听由路德宗风琴家布克斯胡德提供音乐伴奏的特别宗教仪式，还分别踏上过前往港市吕贝克的朝圣之旅。乔治·弗里德里希·亨德尔的祖父就是一位路德宗的神职人员。约翰·塞巴斯蒂安·巴赫那些充满魔力的音乐作品，全都创作于他担任路德宗教堂音乐风琴家、领唱人或指挥期间。他的大多数宗教清唱剧和康塔塔，都是为莱比锡两座大型哥特教堂的礼拜会众而作。每个星期天早上，这场从7点便开始的仪式通常会持续三个小时，其中有半个小时会分配给由巴赫作曲并指挥、由三四十个歌唱者或器乐演奏者表演的康塔塔。这类冗长的礼拜仪式，是新教徒激情澎湃的头三个世纪的特点之一。

锋利的宝剑，尖刻的语言

路德和加尔文高举《圣经》提出抗议之后，天主教会进行了严厉地自我批判，勒令禁止了某些主要弊端，不过，其中一些其实并没有路德所称的那样泛滥。1562 年，特利腾大公会议废止了专业征收人员售卖赎罪券的行为，而且主教不能再长期不在自己负责的教区。音乐和礼拜仪式——几乎和新教的一样丰富多彩——也得到了处理。在西班牙和西属印度群岛颇为流行的巴洛克建筑风格，体现的便是恢复了活力，也更为克制的天主教内部对其信仰的重新肯定。为培训年轻的神职人员，教会还开设了神学院。新的宗教团体为教会带来了新的目标，如耶稣会和方济各会的嘉布遣小兄弟会便加入了旧的天主教会团体，开始向新大陆输送传教士。

但过了四十多年，形势开始不再对抗议的新教徒们有利。中欧的大多数统治者认定，所有人都应该信仰一种宗教，也就是他们规定的国教，所以开始迫害新教徒。不遵从国教便相当于担上了叛国的罪名。新教徒的阵地现在被限制在了欧洲的西北部地区，包括他们已取得完全胜利的斯堪的纳维亚，还有英国和苏格兰，以及德国北部的多数公国与荷兰和瑞士的一些城市和州。天主教信仰在这些地区被全面禁止。而在天主教的统治地区——拥有欧洲最多的人口——其他任何形式的宗教信仰也同样遭到了取缔。

宗教改革运动的前几十年与伊斯兰教的早期情况十分类似。改革者们在依靠口号的同时，也要仰仗宝剑的协助。如果没有王子和兵团的支持，路德所宣扬的思想根本无法赢得波罗的海沿岸的广大地区。而加尔文能够成功，则是因为他受到了位于现代瑞士境内的日内瓦共和国的统治者支持。在法国，加尔文主义没有赢得君主的青睐，因而渐渐失去了其在法国西部和南部的强势地位。1572 年的圣巴托洛缪节前夜，约有 2 万名新教徒在巴黎被屠杀。

在他们取得胜利——或者统治者允许他们胜利——的大部分地区，新教徒们更倾向于中央集权，但也开创了民主制度的先河。在加尔文宗创建的教会管理体制中，教众群体中的高级成员拥有很大的影响力。而且同路德宗一样，它也认为《圣经》才是最终的权威，而不是教会，所以每个虔诚和明智的基督徒都应该诉诸《圣经》。加尔文宗的普通信徒，要比其他所有的天主教教众拥有更大的影响力。

最终，新教在阿尔卑斯山以南或比利牛斯山以南并没有取得任何进展，而是在遥远的大西洋沿岸获得了成功。虽然西班牙禁止犹太人、穆斯林和新教徒移民到它的新殖民地，但英国和荷兰却允许新教的异议人士前往新设立的美洲殖民地。在波士顿和其他一些新英格兰城镇，加尔文主义者的宗教改革运动有如熊熊烈火般越燃越旺。美国的崛起和它的独特文化，以及早期对激烈争论的鼓励促进和最终民主制度的形成，新教徒改革者在其中所起到的重要作用，丝毫不逊色于其他任何因素。

起初，宗教改革似乎对女性造成了某种打击。因为在西方世界的各类机构中，可能唯一由女性自己掌权的就只有女修道院和君主政体了。如果修道院占据着城市的重要财产，那么管理着修道院的女性便也相应拥有更大的权力。因此在苏黎世，本笃会修道院的院长才会协助管理该城。然而，大多数国家那些权势强大的新教徒女修道院现在都被关闭了，所以也间接削弱了女性的权力。不过，大多数新教教会认为无论男女，应该有尽可能多的人学会阅读《圣经》，从而为更多教授读书写字的学校的开设提供了机遇。这也算是一种补偿吧。

识字女性的数量开始慢慢增长。1717 年，广泛信仰路德宗的普鲁士规定男孩和女孩都必须接受义务教育。1780 年，在荷兰城市阿姆斯特丹，注册结婚时可以自己签名的新婚女性比例达到了了不起的 64%，虽然其他人只能在同意书上需要签字的地方笨拙地画一个十字来代表。1500 年时，英国仅有 1% 的女性能识文断字，但到 1750 年，这一比例已上升到

40%。天主教国家虽然有些滞后，但后来也顺应了这一革命潮流。

与此相对，俄国的教会在扫盲问题上背道而驰。俄国东正教拥有的信徒是所有基督教教会中最多的，但是它的牧师却并没有受过什么教育，比起诵读经典，他们更擅长靠记忆——或者说是靠遗忘——来吟诵经文。而这些牧师的权威之所以很稳固，全是因为教众里没有几个能读得了《圣经》。直到1876年之后，包含"旧约"和"新约"的全本《圣经》才在近代俄国大量出现。

警惕女巫

宗教热情的高涨还呈现出了一些不同寻常的形式。在圣徒、圣行频现的同时，越来越多的邪恶也被察觉到了。比如在欧洲的很多地区，女巫的数量开始成倍增长，至少据说是如此。

在那个狂热的宗教时代，与对宽容与仁慈的信仰形影相随的，还有一种信念，那就是邪恶具有毁灭人们生活的力量，其化身则是女巫。悲剧的发生越来越多地被归罪到女巫的密谋之上。当某个村庄或家庭遭受经济打击时，制造如此罪行的女巫就会被找出来。多数有关巫术的指控其实起因都是日常的争吵、不和或者困难。遭遇女巫的情况，其实很像20世纪后半期的那些飞碟目击事件。这种想法一旦在某个地区泛滥，便会迅速传播开来。

在 1450 年到 1750 年的三个世纪中，欧洲大约有超过 10 万人被"证明"是女巫，但这些人却又集中在数量极少的几个地区。据说在苏格兰东南部和法国东部，女巫尤为活跃。而在很长一段时间内，整个欧洲地区被发现的女巫中，三分之一生活在德国。

巫术的传播还有着一定的模式。因此，在英格兰和匈牙利地区，每十个被定罪的巫师中有九个都是女性，但在冰岛和爱沙尼亚，大多数被指控和定罪的却是男性。在欧洲因施行巫术而被处死的数万人中，四分之三都是女性，而且很多都是相貌丑陋的年长妇女，但也有一些是年轻漂亮的姑娘，有些甚至还是小女孩。在英国，一般的女巫要么是老处女，要么是寡妇，而且通常又老又穷，还经常和邻居发生口角。

宗教关系的紧张也使搜捕女巫的行动变得更为尖锐。结果，那些敌对教派发生对峙的城镇或地区，也就成了女巫经常被发现的地方，而宗教统一的地区则很少会出现玩弄巫术的指控，比如俄国就基本上没有出现过女巫，而爱尔兰、波兰、意大利南部和其他一些天主教国家和地区，逮捕女巫的情况也极少发生。

在那个极端宗教化的时代，几乎人人都相信有组织性的邪恶所具有的力量。人们认定，魔鬼正在全世界徘徊，并且通过数百万双邪恶的眼睛和双手，在挑选巫师来充当自己的仆人。人们还相信——这一点或许在非洲比欧洲更甚——巫师会对人的生命造成极深的伤害。这种对邪恶所具威力的强调，虽然在现代西方文明中已不再突出，但却恰恰是针对巫术发起圣战的本质所在，也成了残酷迫害女巫的正当理由。

然而悲剧之处在于，西方文明不再对巫师的存在信以为真的同时，也不再相信人类具有强大的作恶和行善能力。也正因如此，在 20 世纪上半叶，当邪恶顶着不管什么冠冕堂皇的名义再次出现，毫不留情地荼毒欧洲时，数百万有文化、有教养的人才根本没有任何准备。相比之下，已经远去的猎巫时代就显得有些"小巫见大巫"了。

第二十章

远航印度

　　葡萄牙到印度的航线成了一条固定的海上路线，但其艰辛程度也是当时世界前所未见的，而通往美洲的航路，更是险中之险。每年都有四五艘船从葡萄牙出发前往印度，船长们则会提前计划航行，以便最大程度地利用好风，避免遭遇危险的风暴或海岸。从里斯本起航的最适宜时间是 3 月的上半月，因为这样可以给他们差不多六个月的时间来顺利抵达好望角，然后驶入印度洋一段距离，因为那时的风可能对他们最有利。如果到得太晚，他们可能会在那里遇上捉摸不定的大风，被迫掉头寻找避风港。如果在一年中天气最恶劣的时间出发，那么前往印度的远航可能会持续一年甚至更久。

　　有些葡萄牙船只在航行到半途时，会在巴西停靠逗留，但大多数船只不会这么做。事实是，在早期时，船长们根本不知道有哪个非洲港口可以让他们在停靠时受到欢迎，或者能免遭突然袭击。装满货物的葡萄牙船只驶过非洲最南端后，通常会掉头向北，取道非洲和马达加斯加岛之间宽阔的莫桑比克海峡。沿海岸航行至接近红海时，船只再掉头往东，沿阿拉伯海岸航行，最终抵达目的地印度。然而，那些在里斯本上船的士兵和商人，根本没有为这场旷日持久又波涛汹涌的磨难做足精神准备。

几个星期之后，储存在木桶中的新鲜淡水便会开始发臭，而且随着航行的深入，水也会越来越少，因而洗脸这样的事情开始逐渐减少，更别说洗澡了。这么多人挤在一起，船又要在热带航行很久，加之缺乏新鲜水果和蔬菜，所以疾病极易蔓延。从 1629 年到 1634 年，曾有五千多名葡萄牙士兵从里斯本起航，但只有不到半数的人能活着抵达印度。很多船上都会有随行医师，他们最爱用的治疗方法却是为病人放血，一般要放三四升。但这种治疗很少能妙手回春。

果阿成了葡萄牙人在印度的主要港口，并且直到 20 世纪时都还是葡萄牙的一个行省。每年，一艘装满贸易品的大船会都会从果阿出发，前往马来半岛的马六甲、中国的澳门，最终抵达日本。船长同样会调整航行时间，以便利用西太平洋上的季风来助航。季风季节的开始，就像交通信号灯一样，把"绿灯行"的信号传递给从一个方向来的船只，把"红灯停"的信号传给反方向来的船只。

亚洲和欧洲间交易的货物一般都是价格昂贵的奢侈品，

所以也能承受这种高昂的运输费用。运到中国和日本的货物有鲜红的布匹、毛纺服装、水晶和玻璃、印度的印花棉布和佛兰德座钟。而在返回印度并最终回到欧洲的船上，则装载着大量的中国丝绸和丝织品，以及多种中药材。还有另一种"货物"，可能是中国的奴隶或奴仆。

每年的某些时节中，果阿的葡萄牙船只会开始准备返乡之旅。除了那些来自中国的货物，他们还会装运大量的胡椒——印度西部是胡椒的原产地——肉桂和其他香料。船上装载的还有一箱箱的硝酸钾——制造火药的关键成分——靛蓝染料、棉布匹，以及从戈尔康达的矿山中开采出来的印度钻石。这类货物让印度显得好像特别富有，因此在1600年前后，印度成了很多欧洲人眼中令人眼花缭乱的财富的代名词。威廉·莎士比亚的好几出戏剧就曾表现过这种辉煌。在他的喜剧《第十二夜》中，玛利亚便被称为黄金女孩——"我印度的金子"。被拿来与印度那闪闪发光的金属相比，说明她是个值得加倍珍惜的女孩子。

在这些返乡的葡萄牙船只上，除了那些被使劲塞到船舱里的货箱，露天甲板上还堆放或捆绑着很多私人货箱，就这样暴露在海浪和海风中。船上的每个船员都有权利装一箱货物回里斯本，然后卖掉。就连那些见习海员也有权装满三分之一木箱的肉桂——如果他们有钱在印度的街市上购买到这种香料的话。事实上，高级船员和普通员工对露天甲板有唯一使用权，可以在这里存放他们的私人货物。成捆的货物、各种包裹、木箱和储物箱全堆在了甲板上，以至于有时候堆得太高，会让船在刮风的时候变得摇摆不定。在甲板上走一遭，就好像参加障碍赛一般。

几个世纪以来，一条长长的商队路线，也就是丝绸之路，从黑海穿过亚洲中心，直抵中国那些筑着高墙的城市，但现在，它的经济意义却被这条经过好望角的迂回海路所取代。这条航线确立一个多世纪后，在广州那些沿河的小巷里已经可以听到有人在讲荷兰语，葡萄牙语也成了亚洲贸易中的混杂语言，可以说是洋泾浜英语的前身，而在欧洲西部，则有人正在冲泡几壶天价买来的日本茶或中国茶。

牧师们也坐着早期的葡萄牙船只绕过了好望角。最早一批牧师中有一个叫圣方济各·沙勿略，他是早期的耶稣会修士，立志要过一种清贫和奉献的人生。1542 年到达印度后，他把果阿作为传教航行的大本营。虽然他并不是第一个来到印度的基督徒——600 年时，印度的马拉巴尔沿岸地区便已经有了好几个讲叙利亚语的基督教传教团——但是沙勿略却更有传教活力，最远还跑到了日本，赢得不少信徒。

在新世界的传教士中，天主教徒要远远多于新教徒，而他们这种冒险的勇气也有着意义深远的影响。他们之所以赶在前列，部分是因为在美洲和亚洲开创殖民地的两个国家都是天主教国家。事实上，哥伦布起航之后又过了二十多年，新教才诞生。

路德宗、加尔文宗和圣公会没能组织传教团体来到这些未开化之地，可能最大的限制还是因为作为反抗教皇体制的一部分，他们的很多神职人员都选择了结婚。在 17 世纪初，鼓动年轻的妻儿跟随神职人员前往美洲、非洲或亚洲那些卫生状况极差的港口城市，等于是去送死。此外，天主教会相对而言更团结一些——这对传播福音起到了很大的促进。

但即使在新教国家成为印度和亚洲大部分沿海地区的主要贸易者和管理者很久之后，在传教工作方面，它们的动作仍然缓慢。直到 1704 年，也就是圣方济各·沙勿略去世一个半世纪之后，一位新教国王，即丹麦的弗雷德里克四世，才在印度建立起传教基地。

距离的阻碍

在南亚地区，葡萄牙、荷兰、英国和法国等帝国——以及在菲律宾扩张的西班牙帝国——起初只占据了一串潮热的亚洲港口和几个内陆贸易点。要说它们是帝国还有待商榷，因为在远离沿海的地区，这些国家的势力通常十分薄弱。同罗马帝国相比，它们的文化影响力也很弱，而且没有多少欧洲人在这些港口或者贸易点定居——炎热的气候、对热带疾病的担忧以及远离故土的事实，合力打消了他们的这种念头。

当时的欧洲因为四分五裂，根本无法控制大片的海外领土。而且，欧洲也只能拿出其军事力量中的很小一部分，安排到亚洲地区——因为亚洲真的太远了。距离的因素，实际上仍在搅乱着欧洲的计划，阻碍着它们的战舰。

在东亚地区，一个世纪前欧洲人那种自信满满的攻势戛然而止。日本起初很欢迎这些外国商人和传教士，还曾派四个年轻人组成的代表团前往欧洲——在16世纪80年代到达之后，他们受到了马德里、里斯本和罗马等地权贵的款待。但到了17世纪初，日本人却三心二意，改变了初衷，不但驱逐了几乎所有的欧洲人，还处死了许多不愿被赶走的耶稣会和其他教派的传教士。只有荷兰贸易者获得了准许，可以偶尔来进行贸易。

占据着世界一角的中国，也在18世纪扩展了自己长长的边境线，把西藏和东突厥斯坦纳入了自己的版图——中国长久以来一直将这些地区视为自己的势力范围——而在此之前，它还没有控制过如此广大的丝绸之路沿线地区。与此同时，印度的一些统治者也学着中国人开始反抗欧洲人。1757年6月，一百多名被囚禁在加尔各答黑洞中的英国士兵死亡，成为英国殖民史上最黑暗的时刻之一。

然而，在欧洲西部额手称庆，醉心于这个全球性扩张的阶段之时，中欧地区的人们仍然生活在奥斯曼土耳其帝国的恐惧之下。1683年夏，土耳其军队开始在维也纳的城门之外安营扎寨，又一次对基督教国家最强大的一座城市发动围攻。但现在，轮到土耳其人撤退了。17世纪80年代，他们先是被赶出了布达——也就是现代布达佩斯城的其中一半，土耳其人曾统治这里达一个世纪之久。他们失去了贝尔格莱德，甚至有好几年的时间，把雅典也弄丢了。对于艺术爱好者而言，土耳其人失守雅典带来的影响是灾难性的，因为在战争过程中，帕特农神庙被部分损毁。不过很快，土耳其人就夺回了雅典，并一直统治到 1829 年。显然，基督教欧洲的影响力仍然有限，其明证之一便是在一个又一个世纪之后，耶路撒冷依然被伊斯兰教牢牢掌控着。

1600 年时，崛起的欧洲将会称霸世界大部分地区还非天定之事。截至那时，欧洲的胜利还主要集中在美洲的沿海地区，在亚洲和非洲较少。此外，它对日本、中国和奥斯曼土耳其人的影响力也十分有限。但是，欧洲有自信，有商业动力，有新技术，也有杰出的战斗能力——即使在寡不敌众的情况下——这些都预示了一个即将到来的新时代。在这个时代中，欧洲将对多种不同文化造成更为广泛和深入的影响，远远超过曾经的罗马统治时期。

第二十一章

新世界的馈赠

西班牙和葡萄牙在海外殖民和征服的第一阶段大获全胜，一方面是因为它们是海上强国，一方面也因为它们是最靠近中南美洲的两个欧洲国家。但1600年之后，两国却开始后劲不足了。

殖民美洲的新阶段属于法国、荷兰与英国，它们同样是比地中海国家更有地缘优势的海上强国。到1650年时，这几个国家的小港口、木堡垒和皮货交易站已经遍及北美的大西洋沿岸及邻近的内陆地区。法国正在加拿大忙着殖民西印度群岛中的马提尼克岛和瓜德罗普岛。英国则在纽芬兰岛——与法国共同拥有——到新英格兰、弗吉尼亚和西印度群岛一线的大西洋沿岸地区建起了殖民地。就连丹麦人也很快在维尔京群岛设立了种植园。在所有西欧国家中，缺席的只有德国。

在大西洋的北美沿岸，荷兰和瑞典各自占据一些殖民地，打破了英属沿海殖民地连贯的长链。纽约是荷兰人创建的，加勒比海上的库拉索岛也是，特拉华则是瑞典的。总体说来，六个西欧国家在美洲地区拥有着殖民地，但西班牙和葡萄牙的属地仍然最为辽阔，因此加在一起，它们可能也创造了最多的财富。

大西洋对岸的大超市

欧洲人开始主宰美洲地区，但影响力却是双向流动的。在世界历史上，还从未有如此多的珍贵植物从一个大洲传到另一个大洲。

玉米是新作物中最了不起的一种，克里斯托弗·哥伦布自己在返航时还带了很多种子回来。玉米有着惊人的产谷能力，到丰收季节，每粒种下的玉米所产的谷粒数量要远远超过小麦或黑麦。虽然玉米的传播并不神速，但最终还是来到了欧洲一些温暖地区的农场上。到1700年时，翠绿、高挑的玉米秆随风摇摆的场面，已经在西班牙、葡萄牙和意大利的乡村地区随处可见了。

欧洲南部有玉米，欧洲北部则有美洲马铃薯。爱尔兰人对马铃薯钟爱有加，因为在他们的小块土地上长出的作物中，马铃薯的卡路里含量是最高的。到1605年，爱尔兰的唐郡已经在种植玉米，在 17 世纪末时，热腾腾的土豆则成为爱尔兰贫民的主食。奇怪的是，北美洲并不知道这种南美洲块茎作物的存在，所以那里的马铃薯种还是从爱尔兰传过去的。马铃薯也令德国人欣喜万分，因为他们发现马铃薯这种作物，不会像成熟的玉米那样被横冲直撞的军队轻易破坏或损毁。

在欧洲的土地上，还能找到其他来自美洲的新作物，比如番薯、西红柿和菜蓟。出人意料的是，欧洲人花了很长时间才喜欢上西红柿的口味——哥伦布返航过去四个世纪之后，这一作物在英国仍然属于新鲜玩意儿——而菜蓟在法国的受欢迎度同样远远超过西红柿。此外，还有一件事也让人颇为困惑，那就是由法国从加拿大引进的菊芋，竟然被命名为"耶路撒冷菜蓟"。[1]

火鸡是从美洲地区引进到欧洲的唯一食用肉类，但是它的欧洲名字（火鸡在英文中和"土耳其"是同一个单词）同样具有欺骗性。事实上，"土耳其公鸡"或"土耳其母鸡"这两个名字，最初被欧洲探索家用来描述非洲西海岸的珍珠鸡，后来才被用来称呼最终在欧洲农场安家落户的那种高挑的墨西哥鸟类，因此严格来讲，它们应该被称为"墨西哥鸡"才对。不过，最早从 1573 年的圣诞节开始，"土耳其鸡"就

1　一般认为，菜蓟最早起源于地中海沿岸地区，现代北美的菜蓟品种在 19 世纪时才由法国和西班牙移民带过去。而菊芋虽然是菜蓟的远亲，同属菊科，但在外形上却更接近向日葵，而且和耶路撒冷也毫无关系。

成了西班牙和英国餐桌上的流行美味。

　　土耳其和美洲这两块天各一方的地区，在厨房的厨师眼中竟然没有差别，足以证明在东西方具体方位的问题上，还萦绕着很多谜团。就连源自美洲的玉米，也曾被欧洲的农民称作土耳其苞谷或土耳其小麦。当然，这种高产作物让他们惊叹不已并不足为怪，毕竟，他们的祖父母那辈人连玉米是什么都不知道。

　　来自美洲的美味，还包括菠萝——当时只有富人才能吃得起——和辣椒，以及可可豆和烟草这类奢侈品。和其他来自大西洋彼岸的新品种一样，烟草在欧洲的传播也很慢。在哥伦布的第一次航行过去两个世纪之后，波兰和西西里岛的那些普通乡村工作者，可能都还从未闻到过点着的烟草散发出的醉人香气。

　　欧洲各国的君主不太确定该如何应对这种烟斗抽烟或吸鼻烟的新风尚。有些国王试图取缔烟草，比如俄国的吸烟者就有可能遭受割鼻的惩罚。其他那些在热带地区拥有殖民地的国家，则禁止在本国内种植烟草，只允许殖民地种植，因为这样的话，它们就可以通过口岸进口，并且对每一批上岸的烟草课税了。英国在弗吉尼亚和马里兰地区设立殖民地，主要目的就是种植烟草。不过，远隔万里的土耳其后来却成了美国烟草最热情的种植者，而且唯恐天下不乱的是，它们这些烟草后来的称谓又成了"土耳其烟草"！

　　就短期而言，矿物贸易是所有大西洋贸易中最引人注目的一项。西班牙人在中南美洲挖到的第一笔宝藏是金和银。他们在获得对各自美洲属地的完全控制后，便迫不及待地逼迫劳工去采矿，然后由全副武装的护航队保驾，将金银运回国内。但是，由于每年运回的金银太多，引发通货膨胀，搅乱了西班牙和欧洲。贵金属在引发 16 世纪欧洲通货膨胀的过程中到底扮演了什么角色，仍有争论，但有一件事是确凿无疑的，那就是西方世界发生的多起严重通货膨胀，都恰逢大型战争期间——这一点尤为值得注意——或者两种重要的商品供应发生重大变化期间：早些世纪里是贵金属，20 世纪 70 年代通货膨胀时则是石油。

在那些装载着珍贵的金属、植物和种子横跨大西洋的早期船只上，还来了一位不速之客。梅毒这种病几乎可以肯定是来自美洲地区。16 世纪时，梅毒已经在欧洲很常见，其普遍症状之一是鼻子外部像被咬过或啃过一样。

孔雀开屏

欧洲的航行也触及了亚洲地区。几个世纪以来，一系列亚洲的商品和植物一直是通过陆路横跨亚洲，但现在也可以经海路流通了。最终，中国的茶叶以及瓷器的制造秘诀和其他产品也一并漂洋过海，到达欧洲。

制造瓷器的原料叫高岭土，大多数欧洲人刚开始听到这个词一定觉得很古怪。事实上，这个词得名于中国一座叫高岭的山，那种细腻的白色陶土就是在这里开采出来的。1700年左右，一位颇有商业头脑的法国牧师把高岭土的样本送回了欧洲，并指出这是制造瓷器的关键原料。很快，探矿人员就在德国、法国和英国发现了类似的高岭土矿藏。1701年，德国萨克森地区的迈森城的一家工厂，终于制造出了欧洲第一件真正意义上的瓷器。

中国的一些花卉品种也传到欧洲，其中最受人喜爱的应数菊花。在8世纪之前，菊花只有黄色一种，在中国被尊为"花中君子"，并且被诗人广为吟咏。很多盛夏的花朵开败之后，菊花还仍然点缀着中国一些地区的街市。到1600年时，中国已经培育出近500个不同品种的菊花，而其中一些便在新的花卉输出潮中来到了欧洲。

新世界还给翘首以盼的欧洲人带来了一种不寻常的惊喜，那就是鲜亮的色彩。因为即使到1500年时，欧洲的大多数城市和乡村在色彩上仍十分沉闷单调。一座小屋或许会用白石灰水刷一刷，但很少会用涂料装饰。木屋看起来也很枯燥，不过当时在荷兰比较受欢迎的砖房，会散发出一种温馨的红色光彩。诚然，石头房子可以通过石头的颜色得到提升，但是选择某种建筑用石时，通常考虑的是其获取的便捷性，而不是色彩。在很多城市中，石头一般都是深色的，而且随着日积月累，就连那些浅色的石头也逐渐被木材燃烧时产生的烟尘染了色——算是后来更严重的煤烟污染的初体验吧。当然，在阳光的照耀下，一些中世纪大教堂的彩色玻璃看起来很美，但那是因为城里大部分街道都太暗淡，所以玻璃的颜色才更突出。

除了富人的穿着，一般欧洲人的服饰通常都很素。货物更不会使用色彩明艳的包装，因为任何形式的包装都很贵，包装纸更是奢侈品，也从不会有色彩。那时的旗帜很吸引眼球，就是因为它们在颜色上比大多数平民衣服的颜色都要丰富。

从新发现的美洲大陆传到欧洲的奇迹之一，便是新的色彩。在西班牙人到来之前，墨西哥人已经发现，一种喜欢以仙人掌为食的无翅小虫在怀孕时，体内会产生一种鲜红的色素。这种虫子叫胭脂虫，用大约 7 万只晒干的虫子，可以制造出半斤胭脂虫粉，而使用这种粉末，又可以调制出颜色极其鲜亮的染料。猩红曾经一直是形容旗帜或衣服使用的那种红，但是在英国新制造出来的这种胭脂虫粉，有着更为亮眼的红色，所以很快这种新的猩红色就成了流行词，甚至还被赐给了猩红热这种病做名字——在 17 世纪 70 年代时，这种曾被认为是麻疹或天花变种的疾病，终于首次被确诊为全新的病种。

绕道非洲的新航线，还带来了廉价的蓝颜料。靛蓝是从孟加拉的一种植物中提取的颜色，堪称蓝中极品。含靛蓝的植物从田里收割后，会被扎成捆运到晾晒场，然后再被放入水箱中，通过发酵使其释放出吲哚羟，氧化之后便会生成靛蓝。很多个世纪以来，印度的靛蓝染料偶尔会通过陆路流传到地中海地区，只是量一般较少，也极为昂贵。但现在，成百上千木箱的靛蓝染料由荷兰和葡萄牙的船只装运到了欧洲。靛蓝所呈现出的蓝色是如此明艳，以至于欧洲传统上从菘蓝植物中提取的蓝色在它面前都会显得黯淡无光。很快，在阿姆斯特丹和威尼斯一些爱追求时髦的地区，人们开始穿戴起染着明亮靛蓝色的外套、礼帽、斗篷和紧身短上衣，像开屏的孔雀一样招摇过市。就连法国的军队也放弃了以前的赤褐色制服，转而穿起蓝色。

看起来，这些颜色反映了人们的虚荣，但是对于当今人口大国巴西而言，颜色在其崛起过程中却起到了核心作用。最先登上巴西海岸的是葡萄牙人。他们的 13 艘船原本准备取道非洲最南端，驶往印度，但却因热带季风偏离航线，在1500 年 4 月航行到巴西的海岸，并在此逗留了一周。此后，葡萄牙船只会偶尔将巴西的港口作为漫长印度航线上的中转站。他们每次都会掳走少量的巴西人，还有猴子和鹦鹉——作为俘虏和新鲜玩物——不过，他们最主要的战利品是洋苏木树。由于这种树在欧洲被奉为至宝，葡萄牙干脆直接设立了港口城市伯南布哥，方便葡萄牙船只在这片有珊瑚礁环绕保护的地区安全停泊。在东印度群岛上生长着一种分布范围较小的洋苏木品种，被人们称为"巴西木"——巴西这个名字的由来——把巴西木厚厚的树皮扒下来浸入水坛后，水便会被染成一种有时候被称为"巴西汁"的红色，这种色泽在欧洲也备受染色厂的欢迎。

"新"奋剂

运到欧洲人仓库的新货物中，有很多小包裹、箱子和木桶，里面装的东西被认为比黄金还贵重。从中国运来的小罐子里，装着分量很少的麝香。这种药品、香水和尸体防腐所用的珍贵配料，干燥、松软，多呈暗褐色，但有时候看起来也会像干掉的血。在中亚的山区里，生活着一种叫麝鹿的动物，年幼雄麝脐部的腺囊被割下并制成麝香后，广州的经营者会将其缝制到小皮袋中，然后卖给欧洲人。那个时代止痛药十分匮乏，麝香可以松弛神经，达到镇痛效果。一本著名百科全书的第一版中，编者曾声称麝香比鸦片还要好，因为用过之后不会有"神志不清或倦怠无力"的副作用。然而到了17世纪时，中国却从西方大量进口鸦片。人们要么用烟管抽大烟，要么把它当作镇痛药服用。虽然中国政府曾试图禁烟，但令行禁不止，从英属印度专门种植的罂粟中提取出来的鸦片，还是源源不断地流入广州的黑市。

新药物在世界各地都有着巨大的市场需求。当时的欧洲饱受疟疾之苦，在意大利的沼泽中疟疾更是一种致命的疾病。治疗这种病，需要的是秘鲁的一种乔木，也就是金鸡纳树的树皮。由于这种树皮当时主要由天主教教士运回欧洲，所以一开始时也被称作"耶稣会树皮"。不过，树皮中含有的主要成分奎宁，直到拿破仑战争时期才被法国人首次发现。

印度尼西亚群岛盛产的丁香，在欧洲亦被视为珍贵药材，尤其适用于治疗牙痛，或者为食品和酒水调味。不过，在大多数商人眼里，胡椒才是东南亚的宝贝。这种蔓生植物多依附在树上，其果实长成鲜红色后，便可被采摘下来，平铺在垫子上，接受阳光的暴晒，最终变成干瘪、发黑的胡椒粒。由于当时胡椒价格昂贵，所以在很多欧洲人的厨房里，胡椒只会被像洒金粉一样精心撒在最特别的肉上。和很多曾经价格高昂的食材一样，越来越便宜的胡椒也失去了一些吸引力。

不仅仅是欧洲富人的餐桌发生了变化，就连农业本身也改换了新的面貌。哥伦布、瓦斯科·达·伽马和其他欧洲航海家跨越大西洋、印度洋和太平洋的航行，推动了世界农业的革新。除堆在甲板上或锁在船舱里的货物外，还有少量种子和秧苗，或有意或无意地被带到每块大陆上。咖啡、棉花、蔗糖和靛蓝植物被带到美洲后，得到大规模的种植，而其产品则出口到了欧洲。牛被引入阿根廷，绵羊后来也来到了澳大利亚。这两个国家各自饲养的牛羊数量，最终甚至超过了欧洲任何一块土地上放牧的牛羊数。

无论是在10000年前的小亚细亚，还是5000年前的欧洲北部或者基督时代早期的中亚地区，类似的动植物迁移在过去曾反复发生过。但是最近的这次物种交换，却包括了世界的大部分地区，而且其进行速度之快，也同样史无前例。

在海上漂泊的船只，作为一条生命线，承载着数量极少的新种子、秧苗和育种动物到达了世界各地——这很像信息革命的早期版本。但是，它们的影响经过了很久的时间才被充分意识到。同样的不可预见性，也会出现在后来的蒸汽革命中，而现在由卫星、计算机、纤维光学、微芯片、传真以及互联网推动的信息革命也面临着这样的情形。一场伟大的征程已经开始，但没人知道它的终点会在哪里。

在这场植物和原材料的国际交换中，受害者的数量不断攀升。新移民、新物种、新枪支和陷阱，给很多鸟类及动植物带来了灭顶之灾。

毛里求斯和留尼汪等火山岛上曾经世代生活着一种不会飞的渡渡鸟。这种属于孤鸽科的鸟体型庞大，但十分温驯，长着又粗又弯的腿、白色的羽毛和一个奇怪的脑袋，而且由于没有天敌，它们在这里过得也十分安定。渡渡鸟很肥硕，即使拔光毛之后，也无法塞进家用烤箱。但接着，欧洲人来了，还带来猪和老鼠，使得渡渡鸟在地面的巢中下的蛋不断遭到毁坏。

据说，已知的最后一只渡渡鸟在留尼汪岛上被捕获后，于 1746 年之前的某个时间死在了一艘法国船只上。后来在英文中，dead as a dodo（死得跟渡渡鸟一样）渐渐成了灭绝或绝种的同义词。在新世界的每个地区，无论是北美洲的候鸽，还是塔斯马尼亚岛上的袋狼，一系列的物种都像渡渡鸟那样消失了。

第二十二章

科学的玻璃眼

科学开始在欧洲活跃起来，不再匍匐前进，而是开始迈步走，甚至向前冲了。当然，冲了好一段时间，欧洲的科学才在大多数领域超过中国。但是到 16 世纪 20 年代时，它便已经有了明显的加速迹象。那些鼓吹传播着路德思想的印刷所，现在又肩负起解释最新科学发现的任务。印刷出来的纸页可以毫不费力地四处流传，在这一点上，普通的欧洲学者只能望尘莫及。1550 年时，欧洲大多数有名的科学家，从来都没有见过他们那些外国同侪的真身，即使他们生活的地方只隔几百公里远。

日月星辰的研究同样有了新进展。在这一领域中，最伟大的发现者当数尼古拉·哥白尼。这位波兰学者穷尽自己掌握的所有测量和观测的技能，并利用"思考"这一在当时还不常见的行为，证明了太阳才是宇宙的中心，废黜了地球的王位。这场胜利的重要性不言而喻，但在刚开始时，它看起来却似乎是在挑战《圣经》和基督教的精髓，因为在基督教看来，地球才是宇宙的中心。

在 1510 年左右，哥白尼开始挑战地心说的地位，也就是哥伦布和他的地理大发现刚把地球"变大"之后不久。但是，即使在 1543 年哥白尼去世之后，他的胜利也没有获得一席之地。在某种意义上，现代人对他的洞见也仍是一知半解。日常语言和诗意的形象，仍然在暗示地球是宇宙的中心。每天早上发生的情景，在人们的想象里，仍然是太阳在升起，而不是地球在落下。

对于测量和观测方法的强调，或者毋宁说是一种全新的科学方法，推动了这些科学进步。意大利的医学院校不愿再依赖古希腊学者写的那些东西，而是重新燃起了解剖人体的热情，使得解剖学大为精进。基督教在人体解剖问题上的禁令也有所缓和，比如教皇亚历山大五世在 1410 年神秘死亡后，其尸体还获准进行了尸检。16 世纪 40 年代时，弗兰德斯卓越的年轻医生维萨里曾经常进行人体解剖，还把他那些引人注目的新发现带到了帕多瓦大学的课堂之上，并重写了那些老旧的解剖书。

成百上千位业余科学家、天文学者、医学人员以及教士利用零碎的闲暇时间，在众多学科领域获得了一波又一波的新发现。他们中的很多人都是全才，目光笃定地要解决一系列的知识谜题。比如，在生前就已被誉为最伟大物理学家的艾萨克·牛顿，就研究了神学、化学、占星学、天文学、运动和引力定律，还有望远镜的制造。16 世纪和 17 世纪的著名科学家们，多数都不是全职的探索者，而且也都很短命，因此艾萨克·牛顿异于常人的地方之一，便是他活了八十多岁，而且即便到了满嘴只剩一颗牙之后，他的眼神也仍然好得很，眼镜都不用戴。不过要戴也不难，多才多艺的他完全可以自己做一副。

一些观察人士认为，科学中的突破往往只是常识的应用而已。但这一时期的很多理论却似乎像是在公然反抗那个时代的常识——这里的常识既包括宗教的，也包括世俗的——因而很难立即被人们接受。好在很多探索者很明智，在发表他们的发现时都会踌躇再三。在这一点上，现代的那些探索者则完全不同，恨不得一天都不耽误，赶紧把自己的发现拿去发表。比如哥白尼最终听从劝告，在把他的核心学说写成书之前，曾耗费了三十多年时间来反复斟酌它。而据说早在 1666 年，牛顿看到一座英国花园里从树上掉下来的苹果后，便已窥见他的伟大物理学发现，但直到 21 年之后，才将他的成果详细地阐释成书。还有，发现血液循环规律的英国医生威廉·哈维，先是花十几年时间到处演讲，然后才在 1628 年最终发表他的研究，而且他选择出版的城市还不是伦敦，而是德国的一座城市。

虽然印刷机传播了大部分科学发现，但教士和教区牧师却在极力阻挠它们。宗教领袖要么反对，要么高度怀疑许多科学中的革命性观点。像宇宙有其运行的自然法则这种观点，或者人体和物理学领域也可能发现类似的运行法则，对那个时代而言是十分陌生的，也潜在地威胁到了宗教的地位，因为宗教一直宣扬的是有一位全智、全知的上帝主宰着世间万物，而他可以让自然法则失灵，还能创造奇迹。就连大多数人都对科学抱有好感的中国，也在观测星辰的问题上设下了宗教的障碍，因为星辰可以被用来预卜未来，而这却是皇帝才有的特权。

玻璃和义眼

科学革命奇妙地改变了人们观察世界的方式。在1550年之前，机械钟和印刷媒体这类创新要归功于熟练的冶金工人，但后来的那些发现，比如显微镜和望远镜，则要感谢技艺精湛的玻璃工的参与。玻璃成为科学家的义眼，让他们看到了那些原本看不到的东西。

古埃及人制造了最早的空心玻璃容器；叙利亚人在公元前200年左右发明了吹管，可以把玻璃吹成四壁极薄的圆形容器；罗马人制造出通常有点模糊但在最佳状态下已经算透明的粗糙玻璃。而威尼斯则是它那个时代的硅谷，最终改进了罗马人制造玻璃的古老技术。当时，威尼斯的玻璃工人数量众多，他们的作坊里熊熊燃烧的烈火也给整个城市带来了火灾的隐患，所以后来在 1291 年，政府干脆把他们搬迁到了临近的穆拉诺岛上。1500 年，且不论其清晰度如何，威尼斯人已制造出最早的镜子，并且把这个新制造工序的秘密保守了一百五十多年。威尼斯的手套、扇子和那些紧裹着腿部的绣花马裤，本就已经让这个城市有了不太好的名声，现在镜子出现之后，更是把威尼斯和各种奢侈、虚荣以及伤风败俗的女性穿着联系在了一起。

还有一场科学革命，也要归功于玻璃工的巧手。曲面玻璃拥有放大被检查物体的能力，早在希腊文明崛起之前就已被人们发现，但是专门用于眼镜的玻璃镜片却直到 1300 年才被发明。慕尼黑的德意志博物馆保存的一副眼镜制作于1350 年左右，所以那些在黑死病肆虐期间仍要履行痛苦职责的医师们，很可能已经学会戴上眼镜，更仔细地检查病人的皮肤和舌头。而在印刷书籍流行起来后，对眼镜的需求也相应开始增长，尤其是北欧的冬日里，对于那些希望在昏暗的光线下也能读书的男男女女，眼镜更成了必需品。

玻璃能让人看清远处物体的功能，是在以航海业为主的荷兰小城米德尔堡被偶然发现的。1608 年时，配镜师汉斯·利珀斯海开始制作可用的望远镜。拿着他的望远镜，人们吃惊地发现自己可以清清楚楚地看到一个站在 3 公里之外的人。后来，虽然望远镜没传过去，但它的原理却传到了正在意大利北部的帕多瓦教数学的伽利略·伽利莱那里。他制造出自己的望远镜，并将其命名为"间谍镜"。通过这个"间谍镜"，他惊喜地发现物体被放大了3倍。进一步打磨镜片后，他又把放大倍率提高到了8倍，接着又增加到32倍。在附近的威尼斯城，商人和船主拿着望远镜来到塔顶上远眺大海，结果激动地看到了肉眼根本看不到远方船只。

哥伦布和麦哲伦在纵横四海时绘制出了世界地图，而伽利略改进后的望远镜，则完成了绘制天空图的壮举。通过他的望远镜——多数都由威尼斯玻璃制成——伽利略探测了月球，并将之描述为"最绚丽、美好的奇观"。他还发现了之前从未有人见过的东西——月球的陨石坑和粗糙的表面，而且他也是第一个观测到太阳黑子的人，并且发现天上的银河实际上全由星星组成。

此外，伽利略还得出了同哥白尼的发现一样的结论：地球不是宇宙的中心，其他天体也不围着地球转。这一洞见具有意义深远的影响，因为它牵涉了《旧约》中的某些段落，而且《旧约》本身还被伽利略斥责为无知者为无知者写的东西。因此，在1616年时，教会对他下达了禁令。但伽利略仍然力挺他的理论，结果招致了更加严重的惩罚——被判软禁后，他在自己位于佛罗伦萨的小农场上度过了生命的最后八年。

在望远镜的基础上，荷兰和意大利的玻璃工制造出了显微镜。荷兰小城代尔夫特的衣料和成衣商人安东·凡·列文虎克成了显微镜制造大师。借着至少270倍的放大率，他的显微镜看到了肉眼从未见过的广阔世界。1677年，他首次描述了精子。此外，他对红细胞的描述也极为精准。显微镜让列文虎克戳破了众多广为流传的谜团：比如跳蚤是沙子里蹦出来的，或者鳗鱼是由露水孵出来的，等等。与此同时，英国的罗伯特·胡克在显微镜下观察植物组织时，还创造出一个重要的词汇：细胞。不过，当时的人们并没有意识到，所有动植物都是由细胞构成的。

显微镜拓展了植物学和动物学的视野。当时，对新地区的探索使得已知动植物的数量出现成倍增长，瑞典植物学家和医师卡尔·冯·林奈对他的动植物双名命名法进行了完善——很快也成了全球通用的方法——这种方法使用两个拉丁文名字，一个名字限定的是宽泛的属，另一个再具体到特定的种。

林奈为植物进行了分类，而阿尔卑斯山南边的科学家则完成了时间的分类。历法的改革是个龟速发展的过程。在罗马的全盛时期，尤利乌斯·恺撒和他的顾问们曾对历法做过改革，放弃阴历，改用太阳年。太阳年一年有365天5小时48分45秒，但是这些多出来的小时给新历法带来了麻烦。尤利乌斯·恺撒选择了一个更为合理的妥协。为了方便起见，他的历法，也就是后来所称的儒略历，将太阳完成一次回归的时间定为365天6小时。这样，第一、二、三年每年为365天，第四年为闰年，共366天。

恺撒去世很久之后，儒略历的缺陷变得越来越明显。尴尬的问题就在于，每过一个世纪，他的历法就会延迟一点。事实上，儒略历每年会比实际上的太阳年少11分钟，在其确立的第一个千年内，总共少了 7 天。而且，它还妨碍了复活节星期天的确定——这个日子在恺撒时代还没有，但后来却变得十分重要。

最终在 1582 年时，教皇格里高利十三世做出了一个果断的决定。利用那不勒斯天文学家和医学家阿洛伊修斯·里利乌斯[1] 的算法，教皇宣布了他的解决方案：把当年 10 月 5 号到 14 号这 10 天从新历法中减掉。简而言之，鹅毛笔一挥就把日历变成最新的了。未来的误差也以同样的决断进行处理。作为一种长期的矫正方案，新的格里历确定了 1600 年和 2000 年为闰年，中间的 1700 年、1800 年和 1900 年则不闰。

那些生活在西班牙、葡萄牙和意大利的人，在 1582 年 10 月过去很久之后，仍然在讨论这个令人印象深刻的月份。因为他们对生活里突然少了 10 天感到大惑不解。几个月后，法国和德国地区的其他天主教城邦也少了 10 天。但是，新教国家不太确定它们要不要遵循由教皇发起的这项改革。英国仍旧遵循着不同的历法，而天主教的法国和西班牙已经普遍使用新历。结果，在英国庆祝圣诞节的时候，英吉利海峡的另一边已经是第二年 1 月了。在德国，就连两个相距只有几公里的小镇使用的历法都有可能不同，因为这取决于它们信

---

1   此处的名字原为路易吉·吉拉尔迪（Luigi Ghiraldi），不过这个名字不太通用，多数与格里历有关的资料中，都把这位天文学家称为阿洛伊修斯·里利乌斯。

仰的是路德宗还是天主教。

后来当英国最终采用新历法后，不得不把 11 天还没过的日期从中删掉，所以 1752 年时，这个国家一夜之间从 9 月 2 日来到了 9 月 14 日。这一改变给很多地区带来混乱，也令一些地区感到惊慌失措。在伦敦，一帮困惑的人大声呼喊着口号："把我们的 11 天还给我们！"他们的情绪是可以理解的。俄国和其他几个东正教国家仍然遵循着旧历，直到 1917 年的十月革命之后，才采用了教皇和意大利在三个多世纪前已经开始推行的格里历。

现存度量衡体系的不同和混乱，同样加快了新的计算和测量方式的探索。比如，每当某个旅者越过边界，从一个欧洲国家进入另一个时，1 里地该怎么算，就成了争论与怀疑的话题。英国的 1 里地大概相当于现在的 1.6 公里，意大利的 1 里地差不多是 3 公里，爱尔兰的则是 4.5 公里，德国的又成了 12 公里，而瑞典的更长，超过了 15 公里。

冷热的测量上在当时倒是更精确一些，不过也有分歧。1714 年，加布里埃尔·华伦海特——他是波罗的海沿岸的居民，后来成为荷兰的一名工匠——发明了水银温度计。按照他的温标，沸点被定为 212 度，但是几十年之后，瑞典天文学家安德斯·摄尔修斯发明了新的温标，把沸点定为 100 度。这类分歧后来又严重了一些，因为 1799 年时，正在经历革命的法国引入了逻辑简单但名称冗长的度量衡单位——公制。

寻找金星

詹姆斯·库克到印度洋和太平洋的第一次探险之旅，受到了科学需求的驱使。当时的科学家曾信心满满地预言，1769年6月3日，金星将会短暂地从太阳表面移过，也就是所谓的"金星凌日"。这个千载难逢的机会，可以让科学家计算出太阳与地球间的精确距离，而且如果计算正确的话，也能为天文学家提供关键的信息，或者方便船只在海上确定准确的方位。但问题在于，凌日这天，欧洲的天空有可能阴云密布，导致错失观测机会。此外，下一次凌日要等到1874年才会发生的事实，也让要抓住机会观测金星的决定变得迫切起来。

英国认为，观测金星凌日的最佳地点应该是新发现的塔希提岛，因为根据乐观的估计，这里天空一般都很晴朗。前往太平洋深处塔希提岛的冒险之旅，不但经过了精心的规划，而且可能还是当时世界上最大胆的科学探险活动，堪比20世纪60年代月球探索的小型预演。这场远征探险的小团队均由科学家组成，因而可能比以往任何集结的同类团队都更有才华。此外，库克的"奋进"号上还配备了当时最精密的望远镜和机械钟——科学，是这艘船上的头等舱旅客。

"奋进"号适时到达塔西提岛后，科学家们搭建起一个可移动的观测台，还清理、组装好了科学仪器，可是到了进行观测的大日子当天，太阳却被一层雾霾挡住，使得所有的一切全没了用武之地。

　　接着，库克又按照指示，开始寻找一片辽阔的南部大陆。当时的人们相信，在浩瀚的太平洋中的某处，一定潜藏着这样一块大陆，因为长久以来的一个普遍信条是，恒久旋转的地球要想保持平衡，南半球也应该有一大块与北半球面积相当的大陆。这块大陆一定仍深藏于某地。当然，这个理论并不正确，但从中搜集出的结果却阴差阳错被证明是正确的。这块缺失的大陆，就是澳大利亚大陆，于1770年4月20日的拂晓时分被库克首次发现。

　　其实，很多葡萄牙、荷兰和英国的海员曾经见过澳大利亚大陆的部分海岸，或者在此遭遇过船只失事。不过，库克发现的是更具吸引力的东部海岸，也就是大多数澳大利亚人现在生活的地区。在植物学家约瑟夫·班克斯的陪同下，库克对这里的草原、土壤、鱼群、自然植被和良港大为赞赏，以至于后来英国人认为，这里将成为一个非常有前景的殖民地。

　　回到英国后，库克再次出发，驶向南半球的海域。冒着两艘木船被毁坏的极大风险，他向南驶入了南极圈外的狂风大浪之中。在三次连续的夏天之行中，库克比以往任何一位航海家都更近距离地接触了那片冰封的大陆，一次又一次地发现冰雪形成的海湾，他甚至还有意驶入其中，期冀自己能在另一头发现陆地。

　　但毫不知情的库克其实已经绕过了南极洲。的确，由于海上的浮冰破坏性极大，所以他认为不可能再有别的船继续往南深入。结果，藏在冰块壁垒之后的南极大陆，直到1820年才被发现，而冷冰冰的悬崖峭壁组成的长长海岸线，也要再过几十年才最终被拼凑完整。这块比美国面积还要大的陆地上覆盖着厚厚的冰块，耸立着要比欧洲的阿尔卑斯山还高出不少的冰山。而且慢慢地，人们还将会意识到这片面积广大、有如冷库的大陆，事实上深刻地影响着全球的海平面的高度以及南半球的风向与气候。

库克的确是那个度量衡新时代成长起来的人。在第二次航行时，他曾携带了精密计时器这个由詹姆斯·哈里森发明的新玩意儿。而且，在天气良好的状况下，库克也是第一个能计算出船只在东西向上所处精确位置的领航员和探险家，也就是说，他可以算出自己所处的经度。此外，在绘制新陆地和珊瑚礁区域的地图时，他所达到的精度也是前所未见的。

库克三次深入太平洋和印度洋地区的远航，实质上像是打开了一台时间机器。在他到来之前的几千年中，很多太平洋上的小岛一直与世隔绝，只有海上经验丰富的波利尼西亚人定居其中。那么，如此迥异的民族与文化在如此奇特的情况下相遇，即便双方都心怀善意，也一定会出现一些困惑与怀疑。最终，同土著民族打交道时一向圆滑老练的库克船长，成了某个误会的不幸受害者：1779年，他在夏威夷被乱棍打死。

第二十三章

废黜丰收之位

　　在欧洲和亚洲，一般家庭的生活通常都只够糊口。无论是1500年还是1800年，无论是在法国还是中国，大多数家庭要么没有土地，要么只有很小一块，即便在丰年也不足以养活全家。无数男人和未婚的女人只能离开自家的小农场或者他们的村子，到其他农场或者行业谋生。通常而言，他们的工作会提供免费的饭食，而这些免费餐实际上相当于他们很大一部分的收入。

　　大多数农活儿都落到女人和孩子的身上，比如给土地和庄稼除草，养鹅，从井里往家里汲水，纺纱织布，酿制家酿啤酒，搜集可以作为中药的药草，为炉子拾柴，为菜园拾粪，等等。

　　搜寻采集食物几乎成了一种生活方式。一位只有一头牛和一小块地的农民，可能在夏天时派孩子们每天去路边割草，然后把其中的一些储存起来作为牛在冬天时吃的干草。孩子们还会去树林子里采蘑菇或野生浆果、收集鸟蛋。在中国的很多地区，鸟类的数量下降很大，主要是因为对土地的集约化使用，以及猎人对捕鸟和搜集鸟蛋的热衷。在世界各地，日常生活都要围绕着食物生产。

1800年时，全世界仍有几百万游牧的猎人和采集者，但大多数人都是农民。阳光和雨露主宰着他们的日常生活。从南中国海的海岸边，到美国内陆湖泊的沿岸上，经济日历上最令人欢欣鼓舞的事件便是把收割的庄稼运回家，而且，这项工作男女老少都要参与，因为五谷成熟之后，需要所有的人手都来帮忙收割、扎捆，然后运到储存地点。除了亚洲地区富饶的热带河谷，在世界绝大部分地区，收割庄稼一般都是一年才发生一次的大事。

谷物曾是人们主要的盘中之餐，其重要程度可能在现代的发达国家是无法想象的。大多数谷物都会被做成面包或面团吃掉，但有些也会被做成粥或以汤的方式送入口中。冬天的时候，连热气腾腾的稀粥也会被人们狼吞虎咽地喝下去。遇上饥荒年月，为了暂时解饿，人们只能在大量的水里加一点点面粉来充饥。稀粥有种家常做法是"九颗粗磨谷物混不到四升水"。在俄国和波兰，有一种用黑麦做成的稀粥叫"卡沙"，在歉收的年月里，简直寡淡如水。

在欧洲的很多地区，谷物还会被用来酿制啤酒，尤其是大麦。在英国，家酿的啤酒是每餐必不可少的饮品，在日常饮食中几乎和面包一样重要。孩子们每天也要喝啤酒。1704年时，在伦敦某所著名的寄宿学校里，男孩子们的早餐便由面包和啤酒组成，而那些生活在济贫院的穷人，也几乎每餐都能喝到啤酒。茶在中国几乎人人都喝，但到了欧洲却只有家境不错的人才能喝得起。咖啡也是一种奢侈品，当然，阿拉伯和巴西这样种植咖啡树的地区除外。

在欧洲和亚洲，各种谷物可能为一个普通家庭提供了80%的食物。在欧洲，村中街道上的面包房，实质上就是个简单的超级市场，售卖两种面包。最受欢迎的是一条几乎由纯粹的小麦粉制成的面包，另一种则便宜些，主要由糠和次等的谷物做成。面包的价格通常是社会稳定的晴雨表，面包价格的上涨，常常意味着社会骚乱的可能。

那个时代，庄稼绝收或歉收的情况十分频繁，从苏丹到中国，都会发生。17世纪90年代，芬兰曾遭遇过一场持续时间很长的饥荒，有三分之一的人口因此死亡。法国在丰收之年几乎"流着奶和蜜"，但在1700年之后的一个世纪中，却有16年遭遇了全国性的饥荒。这个最终以大革命结尾的世纪，可能是自11世纪以来收成最差劲的一个。

对来年丰收的期盼，常常会体现在年轻未婚女性的祈祷词中。如果收成好，便意味着他们计划已久的婚约有可能实现，但如果收成不好，那么婚姻就得推后了。那个时代的西欧女性通常要到24岁或者26岁之后才会结婚，而这种晚婚也成了一般女性只能生四到五个子女的主要原因。直到 19 世纪末时，拥有八个或十个子女的大家庭才变得越来越常见。

然而，丰收并不等于万事大吉。有时候，谷仓会遭遇老鼠侵袭，导致粮食受损。很多人在家里、谷仓里和畜棚里都会养猫，但更多是因为猫会抓老鼠，而不是把它们当宠物。1755 年时，塞缪尔·约翰逊博士编纂了一本英语词典，并在其中直截了当地把猫定义为"会捕鼠的家养动物"。但是，猫咪本身无疑还是有被抚摸和宠爱的权利的吧？但约翰逊的看法不是这样，而是将猫归类为"狮子类动物中最低等的一级"。

传统上，每粒麦种被种到地里之后，在收割时只能产出几粒新麦。比如，在 1500 年和 1700 年的荷兰和法国，平均产出可能是 7:1。在俄国北部，产出常常只有 3:1。在这样的收成之后，约有三分之一的谷物还要作为种子被储存起来，为下一年的丰收做准备。但如果发生饥荒，这就会造成进退两难的情况。看着孩子们哭着要东西吃，很容易让人有恻隐之心，想把存在一边备作下年种子的谷物拿出一些来吃掉。

在欧洲地区，一大群挥舞着镰刀帮忙收割的人，收获的主要谷物是小麦和黑麦。黍这种作物则在中国北方和非洲以及欧洲有大面积的耕种。虽然黍粒会比较粗糙，但可以保存20 年不变质，所以在 16 世纪时，威尼斯帝国还曾在其港口城市加强城防，把黍储存在谷仓里，以备发生饥荒或遭遇围攻时，能解不时之需。另一种被广泛食用的谷物是燕麦，主要用来饲养那些在和平时代拉大车、在战争时代拉重炮的马匹。在那个马的时代里，燕麦的功能就相当于便宜的柴油燃料；不过在贫穷的北部国家，比如苏格兰，同样的燕麦也是穷人的食物。水稻是中国南方温暖地区的主要作物，在意大利也有种植。来自美洲的神奇作物玉米，也越来越多地出现在欧洲南部一些河岸边的平地上，不过，种植这种神奇作物也有代价，即会造成土壤养分的耗竭。

普通的欧洲或中国农家消耗掉的食物中，除一小部分之外基本上都是本地生产的。食盐可能是唯一需要长途运输的普通食物。1500 年，盐运曾让车夫和航运工赚了个盆满钵满。威尼斯城长久以来几乎垄断了亚得里亚海沿岸采挖的食盐，而盐运也在保持其经济优势方面起到了极大的作用。在大西洋温暖地区，法国沿海生产的盐——通过夏季时的海水蒸发——供给着英国和富裕的波罗的海港口城市。1427 年到 1433 年间，曾有人统计过波罗的海港口城市塔林的船舶数量。在所有的 314 艘船中，有惊人的 105 艘装载的货物都是从法国勃艮第湾运来的盐产品。波罗的海还是鲱鱼交易之乡，每年腌制新鲜鲱鱼所需的盐足以堆成一座小山。

上奥地利地区拥有储量丰富的盐矿，但矿工们要深入地下才能将其开采出来。莫扎特的出生地就是一个盐城——萨尔茨堡，其含义是盐之城——从附近的山里，每周都会有一队队的小车把盐石拉出来。通常，这种地下粗盐矿需要做些处理，净化时得在铁锅炉或大桶里灌满海水，然后用旺火在下面日夜煮沸。

等待冬雪融化期间，一些小村庄可能会把盐用光。所以当一袋袋盐最终被马车——在中国是盐船——拉来时，家庭主妇们无不欣喜万分。大多数村民只能买一点盐，所以用得很省，"一丢丢"就足够了。这种盐方面的节俭用度清楚地展示出，在蒸汽运输让盐和粮食的分销方式出现翻天覆地的变化之前，人们的生活水平其实是极度动荡不定的。

　　海盐或者海草灰可以制造苏打，也就是制造肥皂的配料。在欧洲大多数地区，制造肥皂的另一种原料是动物的脂油，或者是橄榄油和菜籽油的混合物。那么，这就意味着制造肥皂就会用掉本来可以被食用的那些原料。在饥荒年代中，制作肥皂，甚至是用肥皂洗漱，就如同从饥肠辘辘的人嘴里抢食一样。

　　印度人和土耳其人要比欧洲人在意肥皂和个人卫生。事实上，在西欧地区，洗脸和洗手这类事情在1300年时反倒比在1800年时更规律些。可能是黑死病让人们怀疑浴室是感染容易发生的地方。而且，浴室也被视为道德放纵的温床，比如德国的法兰克福地区在1387年时曾拥有39处公共浴室，但是一个半世纪之后——人们对裸体感到越来越难为情——却只剩9家。

　　随着内陆城市的规模越来越大，人们的健康也遇到了威胁。那时还没有哪座大城市拥有排污系统，河流就是大家最喜欢的排污通道，所以某个人的污水往下游流了200米之后，又成了其他人的洗漱或者饮用水源。在东亚地区，村镇的污水通常会被车拉到田里，倒在土壤上当作肥料。这种方法的缺点是很多人在食用了那些于撒了粪肥的土壤上长出的庄稼之后，会引发消化道感染。在泰国，即使到1970年时，也仍有三分之一的农村人口饱受着这类感染的侵扰。

欧洲的人口通常在不断增长，但时而也会因为各种灾难而有所下降。因此，在1618年到1648年间打得不可开交的三十年战争中，德国损失了约三分之一的人口。而就在战争荼毒生灵之时，意大利又遭受了瘟疫的袭击。1630年，伦巴第平原地区约有100万人死亡，博洛尼亚、帕尔马、维罗纳则在一年之中损失了半数的人口。相比之下，在20世纪的两次大战期间，只有列宁格勒（圣彼得堡）和其他几个俄国城市遭受过这种程度的人员损失。

对于欧洲和中国某些地区的普通家庭来说，庄稼歉收的年份之间偶尔也会出现丰年。但从1570年开始，欧洲北部却越来越少有粮食满仓的丰收年景。因为气候变得越来越寒冷，连拉脱维亚的里加这类波罗的海的港口城市都频繁被冰块封港。在地中海附近的区域，橄榄树和新结出的果实也经常遭遇霜冻的袭击。这段新的气候期，后来被称为"小冰河时期"，持续了300年左右。

变长的冬季和冰川的扩散，常常会切断南欧与北欧的联系。意大利和德国之间的那些山口，在路德时代还能通行，但到了此时，即便在初夏也危险丛生。不过，并不是所有欧洲地区都因为气候模式的变化而蒙受损失。不少农业区在普通年份里，仍然能有足够的阳光来使庄稼生长成熟。1603 年到 1622 年间，德国享受了一段对红酒极为有利的时期。此外，在这段长达三个世纪的较冷气候期中，一些聪明的耕种手段也能起到补偿作用。

中国在每个世纪里都会遭遇到一些自然灾害，如瘟疫、干旱、洪水和火灾，以及长期战争这类无处不在的人为灾难。1557 年，中国华北发生的一次地震，曾导致 83 万人丧生。而长期干旱带来的饥荒和因营养不良而恶化的疾病，也导致更多人死亡。比起欧洲，中国在自然灾害面前更易受到伤害。随着欧洲和中国人口的增多，对粮食的需求也越来越旺盛。在 1500 年到 1800 年间，小地主的数量增长了几百万。他们把原先被森林和沼泽覆盖的地区开垦成了农田。因此在中国，农民只好去遥远的南部和西部寻找贫瘠的耕地，而很多欧洲人则前往法国中部和意大利托斯卡纳的山区，成为佃农。在这里，他们修筑起那种简单的两层石屋，而时至今日，经过修葺之后，这些房子已经成了荷兰银行家和英国政客们舒适的度假寓所。农民曾用锄头在这里翻过地，种过绿豆、玉米和葡萄藤，而且一条看不到头的队伍，还用筐从下面很远的山谷里背来了土，修起了一个个露台。但现在，这里只剩下了晒太阳的度假人士，坐在露台上喝着冰镇的葡萄酒。

当时还有大片土地被预留出来，专门种植制造毯子和衣物所需的自然纤维。虽然现在的大部分衣物由合成纤维制成，但最晚到 1800 年时，所有的制衣原料都还全部产自农场。

那些原本被留出来种庄稼的土地，不得不改种可以用来做成麻布或衣物的亚麻或大麻，或者有时候也会被用来养蚕的桑树，虽然这种情况少些。

同样，养羊和其他动物也需要土地，绵羊可以提供羊毛，其他动物在死后则提供了制作皮革的兽皮。在日本，到户外时穿件皮质衣物是很普遍的情形，而在欧洲，大多数靴子和鞋子也都是皮革或者木头做的。此外，额外的土地还会被用来种植菘蓝或靛蓝植物，而从中提取的物质可以为衣物染色。

麻布是欧洲北部地区的主要产品之一。这种历史悠久的织物常由亚麻织成，曾为埃及人提供了木乃伊的裹尸布，也曾是古埃及、罗马人的日常衣物。在现代早期，麻布还被普遍用来制作船帆、白色的桌布、床单（当然，只有少数人能买得起这种质地不错的材料），以及裤子或罩衣、厚重的围裙，甚至是内衣裤。

1651 年左右，荷兰画家伦勃朗曾用钢笔、墨水和画刷，画了一幅哈勒姆的景色素描。这座荷兰的小城和它塔一样的教堂位于远处的背景中，边缘则耸立着叶片巨大的风车。第一眼望去，画面的近景看着好似一排小温室在一片辽阔的草场上绵延。但事实上，它们只是一块块整齐铺开的亚麻布，等待着被新鲜空气和阳光晾干。无论亚麻布是在哪里织的，都需要这类宽敞的"漂白地"，把脏了的亚麻布漂白。从巴伐利亚到东普鲁士的几乎所有村庄都有亚麻织布机在工作。

棉花是一种外来作物，却帮了欧洲的大忙。因为棉花主要产自印度或大洋彼岸的奴隶种植园，使得欧洲留出了更多的土地来生产食物，所以可以说，白棉布和其他印度产品促进了欧洲人口的增长。英国在靠着进口棉花成为制衣大国以前，曾进口过大量棉花产品，尤其是印度的白棉布。1820年之后，英国又开始越来越多地从澳大利亚和新西兰进口羊毛。假如没有从新世界进口的羊毛和棉花产品，欧洲就得将自己的大片土地用来种植亚麻及其他生产原料了。

在中国，棉花作为一种制衣原料，其重要性要远超羊毛。到1400年时，棉花已经取代大麻这种纤维原料，占据了面积广阔的农田，在收获时节，数千条小船会满载着一捆捆棉花，沿着中国的河流把它们送到各个城镇。很多农民会实行棉花和水稻的轮作制。

1800年时，多数欧洲人基本上不会去商店或集市上买衣服。他们要么自己在家做，要么从逝者那里继承，或者从在旧衣物交易中占据头把交椅的女性经销商手中购买二手衣物。在每个家庭中，都有这类忙忙碌碌但没有收入的服装贸易。衣物常常会由姐姐传给妹妹，哥哥传给弟弟，在易手的时候，还要被不断地缝缝补补。当仆人的一项福利，便是可以穿到男主人或女主人不再穿的二手衣服。这些衣服或许有些磨损了，但仆人们还是很愿意张开双臂把它们收下。

对于欧洲、亚洲和非洲来说，要生产足够的食物和衣物来保证人民的生存与健康，需要付出巨大的努力。有时候，这种努力会失败，数百万人只能食不果腹、衣不蔽体。如果某个村子遇上饥荒，也不必指望会有外部援助，部分原因就是邻近的村子可能也在挨饿。

欧亚非地区的住房极为简陋，大多数搁现在都只能被称为贫民窟。在欧洲和中国，三四个孩子挤在一张床上睡觉是常态。有时候，全家都会睡在一张自制的床垫上，里面装满了从田里收来的稻草，到每年收获时节，还会换上新稻草。木地板或泥地上，可能还铺着从附近的沼泽边缘割来的灯心草。冬天的时候，屋子里一般都很冷，但床上会暖和些。中国人很明智地选择了只为全家共用的炕供暖，而不是烧热整间屋子。数百万中国家庭都睡在有火盆供热、由砖石砌成的长方形火炕之上。

在规模较大的城镇里，很多生活在同一屋檐下的人们可以产生些热量。不过，就算那间屋子里烧着火，在深冬时，这火也不会释放出多少热量，部分原因是柴火必须要省着用，因为这些燃料只能由人去树林里捡拾，然后肩扛怀抱地带回家来，而这就意味着要耗费一小部分休息时间。有时候，附近连森林都没有，所以燃料对穷人而言是稀缺之物。廉价的柴火在1500年时对于普通家庭的重要意义，要大过2000年的廉价石油燃料。

一般房子的烟囱就是房顶上挖的一个小洞。烟雾会在房间里盘旋，在提供热量的同时，也呛得人眼泪直流。即使在白天，房间里通常也不甚明亮，窗户上装的不是玻璃，而是木质的百叶窗，推开之后是可以有点光亮，但也会让冷空气钻进来。15世纪的欧洲，越来越多的人家装上了玻璃窗，只是面积不大。在1484年的维也纳，玻璃窗已经变得十分平常。而200年之后的凡尔赛宫皇家镜厅，可能是到那时为止世界上最令人惊叹的内部建筑设计，豪华瑰丽地向人们展示了玻璃所能达到的效果。很多农民听说之后，只能从心底发出惊叹，因为他们的村子里连一扇玻璃窗都看不到。

在中国、印度和欧洲，只要是人口众多的地方，森林就会承受巨大的压力。采盐业和金属制造业吞噬了整片森林，一座大型钢铁厂每年可能会消耗20平方公里的森林。木材的稀缺，也解释了一些容易被误读的事件。比如，在备受好评的电影《莫扎特传》中，当作曲家莫扎特于1791年在维也纳下葬时，连安放遗体的棺材都没有，观众很容易会认为莫扎特一定是个穷鬼。但事实上，在他去世三年以前，国王约瑟夫二世已经下令禁止下葬时使用棺材。虽然这么做部分是为了鼓励一切从简，反对铺张浪费，鼓励尘归尘、土归土，但更重要的动机其实是节省木材。

木柴稀缺的时候，人们就会试试一些别出心裁的替代品。比如，埃及曾烧过甘蔗杆，印度曾烧过干燥的牛粪，而希腊一些岛屿上则烧的是压碎的橄榄树皮。在取代木材的问题上，煤炭的竞争过程相对漫长一些。在中国北方某些森林已经消失的地区，人们会用煤炭来蒸煮食物。13世纪时，英国北部和法国的煤炭被源源不断地开采出来，英国的煤炭还被帆船运到了海峡对面，比如低地国家的城市布鲁日。在接下来的六个世纪中，越来越多的煤炭被运到伦敦，供厨房的火炉或工厂使用。所以，伦敦很可能是世界上第一个大规模使用煤炭的大型城市。

无论在什么地方，城市规模在扩大到一定程度之后都会遭遇瓶颈。一座城市无法发展得太庞大，仅有一条理由就够了，那就是它无法确保附近地区能提供其所需的食物或木柴。比如，一座有3万居民的小镇所消耗的木材量，需要600辆或1000辆马车每周运来一批批的木柴才能满足。而且，如此规模的小镇每周还需要200车的谷物。加上需要马或牛来拉车，城镇附近还要留出一块很大的地方来为它们提供青草或干草。像古代罗马或者现代伦敦这类大到有些畸形的城市，只有通过海运或河运长途运来的食物和燃料才能生存下去。

生产取暖和照明所需的木材以及制造衣服的原材料，需要下很大功夫、投入大量土地，因此曾长期制约着欧洲大部分地区的生活水平。相比之下，在18世纪之前，热带地区的人们可以轻松地跟上欧洲的生活水平，部分原因是他们不需要太多的衣服或者供暖材料。他们需要的卡路里也要少些，因为他们不用抵御冬日的严寒。事实上，很多幸运的热带地区甚至还拥有廉价的灯油供应，比如，这种液体在1859年一次的钻孔作业时，才充满戏剧性地在美国的宾夕法尼亚地区发现，然而缅甸的灯油生产在此时已经经过了几代人的发展。

打破旧僵局

有大约 4000 年的时间，欧洲、非洲或亚洲那些普通人的生活水平基本没有什么提高，当然，前提是如果有提高的话。在这段时间里，有些年物质丰裕，有些年则苦不堪言，人们的物质财富有增也有减，但幅度也都不大，倒是富人们可以拥有的奢侈品越来越多了。世界上曾有三分之二的人口生活在经济这把梯子的靠下横档处，所以日常生活对他们而言，是一种挣扎。但在 1750 年到 1850 年间，却出现了一些即将改天换地的迹象。英国尤其展示出了跨越式发展的征兆，虽然它的人口增长迅速，但是大多数家庭的生活水平也越过了低微的基础线，而且这种经济越来越繁荣的情形，并不是侥幸地拜一系列风调雨顺的夏天和长势良好的庄稼所赐，而是因为创新被应用到了日常工作的方方面面，被用在海洋和陆地上，被用在农场和工厂里。

如果农民在家畜饲养和农作物种植方面越来越熟练，也学会了更加有效地保持土壤肥力，那么一个小农场生产出的食物就会比以前更多。如果运河和更耐用的道路以及后来的铁路与蒸汽船能极大地提高运输能力，那么各地区或者各国便可以专门从事它所擅长的经济活动，然后和其他地区交换各自所需的产品。实质上，如果创新被应用到日常工作的所有方面，食物和其他产品的产出将会比人口的增长速度还要快上几倍。这样，每个家庭——至少是那些较富裕国家的家庭——也就有了获得更多食物、燃料、住房、衣物，以及休闲的可能。

各种事件与趋势的相互影响，将会改变接下来两个世纪的面貌。虽然它打破了传统的生活方式，但同时也带来巨大的回报。在那些更受眷顾的国家中，处于收入阶梯靠下横档的人群，将会向上爬升，把生活水平提高到传统上只有那些曾经站在梯子上部的人才能拥有的水准。

第三部分

第二十四章

纸牌塔的倒掉

　　无法预料的事件，或者说关键事件并列发生的巧合，在历史上都扮演了各自的角色。在美国、南美各国、南非、加拿大和澳大利亚的崛起过程中，出乎意料的事件盘根错节，在 18 世纪的最后几十年中尤其发挥了强大的作用。这些事件有很多都围绕着法国的命运展开，因为无论战争的输赢，法国都有着决定性的影响力。在这些事件开始时，法语是所有欧洲语言中最有望成为世界语的一门语言，但当情势最终明朗之后，所有奠定的基础却促使英语成了 20 世纪的全球性语言。

　　1750 年时，美洲大陆被分裂成了两三个互有重叠的世界。几十个土著部落和迷你国家仍然处于自制状态下，尤其是南北两头的寒冷地区和北美洲的大草原地带，但它们对于大千世界的影响却十分微弱。相比之下，很多被欧洲控制着的美洲地区——多数位于沿海——则充满活力，认为未来将会对它们无比青睐。这些殖民地的人口不断增长，财富也迅速累积，对西欧和非洲西部造成了普遍影响。但是，这些地区仍然要由巴黎、伦敦、里斯本和马德里来管理——这样的约定已经持续了几代人，但可能不会一直存在下去。到1750年时，美洲地区的欧洲殖民地在总体经济实力上，可能也已超过了大多数欧洲国家。

不过，最令人感兴趣的问题，并不是美国是否会独立，而是它会继续依附于哪个欧洲国家。1763年，也就是英法之间的"七年战争"快结束时，胜利者从法国手中夺取了对加拿大和新斯科舍岛的控制权。在北美洲东部，或者说大部分被欧洲控制的那一半地区中，英国现在优势明显，而且似乎还有继续扩张之势。从加拿大的哈得孙湾到墨西哥湾一线的所有地区几乎都被英国控制着。此外，北美洲的大多数殖民地也更倾向于继续接受英国的控制，其坚定支持者包括波士顿、纽约和费城的殖民地定居者，因为其中很多人刚刚参加过近期的战争，根本不希望被天主教的法国或者其商业政权统治。

但战争一结束，英国与其北美殖民地定居者间的关系就少了一层旧日的温存。参与"七年战争"让英国的国债翻了一番，而美洲殖民地却在偿还债务的问题上贡献甚少。政府收入的重要来源之一是进口商品税，但是很多美洲进口商一般都会逃避关税，他们更愿意通过走私来把西印度产的糖蜜——可用于蒸馏朗姆酒——这类商品运回其大本营的港口。朗姆酒只是殖民地逃税的众多渠道之一。18世纪60年代早期时，北美殖民地居民平均只需要支付1先令的税，相比之下，英国人却平均要支付26先令。试图改变这一扭曲状况的企图，后来将会引起人们的憎恶与愤恨。

前途难卜的合众国

很多美洲殖民地当时已经拥有各自的议会，可以借此来表达他们的各种不满。从本质上讲，这些议会坚定地显示了各殖民地在必要的情况下可以实现自治，完全脱离英国的控制。在现代美国地区的一头，13个英属殖民地都设立了自己的议会。罗得岛和康涅狄格甚至还有权选举自己的总督，这一点与多数殖民地差别明显，其他殖民地总督都由英国直接派驻。不过，虽然美洲的殖民地已经有了一个谋求独立的框架，但无法就是否应该独立的问题达成一致，因为亲英派在加拿大的势力十分强大。就连南部的13个殖民地中，那些拥护英国统治的人，最初在数量上也要多于那些最后认定要揭竿而起的人。这些殖民地定居者主要都是英国人的后裔或者出生于英国，最明显的例外应该是宾夕法尼亚的德国人和占总人口六分之一的黑人奴隶，但他们没有任何政治发言权。

后来，英国还是和13个殖民地分道扬镳了。1775年，殖民地开始反抗英国的卫戍部队。起义的领导人是乔治·华盛顿。这位出生于美国的种植园主曾经以民兵的身份参加过与法国的战斗。在战斗的头一年里，他的军队取得了零星的胜利，但在占领蒙特利尔后，军队却因天花肆虐而实力大减，最终功败垂成，未能将英国军队逐出加拿大。不过，华盛顿把英国人从波士顿港赶跑，显示了他在夺取军事胜利方面拥有的成功前景，因而私下获得了法国和西班牙的大量支持——这两个国家是英国的老对手，迫切希望可以偷偷报复英国。如若没有这些援助，美国的起义可能最终会以失败告终。

想打赢战争，海上力量是至关重要的。欧洲的海军控制着大西洋地区，可以向北美派遣增援力量，或者阻止敌人寻求增援。英国是主要的海上力量，但是1778年之后，它的优势地位却由于法国海军的干扰以及荷兰和西班牙的公开敌视而大为下降。战争进入相持阶段，几乎成了又一场七年战争。1782年11月，英国接受和平协议，选择不再继续这场代价高昂的战争。

处于现代美国境内的大部分地区，当时仍然被殖民力量掌握着。如果这些边界延续下来的话，纵然美国拥有广阔的资源和吸引移民的能力，有朝一日或许也能成为世界舞台上的一支重要力量，但绝对没有跻身超级大国之列的希望。那样的美国会被局限在密西西比河以东的地区，且从长久来看，其人口也远远不够大国的标准。

有时候回头再看某些事件，会觉得它们整齐划一，是意

英属 □
西属 △
法属 ○
荷属 ●

哈德孙湾

拉布拉多半岛

大平洋

落基山脉

苏必利尔湖

休伦湖

密歇根湖

底特律

安大略湖

伊利湖

密苏里河

密西西比河

魁北克

纽芬兰

圣劳伦斯湾

布雷顿角岛

新斯科舍

奥尔巴尼

波士顿

纽约

费城

里士满

詹姆斯敦

查尔斯顿

路易斯安那

萨凡纳

圣奥古斯丁

佛罗里达

新奥尔良

墨西哥湾

哈瓦那

巴哈马

百慕大

大西洋

坦皮科

梅里达

墨西哥城

维拉克鲁斯

伯利兹

特鲁希略

圣多米尼克

牙买加

圣多明克

波多黎各

丹属维尔京群岛

安提瓜岛

瓜德罗普岛

马提尼克

巴巴多斯

太平洋

洪都拉斯湾

莫斯基托海岸

加勒比海

库拉索岛

格林纳达

卡塔赫纳

特立尼达岛

巴拿马

加拉加斯

乔治敦

新阿姆斯特丹

加勒比海和北美地区的欧洲殖民地（约 1755 年）

料之中的结局，但如若从当时往后看，这些事件其实充满着种种变数。美洲殖民地起义军的胜利，在法国的协助下，反倒对法国造成了深刻的影响。由于债务累积太多，国王为了打仗，只能提高税收。但是在大西洋另一头发生的事件表明，如果人民站起来反抗，要争取自由，那么即使是最强大的君主制国家也有脆弱之处。1789 年在法国爆发的人民革命，由一系列大大小小的因素混杂在一起导致，受到美国起义以及这场起义中明确宣扬的一系列原则的有力鼓舞。

1789 年 5 月在凡尔赛和巴黎爆发的法国革命，起初似乎是一份希望的宣言，而不是一场混乱的前奏。但是到 7 月时，群氓已经开始在巴黎肆意乱窜。接着在 8 月，法国国民议会颁布"人权宣言"。这类宣言在 20 世纪末期的那些年里几乎是每月一次的事件，但在 18 世纪却十分罕见，甚至可以被算作叛国行为。宣言颁布 3 个月后，法国天主教会的大量财产被收归国有，很多教士和保皇党人也明智地选择了逃离王朝。到 1791 年时，法国国王已经成了自己土地上的阶下囚。不过，法国旧政权的崩溃，在初期还是让很多自由派人士感到欢喜和欣慰。在 1790 年 2 月的伦敦——这里的民主传统向来要比法国更有活力——下议院还仍然在针对法国爆发的暴乱争吵不休，不知道是该持欢迎态度还是该感到害怕。

与此同时，法国还在和欧洲主要的君主国家打得不可开交，狂热地宣称它有责任将自己的群众性非宗教战争强行推广到所有占领的土地上。战争起初是为法国人民发动的，现在却被贴上了"出口"的标签。但革命的指挥权以及它传递的信息，却正在慢慢从激进的政治家手中传递到一位年轻士兵的手里。1793 年，二十五六岁的拿破仑就在土伦尝到了他第一场著名胜利的滋味。事实证明，信奉一切皆有可能的拿破仑，是一位非常英明的将领，而且在近 20 年的时间里，他的这种信仰也确实化为了现实。1799 年，拿破仑成为政府首脑，也就是法兰西第一执政官。1804 年，他在巴黎正式接受教皇庇护七世的加冕，成为法兰西帝国的皇帝。

新成立的美国选择置身事外，不参与法国的革命战争，因而也拒绝同这个在 18 世纪 70 年代将美国从可能的军事失败中拯救出来的国家继续结盟。由此，美国开启了它自我孤立的长久传统，不再介入欧洲事务。和以往一样，欧洲内部的争斗为美国提供了扩展的可乘之机。拿破仑从早已无力反抗的西班牙手中夺回了路易斯安那州和密西西比河的西部地区，但在 1803 年，急需财政收入的拿破仑，决定把密西西比河以西地区的所有土地卖给美国。这一被简称为"路易斯安那置地"的事件，让美国以每亩 3 分钱的价格，获得了北美地区最长的河流体系及从加拿大到墨西哥湾之间广阔地区的所有权。现代美国的所有州中，有四分之一都分布在这场交易涉及的土地之上。

这块地盘比除俄国外的任何欧洲国家都要大，如若当时留在法国人的手中，或者被转手给法国带领的一群殖民者，最终的结果可能会出现两个独立且相互竞争的美国，一个在东海岸升起星条旗，另一个在内陆地区展示着类似法国的三色旗。如果法属地区作为屏障继续介入，那么美国后来会兼并得克萨斯和加利福尼亚吗？可能的情况是，美国将会成为一个中等大小的国家，拥有的也只有面向大西洋的港口。

拿破仑在 1803 年卖掉的土地，实际上属于很多美洲的土著部落或者民族。起初，英国或者法国统治者的意图是，这些部落或者民族应该有权保留他们在西部的大部分土地。1763 年时，仍然控制着北美大部分地区的英国人曾试图在地图上划定一条禁止白人殖民者跨越的"公告线"（《1763 年公告》）。美洲土著被允许保有他们在西部的土地，也就是面积广大的美洲内陆地区，但是这样的好景不会维持多久。

很快，这条线就像消失魔术一样，重新出现在了更偏西的地区。美国成为新生国家之后，美洲土著与欧洲人之间的正式分界线就开始追着日落跑了。土著民族的权利要么被推向更西的地区，要么便被忽略了。如果这些人属于一个统一民族的话，还有可能成功遏制这种扩张。但是，他们从来都没有统一过，事实上，欧洲的殖民者长久以来都在阻挠他们的联合。世界大部分历史的走向，都是由不团结决定的。

美国赢得独立后，树立了一个比预想中更具感召性的先例。西印度群岛上一个甘蔗殖民地最先追随了新美国的步伐。圣多明各岛是一个狭长、多山的岛屿，东部由西班牙控制，西部由法国控制，所以这个殖民地也被称为法属圣多明各岛。法国大革命暂时削弱了法国对其殖民地的控制。同样，革命者宣扬的人人平等的信仰，在 1791 年时，被法属殖民地上那些明显地位不平等的居民采纳了，而这些居民就是甘蔗园中被法国人控制的非洲奴隶，以及那些既非奴隶也非公民的黑白混血儿。突然发动起义之后，他们夺取了控制权。1803 年，一位黑人宣布成为这个名叫海地的新国家的皇帝。现在，美洲地区出现了两个独立国家：美国和海地。

　　欧洲爆发的动荡，为更多国家的独立铺平了道路。1808年，拿破仑入侵西班牙，位于大西洋对岸的西班牙殖民地面临着两种机遇，一是站在西班牙一边，一是夺取自己的自由。到 1810 年时，从西属墨西哥到安第斯山脉附近由西班牙控制的殖民地港口一线，到处都在爆发内战或解放战争，海上和陆上硝烟弥漫，不断有叛乱者被处死，又有无数的人起来反抗报复。

　　到 1821 年，现代中南美洲的地图基本上已经成形，出现了自由的墨西哥，一群中美洲共和国，以及自由的秘鲁、智利、巴拉圭，还有自由的拉普拉塔联合省[1]——后来分裂成为阿根廷和乌拉圭。一年之后，巴西完全脱离葡萄牙的控制，成为君主制国家。三年之后，玻利维亚建国，其国名来源于该国的解放者西蒙·玻利瓦尔。在北美洲，西班牙人也节节败退，最终把佛罗里达割让给了美国。

1　拉普拉塔是指南美洲第二大河流拉普拉塔河。这个联合省是阿根廷独立战争时期创立的国家组织形式，也称南美联合省。

1775 年时，西欧的海上强国都声称对从寒冷的北部苔原到南美洲岩石遍地的南端的美洲地区拥有控制权，但在接下来的半个世纪中，它们大部分都撤走了。这些国家的争斗和分裂动摇了它们的帝国，而它们的殖民地后来也纷纷成为独立国家。

　　到 1830 年，美洲地区已经基本上全部由独立国家构成。在北边，突出的例外是英属加拿大和俄属阿拉斯加。在阿拉斯加，俄国人做着皮货生意，俄国东正教的传教士组织着传教工作，俄国船只偶尔还会从圣彼得堡捎来一些过时的消息。阿拉斯加最终会在 1867 年被美国买下。

　　到 1830 年，墨西哥湾以南地区的独立运动已经基本完结，欧洲的旗帜在这里几近消失，只有在那些到访的船只上还能看见。欧洲列强的霸权地位，唯在加勒比地区硕果仅存。不过，英国仍然占据着牙买加和西印度群岛的大部地区，法国还控制着马提尼克岛和其他岛屿，丹麦人把持着维尔京群岛的部分区域，西班牙抓着所有岛屿中最富饶的古巴牢牢不放。在各国历史上，可能还从未有过如此巨大的一片区域经历过如此迅速的洗牌过程，但是征服者们带来的语言、宗教以及诸多社会和政治制度，却大体上被保留下来，就连奴隶制也是如此。

　　然而，这一连串的事件——回头看时，有如一个纸牌塔中的纸牌，井井有条地顺势倒在了各自的位置上，但实际上在当时却完全无法预见，而且并非只影响了南北美洲地区。

美洲地区发生的这些连接紧密的事件，对澳大利亚、南非和其他地区也都造成了深远影响。

绕过好望角

丧失众多美洲殖民地后，英国的注意力被迫从大西洋转向了印度洋和太平洋地区。1792年开始的对法战争，断断续续持续二十多年，为英国提供了攫取法国殖民地和一些荷兰领地的机会，因为当时荷兰成了法国的卫星国。从好望角绵延至合恩角的广阔海域上，英国并不是头号力量。然而尽管在1780年时，英国在这片海域的主要属地只有印度的一些据点，但接下来的半个世纪中，英国却在地球上这片广阔的地区成为无可匹敌的殖民统治者，不但控制着开普敦的重要港口和南非的沿海地区，还控制了极具战略地位的岛屿毛里求斯和锡兰（今斯里兰卡）、印度的大部分地区、马来半岛的一部分和整个澳大利亚地区，以及或潜在或真正地控制着新西兰、太平洋上的多座岛屿和现代加拿大的太平洋沿岸大部分地区。

英国当时在印度洋和太平洋地区的实力，比它在美洲地区任何时期的实力都要强大。与此时英国统治的人口数量相比，它在美洲时统治的人口只能相形见绌。在一块大陆上几乎全面溃败后，英国把目光投向了新的大洋，并很快建立起世界上最为庞大的帝国。

这些事件引发的改变之一，是英语在 20 世纪后半叶崛起成为第一种可以被称为全球性语言的语言。1763 年，在不列颠群岛之外，使用英语作为第一或第二语言的人大约只有 300 万，且基本上都居住在北美地区。从长期来看，使英语有机会成为全球性语言的最重要因素，是美国巩固了对其所获得的一大片区域的控制，以及英国占据了印度洋和太平洋上的众多零星殖民地。如果美国在国土面积上仍然很小，只控制着大西洋沿岸地区，如果印度大部地区从未被英国控制，那么英语成为全球性语言的机会将会十分渺茫。

一张牌的倒下，有时候会带倒另一张。英国并没有计划在澳大利亚大陆的东部地区设置定居点，也就是库克船长发现的那个地方。但美洲殖民地的反抗却逼着英国不得不做出这一选择。一直以来，英国会把很多囚犯发配到北美的南部港口城市，而这些人的服务实际上会被拍卖给奴隶主，当成监工使用。但在美国最终独立之后，英国不得不另寻他处，以便能物尽其用地把囚犯发配到那里。"物尽其用"是其中的关键词，因为英国经营的是一座商业帝国，要利用劳动力来满足船主和商人的利益。

最终，依赖库克船长的"奋进"号带回国的报告，英国政府选择了植物学湾，悉尼机场的跑道现在就建在这一地区的沙滩之上。英国希望囚犯们很快就能在植物学湾自食其力，把自己吃的口粮都种出来。而且，附近还有一处额外的收获。悉尼东北部无人居住的诺福克岛上，生长着一种独特的高大松树，似乎可以为英国的舰队提供一流的桅杆，而且英国人还对这里生长的一种更优良的亚麻植物寄予厚望，期待可以用它为英国海军制造出上等的船帆和船绳。

1788 年 1 月，载着囚犯和海军的英国舰队驶入了植物学湾，但他们很快便发现，在这个炎热的月份里，这里的地貌并非大约 18 年前库克和班克斯在凉爽的 4 月看到的那种绿色乌托邦。于是，这 11 艘船放弃植物学湾，又继续沿着海岸航行了几个小时，零零散散地穿过垂直峭壁间的缝隙后，进入了阳光普照的悉尼港。舰队指挥官发现，这里的空间足够安全地集结 1000 艘船。

在悉尼港，新的殖民地为种出足够的食物，颇费了些周折。直到殖民者越过被称为蓝山山脉的沿海狭长脊状隆起地带，开始在面积广阔、气候温暖的内陆平原上放养大群绵羊之后，澳大利亚才在世界眼中成为一个重要地区。一代人之后，数千万要在北半球最北端直面寒冷冬日的人们，身上穿着的衣服或者睡觉时盖的毯子，常常已是由产自澳大利亚的羊毛制成。

土著居民静静地窥视着那些英国船只被绳子拴在海岸边的树上，看着棚屋和仓库拔地而起，看着锅中沸腾的开水、枪支发射的噪音、火堆的迅速点燃和用铁斧砍倒的树木——他们当时对任何金属都一无所知，只能对这些活动感到无限好奇。这可能是有史以来世界上最古怪的一场邂逅了，因为这些新来者和古老民族的生活方式是如此迥异，其程度甚至超过了西班牙人对峙阿兹特克人、荷兰人首次在开普敦和雅加达的港口安家落户的时候，就连法国和英国的航海家与那些世代生活在塔希提和新西兰的波利尼西亚人正面相遇时，也不过如此。

相较之下，在过去一万年中，澳大利亚的土著民族当时几乎仍被隔绝在世界大部分地区发生的各种根本性变化之外。新来者与土著之间的差距，基本上已经是一条鸿沟。土著人的才智与欧洲人的是那么不同，很难被那些新来者理解或欣赏。初来乍到的欧洲人绝对无法明白，大多数土著人懂得多种语言和方言，对每个地区的植物学和动物学知识都有着广泛的了解，拥有巧妙且简单的狩猎和捕鱼方法，其日常饮食的丰富性也超过当时大多数欧洲人可获得的食物种类。他们也不可能明白土著民族的婚姻、食物、仪式、所有权和土地的概念，遵循着一系列长期秉承的规则，而这些规则虽然难以理解，但在某些程度上，它们和指导着斯德哥尔摩与华沙那些贵族的惯例却一样精细复杂。

土著人也无法理解英国人的生活方式、法律与制度、宗教、礼节与着装、农耕和生产方式、读写的行为，以及用木桶、麻袋和仓库囤积粮食的做法。他们也无法领略新来者——很多其实一点都不文明——留在身后的文明中的科学知识所达到的程度之深。陌生人的所有技术，无论是大船、火器，还是滴答作响的钟表，都让他们困惑不已。土著人也对驯化牲畜完全没有概念，有时候他们甚至会以为羊和牛就是那些白人的妻子，陪着她们的丈夫周游世界。

澳大利亚的土著人没能有效地守住他们的领土。与新西兰人相比，他们生活的部落人口更少，组织也更松散，没有修筑什么堡垒，也很难同临近的部落联合起来抵抗侵略者。年复一年，这些莫名其妙的白色面孔和新动物不断成群结队地深入到这块人口稀少的大陆之中。在无数个隔绝的地区，偶尔还会有人被枪杀或者被矛刺死。更糟糕的是，天花、麻疹、流感和其他新的疾病从一个土著营地扫荡到下一个，就像西班牙人在三个世纪前首次到达美洲时，带去的疾病在北美到处肆虐一样，土著人的主要征服者将会是疾病以及随之带来的斗志的丧失。而面对这出悲剧，科学家们起初并没有答案。

第二十五章

撒哈拉以南

很多个世纪以来，非洲的大部分地区都处于欧洲人和欧洲帝国的影响范围之外，或许非洲在罗马时期都比后来要更容易接近。的确，罗马对非洲的殖民可能比 1900 年之前的任何欧洲国家都成功一些，尽管他们殖民的地区只是非洲北部的边缘地带。

撒哈拉沙漠到底在多大程度上成了一座阻挡人类活动的障碍，又在多大程度上算是一片海市蜃楼呢？大量证据显示，在现代之前，这片沙漠的确是一座令人生畏的屏障，阻碍了欧洲和亚洲的帝国进入非洲的大部分地区。事实也证明，对于几代欧洲人而言，非洲的核心地带要比距离欧洲更远的亚洲核心地带更难进入。此外，非洲的面积也过于广阔，因而没有任何一个周边国家有能力完全控制它。

沙漠之谜

　　这片世界上面积最大的沙漠，由大片的岩石和沙砾构成，覆盖着非洲全部土地的四分之一，其大小可以直接盖住美国的大陆领土。或许，撒哈拉沙漠更应被比作海洋，而不是陆地——一片人们冒险进入的干涸沙海，有时在远隔千里的沙漠港口之间穿行时，还会丢掉性命。和大海一样，撒哈拉里也掩藏着打劫商旅的海盗。和大海一样，它也会遭受风暴的侵袭，难怪图雷格人会明智地用面纱遮住嘴，以阻挡那打得人脸生疼的飞沙。

　　沙漠里的不少地方还有隆起的岩石山脉，可以截住一些降水。不过，多数的雨水都是以几场大暴雨的形式降下来，然后就被太阳和炙热的地表蒸发掉了。随着气候的细微变化，或者是牛羊啃食外围区域那些荆棘丛生的灌木或如针刺一样的草，地表会逐渐被侵蚀，因而沙漠的范围也在不断变化着，在千年之中或小或大。

　　不过，这片沙漠也远非一道完全难以逾越的屏障。一个个骆驼商队曾经在上面往返奔波；在一个又一个世纪里，伊斯兰的商人曾穿过沙漠，赢得一众信徒。非洲西部的新教徒也曾穿过撒哈拉，比如 1324 年时，马里王国的皇帝来到开罗之后，曾向那些他喜欢的人抛撒金子——好像是在扔五彩纸屑似的——所以被人们广为铭记。欧洲的商人穿越撒哈拉的次数实际上也远超人们的想象。1470 年，也就是文艺复兴时期，人们还曾看到佛罗伦萨的商人在沙漠另一头的廷巴克图做生意。不过，在撒哈拉边缘那些有高墙护卫、有水源灌溉的富饶城镇中，很难见到白种人。

廷巴克图到处都长着随风摇曳的枣椰树，前来的旅者们远远就可以看到。对于那些曾经听过它的欧洲人而言，这座热带非洲城镇的名字长期以来还散发着一种神秘的气息。非洲北部占据了这块大陆面积的三分之一，而廷巴克图就是这片地区的内陆补给站——为穿越撒哈拉的骆驼商队、头上顶着货物的搬运工，还有苏丹来的那些驮着货物的驴和牛提供补给——偶尔还是来自欧洲南部的货物的终点站。不过，人们从距离较近的非洲西部海岸到这里的频率并不高，反而更多是取道地中海沿岸和摩洛哥的内陆城市马拉喀什。16世纪晚期，马拉喀什经常会迎来驮着产自廷巴克图的黄金的骡子和骆驼，有时候被运来的货物中还有奴隶。尤其引人注意的是，某次交运的货物中曾包括了15名处女。还有一点也很明显，那就是穿过沙漠及其中那条代价高昂的商业路线的商品，比如黄金、象牙和漂亮的女性，每千克都会值很高的价格。

正如非洲的沙漠是阻挡外人进入的屏障一样，那里的大江大河也是如此，其中多数还被各种瀑布和激流拦腰截断。几乎在每条主要河流中都有这种水流湍急、汹涌的河段，因此船只根本无法溯流而上或顺流而下。扎伊尔河和刚果河中有激流，壮观的赞比西河的水流也被维多利亚大瀑布截成两段。如果多瑙河、莱茵河、罗纳河与易北河同样被瀑布截断的话，那欧洲的历史或许会变得面目全非。

可通航的河流能促进商业和思想的交流，但非洲只有一条可通航的长河，那就是尼罗河。所以或许埃及能成功创造出它的文明，在很大程度上要感谢尼罗河河谷在提供高速航路和食物来源方面扮演的角色，也要感谢这条河的入海口距离其他早期文明并不太远这一点。如果尼罗河最终汇入的是非洲西部的大洋，那么它的重要性肯定会大打折扣。

在撒哈拉以南面积广阔的热带非洲地区，没有一条河能与尼罗河相提并论。而且，非洲整体上也缺乏海湾和深港，而这类海上岬角在很大程度上可以方便帆船或桨帆船深入内陆。欧洲有 33% 的陆地都是半岛或岛屿，相比之下，非洲只有 2% 的地区是这样的地貌，再加上面积广阔的热带丛林，可以说，非洲在这方面有着很大的劣势。

在热带非洲湿热的森林中，比普通苍蝇大不了多少的"采采蝇"给各种驮兽造成了威胁，因为采采蝇会吸血，进而通过血液传染昏睡病，致使驮兽身体日渐虚弱。非洲有大约四分之一的地区都饱受这种传染病的困扰，除家禽外，各种家畜都无法幸免于难。疟疾、昏睡病和其他热带疾病在热带非洲的周围筑起了一堵墙，让外来者以及非洲人跑的跑，死的死，尤其是昏睡病，更是阻碍了经济的发展。在大片地区，家畜的丧失，不但剥夺了当地人饮食中的蛋白质，也让他们无驮畜可用，因此这些地区的非洲人不得不自己充当役畜、搬运工和驮马的角色。驯化动物的缺乏，意味着肥料也极为稀有，所以农作物更是无法获得非洲其他没有采采蝇、畜禽兴旺的地区唾手可得的肥料。

在过去的5000年中，其他一些障碍也阻隔了非洲腹地与外界的有益交流。或许，非洲还缺乏亚洲的那种植物多样性。如果非洲中南部最先生产出风靡世界的茶叶、咖啡、胡椒、肉豆蔻、丝绸、燃料，以及其他挑逗地中海沿岸人们的味觉、激起他们拥有欲的产品，那么非洲内部的地理障碍或许就不会显得那么重要了。毕竟，如果某种值钱的东西就在另一边，那么障碍根本算不上什么威慑。

很多个世纪里，亚洲同欧洲一样，对非洲造成了不小的影响。印度洋是通往非洲东部的主要门户，从波斯、印度、阿拉伯甚至是印度尼西亚群岛驶出的三角帆船等船只，经常会进入非洲东部的良港。它们在那里忙碌之时，这片土地连一个欧洲人都没见过。比如在第一艘葡萄牙船只扬帆经过时，波斯人早已在桑给巴尔岛上定居五百多年了。

那些矗立在世界交叉口附近的地区，有着自己的优势，可以受到新思想的激励，但也容易被新敌人摧毁。但非洲除地中海沿岸和东西海岸上的一些狭长地带外，其他地区都距离太远，根本无法受到激励。

贩卖奴隶

长期以来，非洲都在出口一种争议极大，但几乎在世界各地都有很高需求的商品，也就是奴隶。

需要首先指明的是，在其他很多国家和部落的历史上，奴隶制几乎具有同等重要的地位。古代中国拥有的奴隶达好几百万，直到1908年之后，将人口贩卖为奴的行为才在中国被禁止。印度在公元前后同样有过奴隶。而在哥伦布到来之前，美洲地区的很多部落以及某些国家也曾长期拥有过奴隶或半奴隶。欧洲的农奴制度同样是奴隶制的一种，而且一直在俄国延续到奴隶制在美国被废除的那个时代。

在希腊城邦中，奴隶的身影也随处可见。在罗马统治地区，数千个乡村地区的庄园里也可以看到奴隶。在丰收时节，每个奴隶实质上就相当于一把镐、斧头、铁锹，或者说临时工，在盖房、修路的队伍或者家庭厨房中，奴隶则是一双额外的手。只要奴隶们干得比吃得多，那他们就是有价值的资产。

在世界很多地区，战犯要么被杀死，要么被奴役，几乎是战争里的一条规矩。由于战争频仍，所以各国的新奴隶数量也非常高。毕竟，当奴隶总要好过当尸体这个选择。

早期的基督教，和早期的犹太教、伊斯兰教一样，都明白奴隶制是一项古老、有用的制度，不能轻举妄动。用21世纪那种有见地、有同情心的看法，当然解释不通为什么奴隶制能长久以来被理所当然地接受，但话说回来，这个新的世纪所继承的那些有关人类平等和尊严的思想，在此前的世纪中并不常见。此外，当代的发达国家对于奴隶制也没有经济上的需求。多亏了技术，它们现在拥有的不熟练劳动力非但不短缺，还有些过剩。而且，它们还有了一名不知疲倦的新奴隶——化石燃料。早期文明对此可是一无所知的。

早在欧洲船只开始从非洲贩运奴隶前，非洲人自己便已经在忙着从事奴隶贸易了。自1500年起，被卖到伊斯兰地区的奴隶数量可能要比被卖到基督教地区的还多，穆斯林是当时非洲主要的奴隶贩卖者。而且推测起来，可能早在伊斯兰来到这里之前，非洲就已经拥有活跃的奴隶贸易。

在非洲内部，很多人会被亲属贩卖为奴。有时是父亲把孩子卖了，有时则是兄弟把兄弟卖了。在那些后来于外国他乡过完一生的奴隶中，可能有一半早已被他们自己所属的部落或社会役使为奴了。奴隶一般都是欠了债、犯了罪、不合群或者造反的人，而战争中的俘虏也尤易沦落为奴。

16世纪时，大多数从非洲西部被出口的奴隶都是女性，一般会被卖到伊斯兰地区。一个世纪之后，大多数奴隶则变成了男性，会被欧洲人的船只运到美洲地区的基督教殖民地。葡萄牙人率先开启了向美洲贩卖奴隶的贸易——他们在自己位于佛得角群岛和马德拉群岛的甘蔗种植园中，已经在役使非洲奴隶了——英国和其他海上强国很快也加入了这项麻木无情但利润丰厚的贸易。非洲西海岸从塞内加尔河到喀麦隆的这一片狭长地区，提供了贩卖的大多数奴隶。在18世纪奴隶贸易如火如荼的年月里，每年约有10万名非洲人被卖到大西洋对岸。从亚马孙河口到牙买加和弗吉尼亚的一路上，随处都可以看到在甘蔗、烟草和棉花种植园中做工的奴隶，而他们与故乡的一别，也将是永别。欧洲人食用的大部分糖，都是由这些背井离乡的非洲奴隶种出来的。

坐着小帆船从非洲西部横渡赤道水域的航行，一定是场磨难。大多数奴隶常常是锁链加身，挤在甲板之下闷热无比的黑暗之中。他们的饮用水供应微不足道，他们此前也没有到过海上。而对那些欧洲船员而言，航行通常也充满了灾难性，很多都因热带疾病而丧命。

一代代的非洲裔美国人一出生即沦落为奴，而且他们也没有几种可以逃离这种命运的方式。拥有一个黑人母亲和一个白人父亲——父亲一般都是奴隶主或监工——基本上可以算是自由人。另一条逃出生天的路，就是真的逃跑了。很多奴隶因为害怕被鞭笞，或者正是因为鞭笞而选择逃跑。但大多数逃到附近的丛林或沼泽中的奴隶，最终又会自愿重新做回奴隶，因为在奴隶制之下，他们能获得稳定的食物、住宿，还能从同为奴隶的那些人身上获得一点宗教信仰的安慰。

在工作节奏、惩罚和回报方面，奴隶制就像是博彩，奴隶主、奴隶主妻子和监工（通常是黑人）的性情、奴隶工作地政府的法律及态度，决定了很多事情。在奴隶的待遇方面，几乎可以肯定地认为，美国要比巴西和其他地区做得好些，有些美国奴隶制的观察人士认同的一点是，在典型的棉花或水稻种植园里，奴隶居住的木屋至少与苏格兰和西西里岛那些穷人住的房子一样舒适。不过在木屋之外，他们就没什么自由了。

截至 1820 年，美国的各港口接收的非洲奴隶在总数上略高于欧洲的自由移民，但欧洲人因为有低死亡率和高生育率这点好处，所以构成了美国人口的大多数。19 世纪 20 年代之后，由于奴隶制的理念与合法性开始遭到抨击，非洲移民的数量才开始逐步下降。

从现实来看，此时的非洲似乎已经厄运缠身。一方面，它似乎被隔绝在世界其他生机勃勃的地区之外。另一方面，它在 16 世纪时的主要地缘卖点便是能提供数以百万计的奴隶，而且这些人业已习惯在热带的高温下工作，生活的地方距离美洲地区不断兴起的种植园也仅有一段短短的航程，但现在，奴隶贸易却岌岌可危了。

第二十六章

伟大的蒸汽

1801 年，记录年度事件的畅销书《年度纪事》曾宣称，刚刚过去的世纪是一个令人瞩目的世纪。科学与技术的跨越式前进，超过以往任何时候。虽然欧洲经常陷入内部战争，但也在忙着将科学、宗教和文明传播到最遥远的森林与峡谷中。这种对"地球上最遥远和鲜为人知的地区"的探索，是前所未有的。《年度纪事》声称，对知识的渴望已经取代对黄金和征服的渴望。长途贸易的增长同样前所未见。在熟悉的海路中航行的船只要比以前的那些快不少，就连从欧洲到印度的长途航行，也不再被人们视为大的磨难。

不过，虽然世界变小了，但即使是富人也不会为了寻找知识和快乐而不远万里，比如一位女王就很少会踏足她的王国之外，只有一些欧洲的传教士会远涉重洋，到异国他乡去工作。在东亚地区，一些朝圣者有时候会为朝拜宏伟的佛陀神庙而出远门，但是没有几个伊斯兰朝圣者会为了去麦加朝觐而长途跋涉。学者们——他们在每个国家的数量都不多——则留在家中，他们可以通过书本来了解世界。当年轻的伦敦诗人约翰·济慈写下"我在黄金的国度中游历无数，领略了许多美好的城邦与王国"时，说的就是在阅读中徜徉世界。那个时代，他从来没有远离过他的出生地。

当时的世界上游历四方最多的人不是学者和教士，而是普通的欧洲和阿拉伯海员——这些可以到处游走的人，是那个时代的空勤人员。但在1700年到1800年间，世界上最大的长途旅行群体，却恰恰是由那些根本不想旅行的人组成的，也就是数以百万计的非洲奴隶。他们要么作为俘虏被领着穿越他们自己的大洲，要么被船载着经过热带的海洋，去了美洲。

那时的世界，由成千上万个自给自足的小地区组成。就连离家在外过一晚上，也是不太寻常的经历，比如在中国、爪哇岛、印度、法国或墨西哥就是这样——澳大利亚及其土著居民倒不是——人们一辈子都生活在一个地方，吃的食物、用来做衣服和鞋子的原料，几乎都是产自当地。这里有着让他们兴奋或害怕的新闻和闲话，也让他们找到了自己的妻子或丈夫。

在海边或者深山里度假是属于未来的事情。当时的欧洲拥有的专业化旅游城镇只有温泉小镇，人们为了健康，会去那里饮用矿泉水。在这些"水城",游客们喝水要遵循严格的配方,而每天都有很多罐或杯的水根据配方被开出来。在19世纪早期,最国际化的温泉度假胜地可能是捷克的卡尔斯巴德(现名卡罗维发利),这是一个被陡峭的花岗岩山脉和松树林紧紧环绕的美丽小城,骑马到布拉格和莱比锡只需要几天。1828年时,每天平均有不到10位游客来到这里,为的就是喝点这里能治病的水。该城的主温泉至今仍然会源源不断地冒出热气腾腾的泉水,而且这水仍然有一股令人无法忍受的味道——当然,如果你有失忆症的话,回味时或许会觉得口感还不错。

但新时代的象征并不是温泉和度假胜地,而是工业城镇。在英国北部,尤其从18世纪80年代开始,出现了很多拥有精巧的羊纺或棉纺机器的工业区。外国的参观者对曼彻斯特、利兹、伯明翰等新兴工业城市所具有的活力惊叹不已,但在参观了工厂、矿山,数了数被雇用的童工之后,他们又大失所望。1815年,一位美国人曾描述了约克郡一家毛纺厂的情景,他注意到,有59名男孩和女孩在这里工作,他们每天早晨6点就要到岗,晚上7点才能下班。冬天,他们来时天是黑的,走时天还是黑的。其中年龄最大的孩子还不到10岁,每个孩子都脏兮兮的,沾满了处理生羊毛带来的污垢和油渍。与乡村养鹅或者挤牛奶的工作不一样,新工厂是个永不疲倦的暴君,需要孩子们一天到晚地工作,就算他们因为疲劳过度快要睡着时也不能懈怠。

蒸汽的骏马

　　新工厂里消耗的机械能量和人力让人大开眼界。通常，工厂机器的动能由安装在急流中的水轮提供，但最新的工厂开始越来越频繁地使用煤和蒸汽作动力，不过在一段时间内，轰隆作响的蒸汽引擎并没有表现出太多会让世界改头换面的迹象。

　　英国的矿井最先有效地利用了蒸汽这种驱动力。1689年，托马斯·塞维利在康沃尔郡的一座矿山里，利用燃煤制造出的蒸汽成功驱动了抽水泵。11年之后，一位名叫托马斯·纽科门的德文郡铁匠，制造出往复式发动机，最终可以实现一大群工人或马匹才能完成的工作量。苏格兰人詹姆斯·瓦特又进一步对这种机器进行了关键性改进。1769年，他制造出独一无二的冷凝器，利用这个令人叫绝的机器，同等重量的煤最终可以产生的蒸汽或能量是原来的三倍。在蒸汽引擎的发展中，几乎每一大步都是由足智多谋的英国人迈出的，目的则是解决在不断扩大的新工业领域中涌现出来的那些日常作业的实际问题。

　　但是直到其能量被应用到运输业后，蒸汽引擎才对商业世界产生了较大的影响。在英国北部，也就是新兴工业革命的中心地区，首先响起了蒸汽机车的轰鸣声。刚开始时，机车的烟雾和汽笛声惊到了很多人，也吓坏了在路边劳作和在附近草场吃草的马儿。但是，机车的速度和动力还是让第一批乘客惊诧不已，虽然他们被蒸汽和煤烟弄得基本上什么都没看到。

在陆路运输方面，这可能是自罗马的道路以来最主要的创新。即使火车是由马匹拉着在铁轨上走——匈牙利和美国最早的铁路车皮就套在了强壮的马身上——货物运输的成本也得到了极大的缩减。

1825年，第一辆蒸汽火车开始在英国的斯托克顿和达灵顿之间运营，主要运输的货物是煤炭等矿物。法国铺设第一条蒸汽铁路是在1828年，奥地利是1832年，德国和比利时是1835年，而到此时，第一辆火车也快要到达伦敦了。在欧洲和美国的乡村地区，浩浩荡荡地来了一大批铁路修筑工，他们用铁路的路堑、令人印象深刻的土石路堤，把原本未被打扰的地貌切割得七零八落。到19世纪50年代初时，连新世界的那些遥远地区也在修筑它们的铁路轨道了——埃及、墨西哥、秘鲁、巴西，还有澳大利亚东部。就连落后的俄国也决定应该修筑一条铁路，把首都圣彼得堡和内陆城市莫斯科连接起来。

在蒸汽时代到来之前，帆船或者轮车能准时准点到站是难以想象的事情。诚然，一辆四轮马车或许可以按时到达某座遥远的城市，但是在冬天的很多日子里，马车容易因为洪水、冰雪和浓雾而耽搁，就算天气好的时候，也可能因为某些繁忙路段的交通拥堵、马受伤等而受到影响。相比之下，火车抵达各站的时间通常可以精确到分钟。1838年，"时间表"这个象征着气喘吁吁的现代世界的新词，首先在英国被创造了出来。

不过，并非人人都对新铁路表示欢迎。很多乡下人看不出铁路有什么意义，因为他们认为自己永远不会有足够的钱来买张火车票。他们觉得火车经过时发出的声音震耳欲聋，会吓坏奶牛，让它们怀着的小牛犊早产。乔治·艾略特在她的小说《米德尔马契》中就曾写到了人们的恐惧："妇女不论老少，都认为坐蒸汽车旅行大逆不道，十分危险。"

但那些经历了铁路时代头30年的人们意识到，世界已经永远地发生了改变。小说家威廉·萨克雷曾在19世纪60年代初详细描述过这种变化的程度之巨——当时的英国刚刚成为世界上第一个布满了纵横交错的铁路网的国家。他认为，火车对于日常生活的改变是如此巨大，以至于铁路的路堤就像一堵堵墙，把过去和现在隔开了。他写道，爬上路堤，站在铁路线上，"看另一边——它已经不见了"。这之前，没有多少人曾远离过他们土生土长的村庄，但这种旧的生活方式现在已经消失。

黑色的蒸汽火车几乎不容分说地涌进了生活的方方面面。远方的新鲜鸡蛋和肉类来到了城里，城里的时尚也迅速传到遥远山谷中的布商那里。在大多数国家，一份全国性的报纸第一次成为现实，因为一辆疾驰的邮车可以在出版当天就把一捆捆报纸运到大多数城镇。而且，报纸的价格也便宜了，因为现在的报纸都是由德国发明的蒸汽印刷机来印制的。

从邮政到假期，再到战争，铁轨几乎改变了一切。1870年到1871年间，法国和普鲁士之间打了一场速战速决的战争，而这场战争在很大程度上就受到了普鲁士将领们组织能力的影响：他们用火车集结大批军队，然后把士兵送达法国边界的关键地区。结果，当普鲁士军人涌入法国之时，很多法国士兵还在家乡扣他们束腰上衣的扣子，或者和自己的女朋友依依惜别。

不过，蒸汽在改变海路运输方面，要比陆路运输慢一些。因为早期的蒸汽船都是木制的明轮船，只有既利用船帆，又用上烧煤的引擎，才能实现远洋航行。但到1840年，速度很快的蒸汽船已经开始经常横渡北大西洋，也正是在这时，大批欧洲移民涌入美国。著名作家查尔斯·狄更斯决定和妻子凯特一起访问美国后，于1842年1月在利物浦登上了他们的蒸汽船，但是当在海上遭遇了狂风巨浪时——两个人至少有五天时间都在晕船——他们不安地注意到，在夜里，高高的红色烟囱之上竟然飞舞着一团团火焰。在蒸汽船上，意外失火的可能性很高。

不过，蒸汽船有一个关键性的优势，那就是可以在无风的天气里航行，甚至能在狭窄的区域内逆行，或者沿着窄窄的运河航行——大型帆船可做不到这些。蒸汽船也让建造狭窄的苏伊士运河具有了可行性。这条运河最终在1869年连通了地中海和印度洋，让以前要绕非洲一圈的缓慢航程变得不再必要。印度与欧洲的距离突然被拉近了。通过苏伊士运河，从孟买到法国南部的海上航程缩短了56%。而且这个由法国人主动出钱资助的计划还带来了另一个结果，中东地区——曾经是已知世界的中心，后来成了荒僻之处——再次变得重要起来。而四十多年后，在伊朗发现的原油，又进一步提升了中东地区的重要地位。

蒸汽引擎还仅仅只是为交通的迅速变化起了个头。早期火车的驾驶员决定，他们需要一个跑在火车前面的送信员，而他们选择的就是所谓的"电报"——其英文 telegraph 由两个希腊语的词根组合而成，其中，tele- 指远距离，-graph 指书写。当时的电报系统通过一条单独的铁质或铜质的线，架在一系列高高的电线杆上，与铁路线并行向前。在电池的帮助下，电线可以把信号从一个车站传送到下一个车站。某个信号可能是提醒正在驶来的机车，铁路线已经被占用了；某个信号可能是告知一列火车可能坏在了路上，需要一辆机车来救急。世界上第一条公共电报线路，可能是1843年时沿着连接伦敦帕丁顿站和斯劳城的英国铁路线铺设的。

发明家很快就改进了首次运用在英国铁路上的电报系统。1844年，美国人塞缪尔·摩尔斯博士为华盛顿到巴尔的摩的铁路线创制了一个早期版本的摩尔斯电码。很多根本没有铁路通过的城镇间也架起了一根根电报线。到1849年，美国的电报网络总里程已经达到15000公里。

在大洋和海峡的底部铺设电报线路，是接下来的雄心壮志，而最受青睐的解决办法是把电线或者电缆用古塔波胶——从印度尼西亚群岛的某种树汁中收集而成的一种天然橡胶——包裹防护起来。1859 年，在英国和法国的海峡间，一条电报线路在海床上铺设成功。但要穿越北大西洋就有点挑战性了，1858 年，经过煞费苦心的努力，一艘深海船只终于在北大西洋海底铺设了一条电报线，引发了人们的极大喜悦。不过，它只传输了两个星期的信息。到 1866 年，穿越大西洋的永久电缆才最终铺设成功。这之后的 10 年里，陆上和海底铺设的电报线联合起来，几乎覆盖了亚洲、非洲和南美洲的所有主要城市。

到 19 世纪 70 年代时，电报线缆几乎已经覆盖了澳大利亚殖民地中最偏远的地区。它们迈着大长腿，跨过亚洲，然后经过陆地和海床，穿过印度尼西亚群岛，到达澳大利亚北部海岸上的达尔文港后，又继续向南沿着一系列的电线杆，穿过干旱的荒原，直抵南部海岸的港市阿德莱德。另一路电报线则穿过塔斯曼海的海底，架设到了新西兰。此时，从伦敦向澳大利亚和新西兰的任何一个遥远港口发送电报已成为可能。

如果运气好的话，一条信息可以在 24 小时内传到世界的另一头。1871 年 2 月 16 日晚上，是一个创纪录的神奇夜晚：一份电报从卡拉奇——当时属于英属印度，现位于巴基斯坦——经过中继站的传递，在 50 分钟内便被发送到了伦敦。与之形成鲜明对比的是，第二天的太阳要花大约 4.5 小时，才能跨越两地之间近 9000 公里的距离。因此，一位英国记者在报道这份史上最快的电报时，使用的标题就是《胜过太阳》。而同样的消息用邮船来递送的话，要花几个星期才能抵达伦敦。

人们似乎已经习惯了把这些影响深远的发明看作一两个鹤立鸡群的个人取得的成就。但实际上，发明既是个人之间的竞争，也是团队合作的结果。制造和改进蒸汽引擎、铁路、电报、钢铁生产和纺织机器的努力，发生在许多国家成百上千个锐意进取的工作车间里。有些重大的变革恰恰来自一大群现在早已被遗忘的人们的贡献。青史留名的发明英雄实际屈指可数。

在世界历史上，还从未有任何东西能像这条细细的线缆，在将所有地区连接到一起方面，产生过如此重大的影响，不但跨越干草原和平原、丛林和冰谷，还穿过了工厂如林的郊区和山中的村寨，甚至包括海底。1876 年，就在国际电报到达世界上最偏远的角落之时，电话在北美地区诞生，毗邻的商业机构现在还可以通过电话与对方联络了。当然，它们还没有办法直接拨通附近的电话，而是要依赖一大批在交换中心工作的女性，通过她们手动操控一排排的插头和开关，将一台电话与另一台接通。当这些女性晚上下班回家后，电话线便会沉寂下来。

不过，长途电话依然困难重重，声音常常会失真，还容易听不清。海洋对电话线缆造成的障碍还要更严重些。1891年，英国和法国已被海底电话线连接起来，但是更广阔的海洋对电缆而言仍旧不可逾越。有好几十年的时间，打长途电话仅仅是那些大型商业机构或高收入人士才拥有的特权。

冲向烟雾蒸腾的城市

家庭农场仍然是千百万梦想和希望的核心所在，尤其是在土地资源便宜又充足的新世界。在各国政府开始提供社会保障前的无数个世纪里，一座农场如果足够大的话，本身就是社会保障的主要形式。农场不但能提供食物、住所以及制造衣物的原材料，还能让一家人团结在一起，因为大多数子女在婚前都可以在农场生活和工作，而且父母年老之后，也可以继续在这里生活——如果他们能活到年老的话。从智利到德兰士瓦，很多国家那些艰难谋生的新农民虽然被干旱、虫害、债务和不景气的农产品价格打败了，但是当农民的梦想却仍然鲜活。

一段从 1820 年左右留传下来的文字，栩栩如生地描述了美国马萨诸塞州的农场。寒冬已至，在午后暗淡的阳光下，惠蒂埃一家的小农场上是一片忙碌的景象。女人们正在厨房里干活儿，老马在马厩里"嘶鸣着要吃玉米"，围栏里的牛群正在吃夏天晒好的干草，公鸡则伸着脖子啼叫，而外面东风正劲，预示着大雪将至。人们把锯成了根根条条的木柴跺起来，好在一家人快要结束一天的工作之后把屋里的火点上。这些简单朴素的场景，出现在约翰·格林里夫·惠蒂埃的诗《大雪封门》当中——这首诗大约在一个世纪之后才首次被印出来。

类似的农场景象，从俄亥俄州到瑞典再到西伯利亚地区都有，但惠蒂埃的诗却捕捉到了那种令人舒心的安全感，在无休无止的工作为他们提供了度过漫长冬日的一切所需之后，很多农民家庭都有类似的感受。他们就这样坐着，大叔抽着他的烟斗，母亲用手摇纺车纺着羊毛，大声地讲着故事，一直持续到夜里快9点。那时，他们就该上床睡觉了。

但即便就在惠蒂埃一家人坐在炉火边时，人类历史上最了不起的变化也已经在欧洲出现了一些苗头，而且这种变化至今仍在拥抱着一个又一个国家。在一些欧洲国家，大多数人已经不再从事农耕。英国和比利时两国可能开启了欧洲或者说世界历史的先河，不再需要大部分劳动力来生产食物。当时的英国，仅需要30%的劳动力继续从事农业活动。而在澳大利亚、智利和阿根廷，农村工业所需劳动力的比例同样越来越少。土地现在生产出了更多的食物——以及羊毛和牛皮——远远超出了人们所需。那种从大约一万年前出现并几乎传遍全球的生活方式即将被取代，不再是日常工作的主业。大多数农场现在的产出都远超过去，需要的劳力也更少了。

食物供应增加的一个简单评判标准就是，在18世纪的法国十分常见的严重饥荒，到1800年之后已经越来越罕见。19世纪40年代发生在爱尔兰和下莱茵河地区的食物短缺，成了西欧最后一次致命的饥荒。

还有一个趋势在欧洲也引人注目：人口的增长速度越来越快，超过自1000年到1250年气候温暖期之后的任何时期。瘟疫越来越少，如何抵御疾病的知识在不断增长。此外，在欧洲大部分地区，每亩农田为不断增长的人口提供了更多的粮食。1750年到1850年间，欧洲的人口猛增了80%。这个增长率是非常惊人的，直到二战之后才被第三世界国家更令人瞠目结舌的人口增长速度超越。

　　在欧洲地区，大多数城市都在扩张，有好几个甚至都可以和中国最大的城市匹敌。到1800年时，伦敦的人口已经超过100万。到1860年时，达到了300万——是到那时为止世界上出现过的最大城市。根据新世纪之初的一些估计，伦敦将会拥有近1000万人口，他们使用的小麦、黄油、果酱、培根、羊肉和苹果，不但来自英国本土的农场，还会从更远的地方由船舶运来。西欧的大部分人口增长都发生在城市之中。1600年时，欧洲人口超过10万的城市只有区区13个，但到1900年时，如此规模的城市已经达到143个。

　　这些越来越庞大的城市脏乱不堪，房子大多数也很小。即使到1850年，在世界上那些状况最好的城市中，大多数居所也没有干净的自来水可用。大城市通常都坐落在河边，煮饭洗衣的用水都要从被污染的河流或附近的水井中汲取。大多数人都是沿着街道用木桶把水挑回家中。由于水资源紧缺，所以浣洗衣物并不频繁。无论如何，人们还认为冲洗身体会使至关重要的油脂流失，从而让疾病入侵身体有了可乘之机。

污水被排入河中后，会流向下游，污染下一个城市的用水。恶劣的卫生习惯传播着致命的传染病。1823 年，俄国东部首先爆发了亚洲霍乱，9 年之后，该病的强大变种侵入纽约，大街小巷处处笼罩着紧张不安的气氛。霍乱还一次又一次地来到欧洲，每隔 10 年，就会用受害者填满许多墓地的边边角角。在 1892 年时，卫生状况较差的俄国曾有近 25 万人因霍乱死亡。

这之后，工程师开始不断修建水库，用来为城市供应新鲜淡水，还铺设地下管道、挖掘沟渠来排放城市的日常污水。此外，医学方面的进步也促进了城市中死亡率的下降。19 世纪 70 年代中期，德国细菌学家罗伯特·科赫取得了里程碑式的发现，那就是一滴口水中可能存在上百万个会导致疾病的微小细菌。1882 年，他在柏林宣布自己分离出了导致结核病的细菌——这种由古希腊人希波克拉底最先确诊的疾病，曾长期被称为"致人死亡的头号元凶"。

在蒸汽时代，旅行的便利也加速了医学发现的闪电式发展。科赫迅速赶到埃及，希望能研究那里最新爆发的霍乱疫情，但他抵达之后，却发现疫情刚刚结束。于是，他又乘坐一艘邮轮，借道新开掘的苏伊士运河，来到了霍乱的老家印度。1883 年，借助他那威力强大的显微镜，科赫最终发现了传播霍乱的杆菌。15 年后，在印度工作的医学官员罗纳德·罗斯也有了新发现，原来疟疾并非如传统上认为的那样，是通过沼泽的空气或者死水传播，而是通过一种他称为"斑翼蚊"的蚊子叮咬来传播的。就这样，他最终发现了所有热带疾病中最具杀伤力的疟疾的传播原理。

在欧洲的很多社会圈子里，死亡不再被视为上帝的安排，随时可能发生。而这种思想的转变，正是这个创新、自信、改天换地的世纪的写照。在很多圈子里，人类过于乐观地将自己视为未来的建筑师和创造者。在上帝的天堂里，上帝本人正遭受着工程师、船舶设计师、细菌学家、外科医生以及其他新技术英雄们的挑战，当然，还有众多政治领导人的挑战——他们向世人宣布，他们现在要解决长期困扰世界的顽疾了，其中就包括贫困和奴隶制。

第二十七章

一切会平等吗？

在某种程度上，废奴运动可以算作由具有同情心的人们牵头发起的平均主义运动。但要战胜奴隶主，却不仅仅取决于同情二字。大西洋两岸的废奴运动，越来越多地开始由那些富裕的国家发起，因为它们的财富中有很大一部分已不再依赖奴隶制。在18世纪90年代时，丹麦废除了其西印度群岛的奴隶贸易，大革命的法国也在其殖民地废除了奴隶制。对于这些欧洲国家来说，解放那些仍在各国热带殖民地劳作的奴隶要相对容易些，因为它们的经济发展对于奴隶工作的依赖性，已经远远低于美国。

美国开始集中全力推翻奴隶制则要晚一些。废奴的先锋是北方的那些富裕州，因为他们主要依赖的是钢铁厂等工厂、自由的农场和造船厂，不是奴隶。在它们的手中，美国日益成为强大的工业国，到 1860 年时，其钢铁产量——当时已是工业成就的晴雨表——已经位列世界第三，仅次于英国和法国。美国人现在已经有了废除奴隶制的本钱，只是政治和经济代价仍旧很高。主张废奴的斗士多为虔诚的基督教徒，很愿意为此付出代价，但事实上，真正的代价可能会由奴隶主自己和那些在经济上依赖奴隶制的州来承担。

美国已经禁止再进口新的奴隶，因此使得各种植园不得不依赖奴隶的子女来维持生存。在那些位于亚热带的南方各州中，奴隶的劳力仍被认为对日常生活有着至关重要的作用。1861 年，南方的 11 个州开始反抗，宣布退出合众国，成立自己的国家——美利坚联盟国。在这样的紧张局势中，亚伯拉罕·林肯宣誓就职为旧美国的总统。一个月后的 1861 年 4 月，南北战争打响，联盟国在南卡罗来纳州的萨姆特堡取得了首场胜利。

不过，林肯把他的国家带入战争，主要目的并非废除奴隶制。起初，他打仗是为了保全他的国家及其统一，阻止美国历史最悠久也最重要的那些州被分裂出去。他希望找到一个妥协的办法，如有必要，在国家维持统一的情况下，他将会允许奴隶制继续存在。林肯所期冀的，仅仅是让他的祖国免遭截肢的残酷。

现在看来可能有点奇怪，这位世界上最著名的民主人士在本该高举民主这个政治平等的大牌子时，竟然愿意容忍奴隶制那种残酷的不平等，虽然这并非他所愿。但其实，当时的民主制度还处于萌芽期，并未发展为现代的那种形式，相比之下，奴隶制则是历史悠久的制度。此外，美国是在联邦制基础上建立起来的国家，也就是说，各州通过统一获得力量，但可以维持各自不同的政治和经济制度。联邦制的精髓就在于敌对者和反对者能共存，而林肯必须巩固这种共存。1861年时，在林肯看来，南方蓄奴州的罪行，更多在于它们抗拒联邦制和合众国的存在，这才是令人难以接受的地方，而不是它们对奴隶制的支持。

这位废奴战争中的英雄，出身十分贫寒。1816年，他的父母举家从温暖的肯塔基州迁到了更靠北一些的印第安纳州后，成了那里的小农场主。亚伯拉罕·林肯当时年仅8岁，但已经学会使用斧头，可以熟练地从事一些辛苦费力的工作，比如把树砍倒之后，劈成一块块的栏板。那个时代的北美洲平原上，成千上万道简单的农场护栏就是用这样的栏板修建起来的。当上律师后，年轻的林肯步入政坛，并被他的支持者称为"劈栏杆人"，但是让此时的林肯感到更自豪的，是他为自己赢得的教育，而不是他作为劳动者的早年人生。

他的父母是所谓的"分离浸信会"信徒，这个教派是在北美兴盛起来的众多新教派别之一，和教会中的大多数信徒一样，他们也反对赛马、跳舞、饮酒和蓄奴。而他们反对奴隶制，不仅出于宗教原因，更是因为这关系到他们自己的经济利益。在肯塔基这类蓄奴州，林肯一家和很多其他白人小农场主举步维艰，无力同那些雇用了便宜且不平等的奴隶劳力的大农场主竞争。

和民主制度下的多数政治家一样，林肯要想获得成就大事所需要的民众支持，就必须随大流。所以在奴隶制的问题上，他才会顺流而游。尽管他对于奴隶制有着明确的观点，但并非黑人和白人权利平等的拥护者。

1862年，林肯支持了"为人类的福祉"在非洲为黑人单独建立一个国家的主张。黑人领袖拒绝之后，他接受了他们的意见。但一年之后，他才最终赋予那些生活在北方各州的奴隶自由人的身份——当然，这里的自由仍然是纸上谈兵，林肯并没有废除南方各州的奴隶制；事实上，只有修改美国宪法之后，奴隶制才能被废除。

葛底斯堡大捷之后不久，合众国阵亡将士的遗体被重新安葬在了一座干净整洁的战争公墓中。在1863年11月19日举行的落成仪式上，林肯专门为葬礼穿了一套新的黑色礼服，戴了一顶高筒的男士大礼帽，让他比实际看起来还要高。帽子上围着一条悼念的黑纱，不过这并不是为了缅怀那些战死的士兵，而是纪念他最近刚刚患病不久便离开人世的幼子威利。在听完一段长长的演讲之后，林肯起身发表了他历时仅三分钟的演讲。

如果他知道自己的演讲将会流传下来，估计会感到非常吃惊。毕竟，这篇演讲只有寥寥几句。不过，它确实有一种不朽的意义，其结尾的句子至今仍在被人传颂："我们要在这里下定最大的决心，不让这些死者白白牺牲——我们要使国家在上帝福佑下得到自由的新生——要使这个民有、民治、民享的政府永世长存。"

林肯在国家统一这个问题上的坚持，后来将会在人类拓展自由的历史上产生比他的废奴运动更加深远的影响。如果19世纪60年代之后，美国分裂为了两个毫无共同语言的国家，那么北美地区在全球事务中的影响力将会大大削弱，第二次世界大战的结果可能也会完全不同。

1865年，就在这场持续四年的内战迎来胜利的曙光之前，正在华盛顿一家剧院怡然自得地观看演出的林肯遇刺了。不过，奴隶制在美洲地区已经在劫难逃，一年之后，便被美国废除，而且在古巴和巴西同样日益受到挑战。再没有新的奴隶从非洲来到这里，新出生在奴隶家庭的婴儿也被宣布为自由人。1886年，古巴最终废除了奴隶制，两年之后，巴西的最后一位奴隶也得到了解放。但是，在非洲的很多国家以及亚洲一些零星地区，奴隶制仍然存在着。比如在毛里塔尼亚，奴隶制直到1980年才在这个非洲国家风沙掩盖的平原上被废除。不过，即便到了20世纪90年代，在世界各国不断谴责的情况下，奴隶制仍在某些地方继续苟延残喘着。

中国的起义

在1815年到1914年间这段漫长的和平时期内，世界上发生了两场最为致命的战争，但它们不是国家之间的，而是国家内部的战争。这两场战争都发生在重要的国家，因此最终的结果对全球力量的均衡造成了巨大的潜在影响。这两场战争中，美国的内战人尽皆知——电视和电影不断上演着、纪念着——但另一场战争，也就是太平天国起义，在中国之外却并没有多少人知道。美国内战中有超过 60 万人死亡，但发生在中国的那场战争中，死亡人数可能超过了 2000 万，比第一次世界大战造成的人员损失还严重。

这场普通农民发动的起义，是人口剧增、土地稀少的情况下，一次争取平等的反抗。当时，大多数中国农民的营养和居住状况，还不如美国的大多数奴隶。但贫穷和艰苦并不必然会导致起义，不然的话，世界历史将会只由一连串的反抗构成。这样的起义还需要火种，而点燃它的人叫洪秀全。

如同中国那些聪明的年轻人一样，洪秀全也有着远大的志向，但是在 1828 年到 1843 年间，他先后四次在科举考试中落第，未能如愿当上光耀门楣的大官，最终只做了一名私塾先生。后来，这位倍感挫败的老师受到一位美国南方浸信会传教士的感召，不知不觉地重新燃起了心中的熊熊烈火。接触到基督教教义后，他用中国的爱国主义对其重新进行包装，开始带领人们走向"太平天国"。因此，后来他领导的起义就被称为"太平天国运动"。

洪秀全的军队在乡村地区到处传教，大受欢迎，所以注定会赢得早期的胜利，因为当时的政府虽然也在集结兵力，却有如一团乱麻。让洪秀全喜出望外的是，他的军队攻下了一座又一座的大城小镇，总数可能有六百多个，他的兵力后来增加到了近 100 万。

这位半路出道的神学家和军事将领将儒学和基督教结合起来，创立了一套自己的思想。而且，他的思想中还包含了一部分平均主义。如果当时洪秀全控制的不是城市，而是广大乡村地区的话，他可能会大规模地重新分配土地，建立起类似公社的组织。但是转折点出现在了 1856 年。由于私人恩怨和内部清洗，起义军的高级将领阶层发生了分裂。自此之后，太平军就没再取得太大的胜利。

1864 年 6 月 1 日，在经历近 14 年的沙场奋战后，洪秀全意识到失败已在所难免，便于当日服毒自杀了。不过，太平天国起义却撼动了某种似乎原本无法撼动的东西。这之后，一系列中国知识分子和异见人士在头脑中更加坚定了起义反抗的念头。比如洪秀全树立的战斗榜样，就曾深深影响了民族主义者孙中山博士。半个世纪之后，正是他推翻了中国皇帝的统治。就连后来结束了国民党在大陆统治的中国共产党，一定程度上也曾受到洪秀全掀起的这场风暴的影响。

社会实验的时代

平等这株植物的种子深埋于地下已有几千年之久。那些被称为斯多葛学派的希腊哲学家曾强调，所有人类，无论是奴隶还是自由人，都拥有理性思考和展示善意的能力，而正是这些特质将他们与其他造物区别开来。罗马帝国和其自然法的概念就曾强调过普通权利，在212年时，大多数罗马帝国的自由人在法律面前都是平等的。

这类平等的理念，在中世纪时虽然影响甚微，但在文艺复兴和宗教改革时期却再次复苏——前者注重的是人的个体性，后者则坚持认为所有虔诚阅读《圣经》的人，都有权利自己来解读上帝的旨意，甚至有权利成为自己的祭司和牧师。对平等的强调，带来了对人人都有权接受教育的重视。在新教的土地上，拔地而起的学校认定每个孩子都有潜力，而解开它的钥匙就是阅读和书写。美国的民主在很大程度上也要归功于成百上千位有文化修养的人，他们管理着自己的教区会众，相信他们在当地的议会中也应有一席之地。

在19世纪后半期的欧洲，经济平等的强烈呼声在某些年里越来越高，尤其在城市中更为响亮，因为在城市里组织非官方的抗议活动要比在农村地区容易些。对平等的呼吁，还受到财富两极分化的刺激。君主、贵族、大地主和商人常常公然炫富，而一生中累积了巨额财富的工厂主们的崛起，则让人们更深刻地意识到，他们的财富都是由当代工人的血汗创造的。在经济不景气的年份中，上升的失业率进一步刺激了经济改革的要求，而原因就在于，在大城市中失业更让人感到无助，反倒在农村地区，人们至少还可以捡拾柴火，求亲戚接济食物或提供庇护。

多数声势浩大的抗议都发生在城市中，在革命集中爆发

　　　　　　　　　　　世界简史

的 1848 年，它们几乎已经接近成功的边缘。虽然很多早期的抗议只不过是在食不果腹的年份里索要点便宜的面包，但新的改革运动却通常十分全面和成熟。后来缔造了共产主义的两位德国青年卡尔·马克思和弗里德里希·恩格斯，深刻地洞察到了发展迅速的欧洲经济的某些走向。马克思敏锐地预言，在工业国家中，新机器和技能将会创造庞大的财富，而贫富之间的鸿沟也会进一步加深。到 1875 年时，他已经成为平等的积极倡导者："各尽所能，按需分配。"

行动的必要性，根本用不着经济改革者来指出。在意大利，一群小娃娃在冬天的时候只能赤脚走路；在德国的大城市中，很多家庭只能挤在一间屋子里生活；在俄国，无数家庭在冬日的严寒中只能瑟瑟发抖，因为他们找不到足够的燃料让火一直烧着。在 19 世纪 80 年代的某些年里，工业城市的失业率超过了 10%，而大多数失业人口都是那些干了一辈子艰苦工作且非常想继续工作的人们。经济繁荣和衰退的缓慢交替，已经成为工业化欧洲的一个经济特征，失业率水平像悠悠球一样上上下下。

起初，对平等的要求更多出现在政治生活中，在经济方面要少一些。因为比起追求选举权，要求所有土地在穷人和富人间平均分配，有着更强的革命性。不过，即便是选举权，在当时的欧洲也算罕见。1800 年，全世界仅有很少一部分国家拥有议会，而且它们所能行使的权力也只是一星半点，至于被允许在选举中投票或者参与为数不多的几个议会的公民，数量就更有限了。英语世界率先组织起了核心内阁制政府，但是泰晤士河边上那所谓的"议会之母"，比起19世纪早期的美国，显然在民主程度上还差了很大一截。

19世纪50年代晚期，五个澳大利亚殖民地中的三个成了政治实验室，殖民地中的每个人都拥有选举权，包括不记名投票和竞选下议院席位的权利。当时的五个欧洲大国——英国、法国、德国、奥地利和俄国——在追求和实践民主方面，落在了澳大利亚、加拿大和美国的后头。

19世纪接近尾声时，新西兰和澳大利亚仍然是推行民主的先驱。事实上，选举权的普及和议会付费议员的实践，直接导致澳大利亚昆士兰在1899年12月选出了世界上第一个工党政府。这场选举，预先让人们见识了后来大多数欧洲国家由社会民主政府轮流执政的那个时代。

女性也尝到了平等带来的新甜头，不过她们的选举权来得就有些慢了。1869年，美国的怀俄明地区率先赋予女性选举权，而这场激进改革的目的，则是希望能吸引更多的女性能到这个枪支泛滥、男性荷尔蒙过剩的地区定居，为这个地处边陲的社会带来一些温柔的风气。一年之后，临近的犹他州也开始允许女性投票，但是犹他州总体上由摩门教徒组成，很多一家之主娶了好几个妻子，所以不太好轻易把这里归为女权主义的天堂。新法律的实际效果是，常住的摩门教家庭获得了更多的票数，而那些新迁入犹他州的人却吃了亏。

医学院录取女性，也是大胆的一步。在美国，痴迷于学习医学的伊丽莎白·布莱克威尔小姐，在雇用多位私人家教之后，最终在1847年11月，也就是她26岁时，被纽约州一座小镇上规模不大的日内瓦医学院录取。不过，说她取得了胜利还为时尚早，比如刚入学时，她曾被禁止参加实践课，在男性在场的情况下观摩人体。后来，她最终在纽约开办了一家医护所，专门为贫穷的女性服务。

一代人的时间过去之后，除女教师外，欧洲的职业女性仍然凤毛麟角。第一位赢得世界性声誉的女科学家可能是玛丽·居里。1898年，这位出生在波兰的物理学家，在法国首创"放射性"一词，来描述她的一项发现。在那个时代，全世界还没有女性议员的存在，虽然世界最庞大帝国的首脑维多利亚女王已经统治了63年之久——她的"任期"之长，是此后任何民主国家的女性首脑都未曾经历过的。直到1924年，尼娜·邦在丹麦宣誓就职后，世界上才出现了第一位女性内阁大臣。

福利国家在西欧社会的萌芽，是平等潮流的另一个征兆。既然一国的所有国民都值得珍视，那么在他们生病、年老、永久性失业或者陷入极度贫困的时候，政府不应该照顾他们吗？19世纪80年代，德国的俾斯麦创建了国民保险制度，到1900年时，在丹麦、新西兰和澳大利亚的部分地区，养老金也已就位。迫于工会的压力，澳大利亚大胆地引入了工厂工人基本工资的概念。其他一些国家则对税收制度进行改革，降低低收入群体的所得税，提高高收入者的纳税额。毕竟，总要有人来为福利埋单，而有钱人成了更受欢迎的选择。

但即使在那些繁华的城市中，如果以今天的标准来衡量，很多有固定收入的家庭也活得战战兢兢。在英国的约克郡，处在收入阶梯底端的一家五口人，根本买不起啤酒或烟草这类奢侈品，也买不起一份半便士的报纸或者一张寄信用的邮票。他们每周的收入，都不够往教堂的捐款盘里扔一枚小小的硬币，所以他们也没有能力给孩子买一份圣诞礼物，除非礼物是他们亲手制作的。有时候，他们在星期天还有衣服穿，但到星期一早上，却不得不把衣服拿到当铺去，好在发薪日到来前有足够的钱买食物。对于很多家庭来说，挣钱养家的人一旦遭遇工伤或者得了什么病，收入的断档将会造成很大的打击。如果丈夫不幸去世，那么寡妇还得把房子租出去——如果有空闲房间的话——或者接些洗衣服的活儿来做。运气好的话，她会有可能改嫁。

令人欣慰的是，一般而言，这些家庭的生活水平，要比他们的祖父母生活在乡下时要高一些。此外，他们的寿命也更长，生活也更舒服，而且更多的教育也让他们受益不少。

对平等的呼声越来越强烈，主要体现在为所有儿童争取基础教育的目标和每个年轻人都应志愿服役的原则上。此外，对平等的要求还闯入了宗教领域。自此之后，大多数政府都对官方宗教的信仰者给予了极大的优待。在英国，最晚到 1820 年时，法律还在强调宗教的不平等。因此，天主教徒和犹太人不能投票或参加议会，浸信会教徒和大多数卫理公会派教徒也不能在大学执教。不尊奉英国国教的教徒，不能在他们自己的教堂内结婚，婚礼也不能由他们教派的牧师来主持。不过，远在这个世纪结束前，不列颠群岛内的所有宗教信奉者在大多数方面已经实现平等，只是并非所有的欧洲国家都这样罢了。

席卷欧洲的平等运动，让人们对世袭权力日渐产生了质疑，并且越来越倾向于某种形式的共和政体。多个世纪以来，威尼斯一直是一个强大的贵族共和制国家，但是强大的美国和南美洲一系列新兴共和国的崛起，却预示了全世界即将迎来一个更加共和的时代。废除君主制后又复辟的法国，终于在1870年彻底变成共和国，而可能是世界上君主制度延续时间最久的中国，也在1912年成立共和国。在大多数欧洲国家中，被剥夺了大部分权力的君主政体，似乎仍有可能继续下去，但是第一次世界大战末期发生的动荡，最终推翻了欧洲三个强大的君主国，而且此后它们也再未恢复其统治。一战之后，欧洲大多数新成立的国家，都选择了共和制这一政体。

那些平等的瓶子

对于平等的渴求，是时代的特征，但是平等却被贴上了标签，在形状和大小各异的瓶子里兜售。有些贴着平等标签的瓶子里，盛放着的是还起着泡的新酿的不平等。国家主义就是这些瓶中的一个。尽管一国的每个公民在同胞的面前可能会感到某种团结和平等，但这种平等却很难推及其他国家的人身上。虽然人们更加强烈地意识到了平等的重要性，但并不总是能把它扩延到其他社会阶层的人身上，也很难平等地对待新移民。

对平等的兴趣有时候还会和对种族的关注发生冲突，很多欧洲人对此感同身受。19 世纪后半期的典型特点之一，就是对种族问题的强烈好奇，而造成这一点的因素则是多方面的。在这个世纪中，人们热切地探索着有关人性的一般规律，并且坚信可以发现这类普遍法则。与此同时，那些长久以来无论在地理还是文化上都各自孤立的民族，突然间开始频繁交往，进一步凸显了本已存在的明显分歧——可能要比今天存在的差异还大。有关种族的评论，多数是中立的，但也有一些极具攻击性。

西欧的人们醉心于他们在蒸汽和义务教育时代所取得的进步。站在他们那高高在上的平台之上，很容易觉得他们无论是智力还是身体，天生就高人一等，而且以后也会是如此。他们的文明程度远在非洲中部地区甚至是中国之上，这一点他们毫不怀疑。的确，在物质层面上，他们是跑在了前面。

很多相信自己所属的那一支欧洲文明有其特殊之处的人们，多数是浪漫主义者，内心层面通常慷慨大度，很多还急于把他们的文化输送给各自殖民地中的有色人种。然而，这种汹涌澎湃的种族和国家主义思潮可能引发多么严重的危险，欧洲任何地方的人们几乎都没有意识到。

犹太人最终会悲剧地成为这种思潮的受害者，但1900年时，在俄罗斯帝国之外的其他地区，并没有多少迹象表明这类思潮必然会带来恶果。在很多欧洲国家，犹太人第一次被准许在公共生活中抛头露面。事实上，当时的德国还被视为一个相对友好的国家，几千名犹太人移民到了德国城市，不但为那里的职业和思想生活增色不少，还成了音乐、绘画、写作领域的翘楚，并且修建了气派的犹太教堂。

犹太人主要聚居于欧洲的中部和东部。在波罗的海到黑海间一片绵延超过1200公里的广阔区域中，犹太人平均占了每个主要地区总人口的10%。俄国控制着这片区域的大部，但和其他多数欧洲国家不一样的是，俄国严格限制着犹太人的权利，比如他们只能居住在特定地点，也就是所谓的"栅栏区"，而且不能从事某些职业。

作为一个特别的民族，犹太人很容易辨认，因为他们会在星期六做礼拜，而且在宗教上，他们说和写用的都是自己的希伯来语，在日常交谈中使用的是中世纪德国的方言意第绪语。在某些欧洲的圈子中，他们成了基督教偏见的靶子，被认为是那些据称把耶稣钉死在十字架上的人的后代。有些欧洲神学家和知识分子甚至还宣称基督根本不是犹太人。

作为银行家和放贷人，犹太人也十分显眼。有些反犹主义，尤其是在那些失业严重的年份里，还带着经济方面的怒火。这样的情绪直接指向了在某些地区占少数的犹太富人，或者针对的是在一些东欧国家的小城镇做放贷生意的犹太人。

19 世纪后期，无论在艺术、科学、医学还是法律领域，犹太人的显要程度都远远超出他们在西欧国家的人口数量上所占的比例。在英国，人数无几的犹太人在政府中获得了高位，比如 1874 年到 1880 年间担任英国首相的本杰明·迪斯雷利。这位口才极好的保守派人士，是意大利和葡萄牙犹太人的后裔，他父亲在年轻时还经常会去犹太教堂。

平等思想慢慢获得了人们的推崇，但生活在非洲和亚洲的几亿人却未从中获益。欧洲大部地区争取来了平等和自由，但与此同时，其他大陆的部分地区却失去了一些自由。现在，有太多的亚洲和非洲民族都被万里之外的欧洲君主和议会统治着，所以在开罗、塔什干、上海或者加尔各答讨论平等的问题，着实难以令人信服。在人类历史上，平等思想可能首次作为一种美德，受到了人们的广泛赞颂，但具有讽刺意味的是，世界上仍有几亿人生活在欧洲国家的殖民统治之下，而在宣扬平等方面走在前列的，也是这些国家。

第二十八章

探索全球

在 1900 年的缅甸，仰光河附近的普通商家都知晓欧洲发生的事情。非洲村落的学校老师也对中国有所耳闻，虽然他们的奶奶辈可能听都没听过这个国家。有关那些遥远国家的知识概要，现在已被列入无数学校的课程中。彩色的世界地图成了寻常事物。在拿破仑时代的欧洲，是不是有一小群人见过世界地图都很难说，但一个世纪之后，大多数欧洲的学生都已经见过这种地图，甚至还能背出每个大洲上那些河流山川的名字。

这是全球探索的最后一个时代。19 世纪的几乎每一个十年，都有一次重要的地理发现：尼罗河源头的发现；第一次登上马特洪峰以及其他曾被视为不可攀登的高山；亚马孙河、密西西比河与刚果河源头的发现；对澳大利亚大陆上被太阳炙烤的内陆地区的探索；在格陵兰岛发现的世界最大冰川洪堡德冰川（一译汉博尔德冰川，译者）；在新几内亚密林之间的河流中溯流而上的航行。南极仍然是为数不多的几个尚未有人踏足的地标之一，直到1911年，挪威探险家罗尔德·阿蒙森才成为第一个到达南极的人——比死在冰天雪地中的英国人罗伯特·斯科特只早了五个星期。很多这类遥远的地标早已被各地区的土著民族发现，但现在才被欧洲人的后代发现和测绘。欧洲人搞清了它们的位置，并将其印在地图中。

还有一些走得很远的人，为我们带来了对世界漫长历史的新见解。19世纪30年代时，查尔斯·达尔文乘坐一艘英国海军船缓慢地环游了世界，到达了那些很难进入的地区——如东太平洋上的加拉帕戈斯群岛——掌握了很多新情况，并最终让他在1859年首次发表了生物进化理论。

在东南亚的海峡和海岛中，另一位英国自然学家也独立发现了达尔文的理论，而且还推测，有一条令人惊讶的分割线，隔开了众多动植物物种的栖居地。这个人就是阿尔弗雷德·罗素·华莱士。这位教师兼考察者，在25岁左右爱上了自然科学。为收集外国的珍奇鸟类——部分是为供那些希望待在家里不动的欧洲收藏者消遣——1848年，他决定前往亚马孙河流域收集并保护它们。但在返航时，他乘坐的船失火，导致他的很多标本和动物学笔记一起葬身火海。

但华莱士并没有气馁。他再次出发来到印度尼西亚群岛，并且从一个岛到另一个岛，挨个收集所有花花绿绿又不同寻常的活物。1862年时，在收集和观察工作基本结束后，他首次携带着活体的极乐鸟回到欧洲。他的火眼金睛和博闻强记，让他根据大量事实总结并证明了在东南亚和澳大利亚之间，有一条幽深的永久性海上分界线，尤其是在巴厘岛和龙目岛之间更为明显，这就是现在所谓的"华莱士线"。

但当时的人们还没有意识到，海洋中还有一个新层面在等待着探索。虽然人类的双眼能看到地球上最高的山脉（至少在大晴天时），却看不到海床上那些连绵起伏的山系，因为海水把光线挡住了。即使那些受过教育的人，也没有几个知道全世界的海洋面积是陆地面积的两倍多，更没有人知道深海之下还存在着一系列山脉。英国装备了木制皇家海军舰艇"挑战者"号，试图探测那些世界遥远地区的海床。"挑战者"号于1872年出航，并有计划、有步骤地将一条长长的线缆抛入水中，测量海洋的深度。它的第一项重要发现是大西洋表面的深海之下有一系列蜿蜒曲折的山脉，沿海床向大西洋的南北轴线延伸。而且，在整条大西洋中脊上，并没有哪处靠近美洲和非洲大陆。

1874年，"挑战者"号又进一步冒险向南航行，成为第一艘跨过南极圈的蒸汽船。通过挖掘冰冷的南冰洋海底，船上的科学家发现了已被冰川打磨光滑的陆地岩石。这一发现，成为到那时为止最具说服力的证据，确凿地证明了地球南边还存在一块庞大的大陆板块——南极洲大陆——而不是只有一小片陆地或者一系列岛屿。

海洋下面仍然隐藏着许多秘密。那些如今相距遥远的大洲，曾经是连在一起的吗？德国有一位年轻的气象学家叫阿尔弗雷德·魏格纳，他远赴格陵兰岛考察之后，做出了一项具有深远意义的决定性结论，就是他在1912年创立的大陆漂移说。该学说指出，最初世界上只有一块巨型大陆，热带的非洲和南美洲曾经连在一起，但南北美洲之间并非一直有连接，喜马拉雅山脉则是大陆板块缓慢碰撞产生压力，进而导致的隆起。而且，现在各块大陆的位置也不固定，而是在缓慢拉远或者靠近。不过，他这些绝妙的理论在当时被认为荒谬至极，直到去世很久之后，也就是20世纪60年代，才获得了广泛尊重。

随着对地球的认识不断拓展，加上浪漫主义运动的影响，人们意识到世界上还有这许许多多陌生的地方，而在那些自然爱好者看来，它们无一不充满了令人惊叹的魅力。古希腊人曾经尽数过他们眼中的世界奇迹，其中几乎大部分都是由他们的艺术家和建筑师创造的，而且仅仅局限在雅典和亚历山大城等城市的小范围之内。但1900年时，很多旅行者已经不再偏好希腊、罗马、中国和印度那些恢宏建筑，转而开始倾心于大自然的神奇造物。有些人把目光对准了尼亚加拉大瀑布、瑞士的阿尔卑斯山、喜马拉雅山、香港岛的港口、开普敦的桌山、加利福尼亚州约塞米蒂国家公园里的参天大树、新西兰的米尔福德峡湾、缅甸泥泞的伊洛瓦底江，而其他人则收集了一套套彩色的明信片。当时的人们要比现在乐观多了，并没有意识到有一天这些奇观可能陷入危险的境地。

很多幸运的旅者看到新西兰北岛上的火山台地和岩石台阶后，感到惊叹不已。其中一块宽阔的台地呈细腻的粉色，上面还有粉色冰柱似的水晶。英国历史学家詹姆斯·安东尼·弗劳德曾在 1885 年时惊讶地描述过其他台地的水域："水呈现出的是某种我之前从未见过，而在此生也不会再见的色彩。"既不是紫罗兰色，也不像风铃草的蓝——都是他喜欢的花——更不是宝石蓝或宝石绿。这位英式散文的大家坦诚地说，他根本找不到可以表达这种"超自然之美感"的语言。但一年之后，这些粉色和白色的台地，却被周边火山喷发出的岩石、灰尘和热岩浆彻底摧毁了。

1901 年，在澳大利亚中部远离铁路的干旱地区，一条神奇的线将 20 世纪和游牧时代拴到了一起。鲍德温·斯宾塞和弗朗西斯·詹姆斯·吉伦教授用最早一批摄像机拍摄下了澳大利亚土著居民的舞蹈，并用蜡筒留声机录下了他们摄人心魄的歌声。由于这些博学多识的访问者并没有电池或者电源，所以他们必须不停地旋转摄像机的手柄来提供动力。此外，他们还不得不把笨重的摄像机长时间地固定在同一位置上，使其能一直朝着一个方向录制。斯宾塞后来决定将镜头转向一群正在古老的求雨仪式上跳舞且全身几近赤裸的男性，尘土在他们赤脚的踩踏之下四处飞扬。然而，这些机灵的舞者对给后代留点什么并没有兴趣，而是突然开始"快速拉成一个宽大的半圆"，慢慢地跳出了摄像机的视野之外。结果，前面拍的那些影片大部分也都浪费了。

这是一个了不起的场合和时间信号。这群跳舞的土著人代表了那种曾在公元前 10000 年时主宰整个世界但现在却正在消亡的生活方式，而当面对科技方面的最新发展时，他们仍然留存着一种理念，那就是他们手中握有打开宇宙奥秘的钥匙，而不是那些陌生的闯入者。跳舞时，这些技艺高超的模仿者，用声音模拟着鸻鸟的声音，认为他们模仿的鸟叫声，可以引来降雨，滋润干枯已久、尘土飞扬的大地。

在这个不断变小的世界里，曾经在地球上强大无比的狩猎者和采集者，现在却只有少数幸存下来。这是一群极端的失败者，虽然他们的大多数后裔，可能会因为重新融入一个更为宽广的世界而获益良多，但是那些首次面对这种崭新、强大又难以理解的欧式生活方式的一代人——他们自己的生活方式与此有着那么多年的差距——只能感到无尽的困惑。他们在自己的土地上已经生活了上千年，他们的未来看起来似乎也会永恒不变。在这一意义上，他们有着无比的荣幸，比其他任何人类社会都更长久地保持了一种传统的生活方式——一小群人奢侈地拥有着无限又时常美好的天地。但到最后，旧式的游牧生活却消逝了，而促成这种改变的原因，则是游牧生活的效率低下，以及王公贵族们霸占了世界上最稀有财富，即用来种粮、建屋的土地。

人类的物质进步和人口数量在过去一万年中的增长，主要是源于对土地、植物、动物和原材料的熟练和创新应用，而其中又有很大一部分是因为对耕地和牲畜用地的集约型使用。现在，在澳大利亚和北半球那些银装素裹的边远地区，还有非洲南半部那些干旱少雨的角落里，最后的游牧民族正在被无可争辩的胁迫感——有时还有暴力因素——要求着：要么让开，要么加入。可是，当他们缺乏让这种参与更加容易的技能、态度、价值和诱因的话，能怎么加入呢？

海上之毯

新的海运路线连接起了各大洲，而连接的速度和安全程度也是前所未见的。航运变得廉价起来，运输货物的费用大幅削减。煤炭、小麦、棉花、生铁和石油这类大宗货物，可以以极低的价格从世界的一端运到另一端，但几代人之前，只有胡椒、象牙和黄金这样的珍贵商品才能承担得起长途航运的费用。合恩角上那些灯塔守护者的孩子们，如果对过往的船只感到好奇的话，在天气情况较好的时候，还能看清一些零散的船。这些有着壮观、高大的桅杆的船只，正要把智利沿海干旱地区生产的硝酸盐作为备受珍视的肥料，一路运到德国去。他们或许还能看到船舶从澳大利亚出发，载着一捆捆羊毛到英国去，或者从美洲的西北海岸把俄勒冈的木材运往欧洲——巴拿马运河现在是一条横穿美洲的绝佳捷径，但它的建成却也是 1914 年以后的事了。

自由或者半自由的人口迁移也呈现出了前所未见的巨大规模，无论是德国人和爱尔兰人一窝蜂地跑到美国，意大利人和伊比利亚人移居到南美洲，还是日本人到夏威夷，英国人到加拿大和新西兰，中国人到马来半岛和爪哇岛，威尔士人到巴塔哥尼亚，或者印度人到斐济岛和纳塔尔。

　　文化载体也以前所未有的数量跨越着世界的千山万水。男男女女的基督教和医疗传教士涌入中国、印度、德属西南非洲、法属印度支那以及任何他们被许可进入的地区：实际上，在欧洲的鼎盛时期，他们几乎被允许进入世界的所有地区。探索非洲的著名探险家苏格兰人大卫·列文斯通，曾在磨坊帮工，后来成了基督教传教士，而出生于法国阿尔萨斯的医疗传教士阿尔伯特·施瓦茨则把毕生精力奉献于救治加蓬的麻风病人和昏睡病人。而像在夏威夷救治麻风病人时去世的比利时神父达戴梅恩这类传教士，在那个还不太认同把著名足球运动员奉为偶像的时代，都成了民间英雄。音乐家们也开始到世界各处奔波，比如在世纪之交时，年轻的意大利男高音歌唱家每年都会在布宜诺斯艾利斯、纽约和欧洲的各大歌剧院演出。全球性的帝国，方便了人们在世界范围内铺展自己的职业道路。

　　在 20 世纪末时，这个多面向的进程被赋予了一个名字：全球化。这当然是一场国际化、全球化的过程，但同时也有着疯狂的国家化倾向。世界渐渐变成一体的同时，仍旧保持着一种分裂状态。地图被分裂成很多个由欧洲控制着的帝国。到 1850 年时，世界的大部分地区都已经被欧洲的帝国强权瓜分了。而接下来的 50 年，则见证了那些天各一方的殖民地被再分割的最后阶段：新几内亚和东非被德国获得，热带的刚果被比利时占领，东北部非洲的部分地区落入意大利之手，新喀里多尼亚和中南半岛的大部地区被法国夺走，中亚的一大片悬崖地区和平原被并入俄国，一系列岛屿和大片大陆上的地区则成为当时最大殖民地拥有国英国的领土，虽然它们之间相距甚远。连美国也不情不愿地加入了这场竞赛，买下阿拉斯加后，又占领了从古巴到菲律宾一线的西班牙殖民地。到 1900 年时，世界上的大部分地区都已处于殖民力量的统治之下。

彩色世界地图上到处都是红色的点点线线，地图绘制者曾广泛使用这样的红色来代表大英帝国。后来在 1901 年去世的维多利亚女王，当时统治着一个让蒙古人都会汗颜的帝国——"日不落帝国"。

苍白的思想帝国

罗马帝国的疆域和国祚固然令人惊叹，但到 1900 年时已经繁荣起来的几个帝国却更为庞大。俄国、美国和中国各自占据的国土面积，都比旧罗马帝国辽阔。同样，横跨大洋的英法两个帝国所覆盖的区域，也超过了罗马殖民地的总面积，不过，欧洲对其殖民地日常生活的控制，可能不如罗马在其帝国内的影响普遍。

帝国有两种类型，一种是像罗马和大英帝国这种由殖民地和属地组成的实体帝国。另一类，是苍白的思想帝国。在19世纪时，比起通过占领新的殖民地，欧洲通过其思想帝国传播的影响力要更深远。

与此同时，一个苍白的思想帝国——更加苍白——正在朝着相反的方向扩散。1900年前后，一股强大的思想之流悄无声息地从非洲和亚洲流入了欧洲文明。在艺术方面，法国的立体主义受到非洲西部艺术的很大影响。杰克·伦敦和鲁德亚德·吉卜林这类著名作家，则发现了因纽特人和印度人的闪光点。西方社会一些阶层对自然产生了新的尊重后，那些在世界另一端与自然为邻的所谓"原始人"身上也被重新赋予了此前被忽视的优点。1907年国际童子军运动的创立，反映的正是这样一种理念，那就是从狼身上可以学到很多东西，就像从剑桥和图宾根的书本中学习一样。

非宗教知识逐渐占据优势，不过这在很大程度上要感谢宗教的推动。自从新教的某些派别开始鼓励人人都可成为自己的牧师，甚至连女性也可以之后，阅读能力就变得至关重要起来。普鲁士、荷兰和苏格兰这些新教国家，虽然在人口和国土面积上相对较小，但却走在了读写能力的前列，同时也引领了对知识的普遍渴求。苏格兰的学习环境继续培养出很多才华横溢的青年，以至于他们在这个国家都没有什么用武之地，只好挥师南下，来到可能是全球最大图书出版业中心的伦敦，而这个行业也几乎成了他们在苏格兰之外的另一个家园。犹太人在追求教育方面也跑在了前面。他们在知识产业中扮演的角色所发挥出的巨大影响力，有时都很难让人联想起他们的人口总数其实很小。知识成了他们的不动产，他们的所有权契据。

在世界大部分地区，土地所有权传统上都会为拥有者带来财富、社会地位和政治权利。但现在，知识却在挑战着土地的这种经济角色，只是还没有深到可以削弱土地的地位而已。到1900年时，在美国、法国、英国和德国，利用知识获得丰厚报酬、过着优渥生活的人，几乎已经和靠拥有土地、矿物及其他资源赚钱的人一样多了。知识成了新的前沿领域。就像一个世纪前在加利福尼亚和澳大利亚出现的淘金热一样，现在也出现了一股知识热。

拓展知识的能力，几乎成了领先大国的标志性特点，而历史上其他时代还从未出现过这样的有用知识的积聚。物理学家阿尔伯特·爱因斯坦，是20世纪前半叶公认的天才，但是谁又能有把握这么说呢？毕竟，这位才华横溢却其貌不扬的德裔犹太人所发表的那些深奥理论，并没有多少人能真正理解。每个知识领域现在都成了专精人士的阵地，没有多少专家可以跨过那些目的就是要把他们同外部领域分开的高墙。

专业化分工是欧洲成功的秘密所在，但也给靠它获利的文明带来了危险，而其中的专业人士所面临的危险还要更严重些。有时人们会窃窃私语地抱怨——因为这种想法是离经叛道的——如果知识或者说智慧真的如此重要，那为什么大多数专业人士会满足于只拥有这么小范围且高度集中的一点点知识呢？

没有哪片土地可以躲过知识的入侵。日本曾在多个时期内闭关锁国，但是在相对隔绝的情况下仍然保持了一定的活力与创新。在 16 世纪晚期，也就是在切断其与欧洲联系的第一个阶段时，日本制造的火枪可能比任何欧洲国家都多。到 19 世纪 50 年代时，日本再一次向世界伸出双手，向外国船舶开放了港口。19 世纪 60 年代，日本开始效仿法国的陆军和英国的海军建制。1876 年，禁止佩戴刀剑的禁令，则进一步表明日本要与其封建历史决裂的信心。修建铁路虽然遭到某些日本人的激烈反对，但这同样也是拒绝过去的象征。日本的维新迅速而又果断。在 1895 年时，它已经在同中国的短期战争中取得了胜利，10 年之后，又打赢了和俄国的短期战争，让世界大跌眼镜。

与此相比，中国长期引以为豪的自我专注阶段，最终却以某种程度的屈辱收场了。在中国的很多港口商埠，欧洲国家都建立了自己的一套法律，比如上海就很快成为一座欧化城市。曾经一度十分强大的中国王权，没多久便崩塌了。而且，还出现了一种可能，那就是中国会重蹈非洲的覆辙，被欧洲列强瓜分殆尽。

中国与欧洲的关系，就像一个精彩绝伦的筋斗。如果这样一场对王权和文化的羞辱有可能发生在过去，比如 1400

年，那么肯定会是中国人派佛教徒到都柏林传教，在汉堡和君士坦丁堡开设关税所，如果人们胆敢不守规矩，中国人就威胁把欧洲分割成七零八碎。

在全球范围内，大多数紧锁的大门被訇然推开了，但麦加的那些门却不在此列。对于非信徒来说，那里仍然是一个禁城。但即便如此，很多按法律规定要前去朝圣的阿拉伯人，也开始喜欢穿曼彻斯特生产的那些五颜六色的织物了。

西北欧的崛起

几千年来，世界上只有两个长期矗立的创新和经济力量的中心。一是东亚，二是地中海沿岸。1500 年以前的那些西方帝国，如埃及、美索不达米亚、希腊、罗马和拜占庭帝国，都位于这片相对狭小的地区。地中海东岸不但是西方三大宗教的诞生地——犹太教及其后裔，基督教和伊斯兰教——还是西方大多数至关重要的创新的摇篮，这些创新从农业到冶金，再到书写、算数，甚至还包括国家。

1600 年时，谁都不会预料到西北欧竟会完成以前地中海东岸和小亚细亚地区那些帝国做不到的事情——崛起成为世界舞台上的主导力量。但是回头来看，这种崛起却是不可避免的，因为有几大因素在强力地推动这一结果。随着美洲的发现以及经好望角到印度、东印度群岛和中国的长途航线的开通，西北欧拥有了优势。诚然，这一优势并非西北欧独占，因为意大利西海岸和西班牙的地中海沿岸区域所处的位置，和阿姆斯特丹及伦敦的一样优越，都适合横跨大洋，去开发新世界的财富。

新教也是西北欧这种新动力的一部分。这场宗教运动，主要盛行于阿尔卑斯山的北侧地区。几乎可以肯定的是，宗教改革离罗马和其他那些与教皇有密切关系、出于经济和情感利益支持教皇的地区越遥远，便越容易成功。此外，宗教改革在早期主要由商业和资本主义的倡导者推行和宣扬，而当时的资本大多数集中在纺织业这一在西北欧部分地区早已蔚然成风的行业。除了某些较明显的情况，新教教义对于探索精神也抱持着更为赞同的态度，而这种精神正是不断发展的科学和技术所需要的。

地理在另一方面推动了西北欧的崛起。这一地区气候寒冷，冬季漫长，因而是燃料的消费大户。英国、比利时和该地区的其他国家开始耗尽廉价木材的供应后，又转向了开采沿海海床的浅层煤炭。巧的是，比起意大利、希腊、埃及、肥沃新月地带和地中海东岸及波斯湾的所有地区，西北欧拥有着储量丰富的煤炭资源。虽然并非必然之事，但是向煤炭开采的转向，却导致了蒸汽引擎和燃烧焦炭的高炉的出现。蒸汽引擎是迄今为止全球化过程中最强大的推动因素，因为正是它直接或间接地导致汽车和飞机引擎的发明，把我们带入了燃气和燃油的时代。

一系列大大小小的因素混杂在一起，帮助西北欧取代了

世界简史

更为温暖、干燥的地中海和中东地区的地位。西欧发挥其地理优势时所秉承的，是一种世界此前可能从未见识过的思想与商业冒险精神。

美国同样展示出了这样的冒险精神，而且收效更加明显。拥有着广阔资源、靠知识发电的美国，从潜力上看比西北欧更富有，到 1900 年时，美国人口已经超过了西欧任何两个国家的总人口。而且，美国还是统一的合众国，而当时的欧洲却四分五裂。北美洲的日益团结和欧洲的日益分裂，将会在塑造 20 世纪的过程中产生最重要的影响。

第二十九章

两次世界大战

　　世界的历史可以写成一部被宗族、部落、民族和帝国间的战争主宰的历史。在过去的一万年中，曾发生过无数场或有据可查或湮没无闻的战争。当然，与战争相比，和平或许是一种更常见的状况，但战争与和平却在因果关系上有着不可分割的关系。一段令人难忘的和平时期，会取决于前一场战争的结果及结果的执行情况。某一地区国家之间的和平，通常是由协商确定的强弱等级所决定，而这个等级又是因战争或战争威胁而达成的。可惜的是，1914年时的欧洲并没有这样的强弱等级。

　　欧洲的上一次主要战争，也就是1870年到1871年间的普法战争，持续时间很短。因此，这种短期战争被认为是未来战争最有可能遵循的模式。人们对待第一次世界大战的态度也是如此，认为这场大战会迅速且有效地解决一些问题。双方都期待自己会赢，而且还会赢得很快，因为当时的军事技术似乎要比以前更具决定性。

战争僵局

　　一战于1914年8月打响，并且被认为在圣诞节之前或者之后不久就会结束。当时，德国一边与其盟国奥匈帝国在东欧地区攻打俄国，一边在法国北部的平原地区同英法军队作战，而奥地利人则同塞尔维亚人交火。看起来，战争似乎很快会提前结束。德国虽然人员损失惨重，却是战争早期的赢家。

　　最新式的机关枪和马拉重炮，火力极其强大，结果，几千名朝敌人冲锋的士兵一上来便成片倒下，而顶替他们的士兵面临的也是同样的结局。在几个月的时间里，为了保护自身安全，士兵们在多数战场上不得不挖掘数百公里的战壕，并竖起了倒刺铁丝围墙。这些长长的战壕非常深，足够让士兵站直身子而不被附近的敌人发现，所以实际上也是一种掩护方式。

　　结果，敌对双方无法再像以前的战争那样速战速决，转而打起了防卫战。任何一方企图冲出掩护的战壕，杀向敌人，也通常只能占领一小条地盘——之后便会被另一方战壕的枪林弹雨逼退。在这样的日子中，伤亡一般都有数万。

　　在1914年的最后几周中，大多数前线战场都陷入了僵

一战欧洲战场各阵营示意（1914年末）

局。本已打算好的 1914 年大战，变成了 1914 年—1915 年大战，而且仍在继续。1915 年 4 月，为了打破僵局，英国和法国联合澳大利亚与新西兰，在达达尼尔海峡出入口处的加利波利附近的土耳其海滩开辟了一条新战线。他们希望在几周内打败土耳其，把解放的达达尼尔海峡作为通向俄国南部港口的海上通道，运送武器和军需来武装庞大的俄国军队，并希望以此为契机，让俄国军队向东线的德军进一步施加压力。但是，土耳其人开挖战壕作为掩护，拖住了这一防区的战斗，逼得进攻一方在年底时不得不撤兵。

这样的军事僵局，几乎推翻了几位天才将领和空谈战略家的预言。在世界历史上，还从未出现过此类战况。人们普遍会责备那些将领，但在多数参战国中，即使母亲、妻子和女朋友们，在刚开始时也都抱着支持态度，认为在思想宣传的帮助下，这种持续不断的流血牺牲将奇迹般地以筋疲力尽的敌人战败而最终结束。

这场充满意外和不确定性的战争，中间穿插着各种"如果"。如果俄国在 1915 年时便被扶植起来，沙皇和他的大臣们或许还能控制住他们那个躁动不安的国家。但是连吃三年败仗后，早已一瘸一拐的沙皇现在又被截断了一条腿。1917年，俄国接连爆发两场革命，列宁和他领导的共产主义者掌握了政权，俄国随即退出一战。

1918 年伊始时，德国似乎再拼一拼，还会有获胜之机，或者在谈判时能要到对其更为有利的和平条件。美国的参战时间较晚，因而人们并不认为它会对战局造成多大影响。而且，德国的主要盟国奥匈帝国仍然在与意大利对峙，牢牢控制着前线山区。1918年3月，士气高涨的德军发起攻势，赢得了大片土地，开始逼近巴黎。

但是，战争的运势慢慢转向不利于德国的一面。由于在食物和原料的获得上，在提供军需和人员的能力上，敌方更占优势，德国很吃亏，所以德军的前线不断遭受重创。到1918年9月时，德国的盟国已经开始退缩。保加利亚最先投降。土耳其虽然仍想奋力守住其在中东的旧帝国，但也快要举白旗了。奥匈帝国也即将分崩离析。10月时，南斯拉夫和捷克斯洛伐克各自宣布独立，成立共和国。而在德国，随着寒冬来临，平民以及士兵的斗志开始动摇。此外，敌方的封锁也造成了破坏，德国开始出现食物和衣物短缺。1918年11月3日，德国水兵在基尔发动兵变。11月9日，一场社会主义者发动的革命夺取了慕尼黑，德皇威廉二世在柏林宣布退位。两天之后的11月11日，德国及其同盟国集团签署了停战协定。

从士兵的角度来看，这是世界上发生过的最惨烈的一场战争，但从老百姓的角度来看，太平天国起义可能更糟糕。一战中，共有850万名陆军和海军士兵阵亡，其中德国的人员损失最惨重，其次是俄国、法国、奥匈帝国，然后是英国及其帝国。此外，还有2000万名士兵受伤。而且，这个伤亡清单还没有将直接因战争而死亡的500万平民计算在内。从莫斯科拥挤的公寓到新西兰的绵羊牧场，一张张年轻人或表情真挚或面带微笑的黑白照片，摆放在无数个壁炉台上——他们都已在战争中死亡。当时的人们把这场战争称为"大战"（The Great War），但他们丝毫没有意识到，不到 20 年内，还有一场更大的战争在等着他们。

没有第一次世界大战，很可能不会有俄国革命和共产主义的胜利。没有这场战争，那些激进的君主可能还会耀武扬威地继续统治维也纳、柏林 - 波茨坦和圣彼得堡，苏丹还会继续坐拥土耳其帝国——这个帝国最终也消失了。如果没有这场战争，希特勒可能仍会是个籍籍无名之辈，因为他的上位正是借助了德国战败之后苦大仇深的民族情绪，就如墨索里尼靠着玩弄意大利人战后产生的深切幻灭感，才成为意大利独裁者一样。

1919 年的巴黎和会上，高期望值与复仇欲同时出现在了凡尔赛宫的谈判桌上。很多民族借机成立自己的国家，使和会成了一场地图制作者的野餐会。一战前，欧洲只有 20 个国家，但现在却变成了 31 个。有些新政权很小，有些则很大，比如匈牙利和波兰。大多数都曾试水民主制，但并没有都成功，其中有些变成了独裁国家。

自 99 年前拿破仑战败之后，欧洲便进入了一段相对和平、繁荣与文明的时期。但是，第一次世界大战的持续时间远远超出了 1914 年时的预想，也最终让欧洲人从那种普遍弥漫的乐观情绪中猛然惊醒。不过，很多欧洲人还是重新打起了精神。一个永久性的外交圆桌会议在日内瓦设立，这就是所谓的"国际联盟"。作为一个以和平为目的的议会，国际联盟可能是截至那时的所有国家历史上最为勇敢的一次试验。然而，虽然背负着全世界自由主义者和理想主义者的厚望，国际联盟却只成了一个辩论俱乐部。

没有一战，英国和欧洲可能仍会在金融领域一枝独秀，但一战期间，它们却不得不开始举债，美国——尤其是在它保持中立的那些战争年份中——成了战事的资金投入方。即将到来的世界经济大萧条的原因之一，正是20世纪20年代时美国新获得的这种金融霸权。当时的美国，作为全球领袖还资历尚浅，又能耐得住经济繁荣和衰退的循环，同时也乐见华尔街的股票交易扮演号兵长的角色，结果，把本就已经波动不断的世界带向了更为长期的动荡不安。1930年时经济衰退的另一个显见原因是，英国试图在金融上恢复到1914年战前的水平，并极度渴望物价的稳定。不过，我们或许不应该过于苛责这些尝试，经历这样一场战争灾难后，下决心把过去那种遗失的和平图景重新拼合起来，几乎是不可避免的情况。

20世纪20年代，很多国家的失业率在极为困难的月份里超过了10%。这部分是由改革速度导致的经济失衡造成的。一些新兴的工业区和工业先兴后衰，从农业到工业的转变仍在继续，但是工厂要比农场更易遭受严重衰退的打击。在农场中，如果物价偏低，农民们还可以继续工作，只不过收入会少很多，或者，他们至少还可以生产自己吃的大部分食物。但是在汽车厂、轮胎厂或者纺织厂，一旦遭遇衰退，那么工人们只能在家待业，坐吃山空。政府和经济学家们似乎也不清楚到底该如何应对这样的经济萧条。当时盛行的原则是他们应该袖手旁观，让经济自食高失业率和低薪酬及低利润的苦果，然后再迅速自愈。

1929 年 10 月发生的华尔街股灾，现在被认为是火灾的警报。人们的金融信心受挫，不再购买商品，结果毁掉了更多的就业机会，导致失业率激增，有些工业国家在 1932 年危机最严重时，失业率竟然超过 30%。如此规模的经济衰退在历史上还从未有过先例。这场经济危机，推动了共产主义和法西斯主义的发展，也引来了第二次世界大战——一战越来越多地被视为一场尚未打完的战争，接下来，该打第二场了。

德国的希特勒和苏联的斯大林对即将到来的战争造成了巨大影响。当战争在 1939 年爆发时，他们是决定性的领导者，这个日期便是他们选择的——双方曾短暂结盟。

希特勒出生在奥地利的一座河畔小镇上，父亲是一名在海关工作的小职员。有志成为艺术家的希特勒，吸收了一些维也纳地区的反犹思想，也感染了一些第一次世界大战爆发后在慕尼黑地区不断沸腾的爱国主义情绪。志愿入伍后，希特勒因在西线战场上的英勇表现，获得了铁十字勋章。但在 1918 年，作为一名德军士兵的希特勒却吃惊地发现，尽管很多饱受煎熬的德军仍然士气稳固，但德国的老百姓已经失去了斗志，于是在退伍之后，他开始游走在政治的边缘，以此来发泄心中郁积的背叛感。1919 年，30 岁的希特勒当选为巴伐利亚一个小政党，即德国国家社会主义工人党的领袖。这个党派有自己的军队，尤其善于同马克思主义者和其他左派政党进行巷战。

希特勒十分了解他的德国。很多德国人认为，他们的国家和世界在 1918 年时被随意践踏，遭遇了严重的不公，而希特勒那种在精心训练后极富感染力的演讲风格，正好慷慨激昂地温暖了他们的内心。希特勒演讲时投入的精力十分巨大，所以一场两小时的演讲之后，他的衬衫经常会被汗水浸透。新的户外喇叭和无线电广播也便于他传播自己的思想。在采纳新事物方面，没有几个欧洲的政党领导人能比他更敏锐。

20 世纪 30 年代初的经济大萧条，滋生了一种焦虑和天下即将大乱的预感。这类恐惧，正好为希特勒的发迹提供了土壤。很多德国人将他奉为法律与秩序的维护者，而对共产主义的恐惧则进一步为他赢得了农民和小经营者的支持。希特勒和他的雄辩风格，契合了德国的民族自豪感，也利用了当时弥漫德国的仇恨情绪：德国在他们向来擅长的战争游戏中被不公平地打败了。

在 1930 年的选举中，希特勒的政党赢得大量选票，1932 年时，得票数又翻了一倍，使其一跃成为德国第一大政党。次年 1 月，该党同其他几个右翼小政党组成了联合政党，希特勒被正式任命为总理。很快，他就成了事实上的独裁者，开始迫害犹太人，查禁工会，压制公民自由。1934年，耄耋之年的兴登堡总统去世，希特勒在一片欢呼声中彻底掌权。

但事实是，希特勒在权力问题上历练不够，也不喜欢管理或案头工作。在宣誓就职前，他级别最高的官衔仅仅是军队里一个小小的下士。

东方的强人

约瑟夫·斯大林并非那位苏联统治者的真名。这位曾因政治活动被判在西伯利亚监狱服刑的组织者和煽动者，在1917年的革命胜利之后不久，才为自己取名为"斯大林"，意为"钢铁之人"。在当上共产党报纸《真理报》的编辑之后，他成了"圈内人"，权势也与日俱增。1924年1月，列宁去世，当上政府首脑的斯大林开始清除异己，不管对方是私敌还是假想敌。在军事上，他加强武装力量，在经济上，他于1928年开始大胆施行第一个五年计划。虽然新生的苏联仍然面临着许多经济弊端和不尽如人意之处，但并没有遭遇正式的失业问题，几乎所有闲置人员都被安排了工作。苏联逃过经济大萧条，极大地提升了自己的国际形象。

斯大林兴建了一系列电站、工厂和矿山，成功将苏联转变为工业强国。他还顺利实现了农业改革，而且其彻底程度也是历史上任何一个统治者都不曾尝试过的。斯大林把私人农场变成集体农场——的确是一场惊人且彻底的改革，因为在他的国家从事农业的人口是当时所有欧洲国家中最多的，而且这些人中的大多数，都对他们的土地有一种农民式占有欲，对斯大林的集体农场有着深深的憎恶感。后来，那些抵制集体化政策的农民要么遭到驱逐，要么便是饿死或者被杀害了。

斯大林相信，只有做到坚忍无情，共产主义才不会灭亡，他自己才不会消失。在和平时期，他的国家下令或默许了大量公民被处死。但是，在斯大林统治下的民族爱国主义却高过了沙皇统治时期。苏联士兵在二战中的耐力和勇气令人十分敬畏。

传统上，欧洲在经历过一场旷日持久的大战后，通常会迎来一段长久的和平时期。一场决定性的战争，可以在主要国家间建立起明显的强弱等级，使得很多问题都能通过外交途径来解决。而且，在和平的最初几十年中，战争及人员损失的惨痛现实，通常仍然活生生地印在人们的脑海中，所以解决国际争端时，比起战争，外交手段更容易成为首选。就如拖了又拖的拿破仑战争最终带来的决定性胜利，让广泛的欧洲世界迎来了一段相对较久的和平时期一样，第一次世界大战的结束——被乐观地视作是一场终结所有战争的战争——也被认为可以带来一段更加美好的和平时期。但反思一下，这场战争的悲剧，其实在于它打得根本没有任何意义。胜利很快灰飞烟灭，而另一场战争也已在酝酿之中。

为什么胜利如此短暂？对胜利者而言，对世界和平而言，最不幸的莫过于赢得第一次世界大战的那种集体力量很快就解散了。美国第一批士兵远赴大洋彼岸参战的时间是1917年，但即便在此之前，美国的工业实力在一战中也起着至关重要的作用，可战争结束后，美国却在精神上打起退堂鼓，把自己隔绝起来，对欧洲发生的事情视而不见、充耳不闻。日本在战争的前几个月也利用其海军力量做出过贡献，但后来也撤退了。在维护自己协助夺取的胜利果实方面，这两支主要力量本来有着极强的利害关系，但现在却不再用自己的力量制衡那些战败国。在一场大战之后出现这种情况，即便不是没有先例，但也算得上极为罕见。此外，原本是胜利方的意大利，由于没有得到同盟国应允给它的那些德国在非洲的殖民地和其他战利品，也不再心存幻想，转而成了第三个变心的战胜国，开始暗中破坏来之不易的和平协定。俄国则是第四个，在1918年3月之前，这个国家一直是胜利方，但因疲于应付国内革命，也退出了对德战争。战争结束后，俄国失去或放弃了包括拉脱维亚、爱沙尼亚、立陶宛在内的大片领土，所以它也有动机来推翻1919年刚刚成形的新欧洲。

在1918年时处于胜利一方的那些大国中，只剩下英国和法国有强烈的理由来维护和平协定、解除德国的武装并使其保持这一状态。战时的胜利，就这样令人吃惊地被侵蚀了。

接着，经济大萧条的发生让多个曾经参战的工业国家多了一种绝望之感。大萧条把权力拱手交给了坚决要推翻和平协定的希特勒。在他开始重新武装德国之后，国际联盟又因过于软弱和分裂，根本无法出面干涉。1936年3月时，希特勒再次挑衅和平协定，出兵占领了莱茵兰地区。如果法国和英国一起及时采取行动的话，希特勒的士兵或许还会再次出征。

希特勒继续重整德国军备。高速公路的修建和汽车产业的恢复，在消灭德国失业率方面起到的作用，几乎和重整军备一样重要。德国的士气和自尊心迅速蹿升。1938 年 3 月，希特勒的军队开入奥地利。同年 10 月，他又突然占领了捷克斯洛伐克的德语地区。就这样，他一页一页地撕毁了《凡尔赛条约》。德国这个第一次世界大战的大败将，几乎收复了其在欧洲的大部分失地。

1939 年，希特勒入侵波兰，掀开了新战争的序幕。苏联也趁火打劫地加入了侵略一方。结果，还没迎来法国和英国许诺的支援，波兰便覆灭了。1940 年和 1941 年间，希特勒几乎占领了除意大利和罗马尼亚这两个盟友以及西班牙、葡萄牙、土耳其、瑞典和瑞士这些中立国之外的所有中西欧地区。接着，希特勒又趁斯大林不备，入侵苏联，并在 1941 年快结束时，把先锋部队开到了莫斯科的外围地区。但是，随着德军不断向前推进，他们的补给线也越来越脆弱。事实证明，希特勒入侵苏联成了这场原本有利于他的战争的缓慢转折点。

第二次世界大战由两个完全不同的战场组成，一个主要在欧洲，另一个主要在东亚。亚洲的战争发生得更早些，始于 1932 年日本入侵中国东北，并在 1937 年日本占领中国东部地区后全面升级。1940 年时，希特勒出人意料地在西欧大获全胜，导致英国、荷兰和法国在东南亚的殖民地以及美国在前西班牙殖民地菲律宾设立的军事基地陷入了岌岌可危的境地。日本抓住了它们的劣势，在 1941 年 12 月，突然袭击了从缅甸、香港到珍珠港一线的地区和基地。

顷刻之间，两场战争——欧洲战争和亚洲战争——合为一场，德国和日本站在同一阵营，对阵由美国、英国、中国和世界上其他大多数国家组成的另一阵营。这是一场名副其实的世界大战，与此相比，第一次世界大战实际上可以算作欧洲的内部冲突，只是顺带牵涉其他国家而已。

无论在和平年代还是战争时期，在此之前还没有哪次事件能如此清晰地反映出世界正在日益变小的事实。飞机和无线电在各大洲之间来回穿梭。现在，跨越太平洋几乎变得像穿过桨帆船时代的地中海一样容易。而且种种迹象表明，机械战争的时代已经来临，比如 1942 年 5 月，在澳大利亚东部地区附近爆发的决定性战役"珊瑚海海战"期间，交战的日本和美国航空母舰编队，甚至都不用直面对方，只要派出舰载机轰炸敌方的战舰，便可夺取胜利。

这场已经打了五年多的战争，终于在 1944 年的最后几个月中，表现出了结束的迹象。德国和日本开始思忖全面战败的可能。但是，它们到底会在 6 个月内投降，还是 36 个月之内投降，却很难预测。在人类历史上，没有多少事件能像和平的突然到来一样，如此让人捉摸不透。

1942 年时日本的控制范围

北京

广岛 东京
长崎
上海

太 平 洋

× 中途岛
中途岛战役

香港

曼谷

马尼拉

关岛   马绍尔群岛
加罗林群岛

瑙鲁

苏门答腊岛

新几内亚

雅加达
爪哇岛   所罗门群岛

达尔文   ×
珊瑚海之战
新赫布里底亚

印 度 洋

新喀里多尼亚群岛
布里斯班

珀斯

悉尼
堪培拉

日本在亚洲的扩张（1941 年—1942 年）

第三十章

原子弹与月球

20 世纪初，物理学可能是最傲视群雄的一门科学，热火朝天地揭示、探索着那些长久以来神秘莫测的物理世界，着实风光无限。但物理学的赫赫之名，部分却是在事后才赢得的。假如原子弹没有被发明，或许物理学也不会让人如此敬畏。

有很长一段时间，原子都被认定是终极的结构单元，因为它们是那么小，即使把 100 亿个原子并排放在一起，其总长度也不过一米。1704 年时，牛顿在《光学》一书中写道，原子是如此坚固，如此基础，根本不可能再被分成更小的部分，"没有什么平凡的力量能分割开上帝自己在创造天地时制造的这种单一个体"。但不久之后，更小、更复杂的构成单位原子核便被发现了。原子与原子核在提供能源和带来毁灭方面的强大威力，在第一次世界大战开始时，还无人可以预见。直到新西兰移民欧内斯特·卢瑟福、丹麦的尼尔斯·玻尔等西方多国的物理学家做出研究后，人类才清晰窥视到原子内部所蕴含的能量。

鉴于德国当时在物理学方面的领先地位，这门科学被它积极利用到战争中并不令人意外。然而，德国却将种族纯洁性置于了知识探索之上。该国的很多物理学明星学者都是犹太人，20 世纪 30 年代时，他们明智地在大洋彼岸找到了庇护。所以美国后来居上，成为核研究的领头羊。1942 年 12 月，美国成功实现可控状态下的核裂变。不过，后续的实验和研究却还有很长的路要走。

1945 年，也就是在美国准备好试验第一颗原子弹之前，德国最终被打败，但鉴于日本还没有投降，所以美国加快了研究步伐。1945 年 7 月 16 日，第一颗原子弹在新墨西哥州的沙漠中试验成功。爆炸释放出巨大的热量，致使 1000 米范围内的表面砂石都被熔成了玻璃。战争史上最不同寻常的武器由此诞生，然而要回答"是否该把它用在日本军队的身上"这个问题，却没有那么容易，而那个最终被选择的回答，至今仍然引发着激烈的争论。美国的政治领导人渴望能一雪"珍珠港事件"之耻，核科学家也自然想要检验一下他们历尽千辛万苦制造出来的武器是否有效，但美国的军事将领却担心日本会背水一战，到时候或许还没打败它，美国就已经损失了 50 万条性命。

即使到 1945 年 7 月时，仍有 500 万日本士兵在准备着捍卫他们先前取得的战果，这包括中国大部、印度尼西亚群岛、马来半岛和现在的越南地区。当时，日本国内的军工厂依然有着强大的生产能力，而且日本还拥有五千多架神风突击机，其中的每一名神风队飞行员，都随时准备好了英勇赴死，驾着飞机撞向敌人的航空母舰和航空基地。显然，日本还不甘心就此认输。

今天的很多历史学家都谴责美国向日本投下原子弹的决定，认为这是人类恶行的又一次彰显。他们指出，原子弹开启了屠杀平民的新时代。但或许，这个时代早就到来了。使用常规炸弹空袭德国和日本城市，本就造成了惨重伤亡。比如，前一年5月对东京的空袭曾造成8.2万名平民丧生，这一数字已相当于在第一颗原子弹袭击中死亡的日本人总数的40%。如果战争继续打下去，那么即便被投下的只有高性能炸药，也将会有几十万日本平民在空袭、轰炸或在最终对日本本土的进攻过程中死亡。

这些争论大体上都被远在华盛顿的杜鲁门总统所采纳，但其中至关重要的一个因素却被忽略了。那就是原子弹爆炸之后，会造成普通炸弹没有的结果：其放射物质会遗传基因损伤，等于是在用发动战争的那代日本人的失败与罪孽，来惩罚还未出世的孩子。不过，即使辐射的危害已经被科学家们完全搞明白，最后得出的结论可能还是一样——对付日本人，必须使用原子弹。这场让亿万生灵涂炭的全面大战已经持续6年，胜利无法再被推迟。说起来，与几十年后回顾历史的人们相比，处在时局之中的人们总是更容易被这类观点说服。

1945 年 8 月 6 日，一架重型美国轰炸机从马里亚纳群岛飞往日本，并投下了原子弹。广岛几乎陷入一片熊熊火海，近 9 万名日本人在袭击中死亡。但在附近的东京，仍然没有任何投降的意愿。三天之后，第二颗原子弹——美国武器库中的最后一颗——被投向长崎。但即便如此，众人期盼已久的投降信息也没有立即从东京传来。直到五天之后，日本天皇才亲自通过广播宣布投降。人们通过广播，第一次听到了天皇的声音。这也从侧面反映了他的威严和高冷——在马可尼和亨利·福特塑造的时代里，天皇还在行使着老古董一样的天赋神权。

第二次世界大战的第一枪是在欧洲北部平原上正式打响的，现在，和平协定终于要在一艘停靠在东京湾的战舰上签署了。在二战期间，共有超过 1.07 亿人被征召入伍，而死亡的俄国士兵可能有 1100 万之多——这比第一次世界大战时作战双方的总数还要多。德国和日本军人的死亡总数加起来几近 500 万。平民伤亡也让之前的那场世界大战相形见绌，比如中国和俄国的平民死亡数就可能分别达到了 2000 万和 1100 万。

二战之前，犹太人的数量相较于德国人口本来就不多，但是因战争死亡的人数却超过了德军和生活在被轰炸城市的德国平民的死亡总数。而且颇具讽刺意味的是，很多犹太人曾一度感到在德国很安全。事实上，很多犹太人都在司法、高等教育和医学领域拥有体面的职位，有些还是满怀希望地从动荡不安的地区来到德国，并且拒绝了移民到巴勒斯坦不断扩大的犹太人定居点的机会——以色列国当时还没有成立。但到了1942年，如果不是更早的话，德国的领导者却决定在他们控制的所有地区中将犹太人斩尽杀绝。最终，至少有500万犹太人遇害。

这项种族清洗计划，被某些纳粹领袖命名为"犹太问题的最终解决方案"，后来，又被人们简称为"大屠杀"。[1] 然而，这一事件中的野蛮与仇恨却并不罕见。在过去的那些世纪中，各种大规模的野蛮行为实际上遍布人类历史，虽然宽容与善意也随处可见。但是针对犹太人的大屠杀仍旧令人不寒而栗，既是因为屠杀的规模之巨，也因为连童叟都无法幸免。这场屠杀，对人类一直在不断进步的这种观点造成了极大冲击，因为策划、实施这场屠戮的国家，恰恰在20世纪刚开始时曾被无数双公正的眼睛视作世界上最文明与最开化的国家。

核武器的存在，同样对人类进步的观念造成了冲击。如果仅仅是美国持有这种比其他所有武器都厉害的武器也就

1　即 The Holocaust，源于希腊语，原意是燔祭，自20世纪60年代以来，这个词在首字母大写之后，常被用来指代包括犹太人在内的所有纳粹受害者遭到的屠杀。不过，一些犹太学者更愿意用希伯来语中的 Shoah（大屠杀）来描述这一历史事件，认为 Holocaust 指的是希腊的异教习俗，对于犹太遇难者是一种冒犯。而"最终解决方案"（The Final Solution）则完全是纳粹使用的语汇，只是指代对犹太人的屠杀。

罢了，世界上大多数人口或许还会觉得安全。但苏联却十分不安，它也要拥有同样的武器。后来在 1949 年，苏联人终于秘密进行了他们的第一次原子弹实验。杜鲁门总统的回应针锋相对，那就是一种更为强大的武器——1951 年试验成功的氢弹。

收拾残局，粘合全球

1945 年之后，欧洲被一分为二。民主国家占据西欧，苏联则控制东欧及德国的部分地区。其他两个共产主义国家南斯拉夫和阿尔巴尼亚，则像孤家寡人一样被西欧包围着。共产主义和民主资本主义间的对抗，现在被称为冷战，不过回过头来看的话，其实在这一时期，和平要长于战争。

被胜利者征服的德国，丧失了大部分影响力。就连英国、法国与荷兰的实力都比 1939 年之前薄弱许多。战争造成大规模的伤害，各国要么积累了巨额债务，要么为了为战争埋单而出手大量外国资产。此外，那些他们引以为傲的海外殖民地，虽然并非当下收入的来源，而是一直被视为一种潜在收益，但现在却似乎要谋求或抢夺独立的资格了。

大多数领导人都拒绝面对的一个现实是，他们的国家在影响力上已经显著衰弱。欧洲步了那些早期强权国家的后尘，在趾高气扬的全盛时期，却不断发生内部混战。希腊城邦曾打过很多两败俱伤的仗，进而集体丧失了他们的霸权地位。罗马帝国同样也因内部冲突和国内战争变得衰落不堪。伊斯兰教和基督教更是常常被派系对立搞得四分五裂。而中国和南美洲的印加帝国，就在他们自信心最高涨的时候，也遭遇了内战的蹂躏。战后苏联的共产主义与其西边的资本主义间的对抗，则为漫长的欧洲争端史又增加了一个新的阶段。不过，欧洲最终还是通过不断加强团结，逃过了衰落的命运。

这种团结最开始时只是一份简单的小型自由贸易区方案，主要涉及西德和法国这对宿敌的煤炭和钢铁产业。1952 年成立时，这个自贸区仅有六个会员国。但到了 20 世纪 70 年代，它却已经发展为历史上最大的共同市场（欧洲共同体），所囊括的人口和商业贸易远远超过旧的共同市场，也就是美利坚合众国。到 1993 年，欧洲共同体已经成了一个政治和经济的双重联盟，共有包括东边的希腊和芬兰在内的 15 个成员国。而到 2011 年的经济危机时，这个已升级为欧洲联盟的区域性组织已经拥有 27 个成员国。[1]

虽然几乎丧失了全部的海外殖民地，但欧洲还是复苏了。从某种程度上讲，那些殖民地其实是种负担，虽然欧洲在之前的四个半世纪中一个个征服它们的时候并不这么认为。即使在 1945 年时，拥有海外殖民地仍然是一种威望的象征，

1　1952 年成立的叫欧洲煤钢共同体；1967 年成立的叫欧洲共同体，由欧洲煤钢共同体、欧洲原子能共同体和欧洲经济共同体联合组成。目前，欧盟一共有 28 个成员国，其最新成员是 2013 年加入的克罗地亚；2016 年 6 月，英国就是否脱离欧盟举行了全民公投，其中 52% 的英国人投了赞成票，不过，正式的"脱欧"程序尚未启动。

不会那么容易就被放弃。

第二次世界大战爆发时，全世界有三分之一的人口都生活在欧洲的殖民统治之下。战争的成败起伏，尤其是法国、荷兰和英国在1940年和1941年陷入的军事困境，极大地动摇了欧洲的控制权。战争证明欧洲的殖民霸权并非固若金汤，导致很多殖民地的抵抗组织纷纷抓住了机会。战后，由于左翼政党在欧洲议会中的力量比以往更强大，拥有殖民地国家的道德观念也遭到了进一步的挑战。

第一个被解放的大型殖民地是印度，其最主要的解放派领袖是圣雄甘地，他是20世纪最了不起的政治家之一。1891年，刚刚二十出头的甘地在伦敦当了一名律师，穿着十分时髦，还学会了跳舞和演讲术。到这个年代快结束时，他已经是南非一名成功的律师，不过，也正是从这时开始，他过起了禁欲式的生活，不但自己制造衣服，还学着母亲的习惯，时常斋戒禁食。1907年，南非德兰士瓦的议会决定强制亚洲居民必须随身携带登记卡后，甘地第一次使用了他的"消极抵抗"策略，并因此身陷囹圄长达249天。1915年回到印度之后，甘地提出了针对英国殖民统治者的非暴力抵抗策略，重塑了印度独立运动的面貌。肩披白巾、腰缠白布、脚穿凉鞋，经常咧着掉光牙齿的嘴冲记者笑的甘地，成了外部世界眼中最有名的印度人。在这场把一个向来四分五裂的国家团结到一起的事业中，甘地付出了比任何人都多的努力。

印度在1947年终于获得独立时，却分裂为两个独立的国家：一个是以印度教徒为主的印度联邦，一个是伊斯兰教徒组成的巴基斯坦。后来，孟加拉国也独立了出来。在1947年因分治而起的大动荡期间，约有1500万人以难民的身份逃往了他们认为自己可以安居乐业的那个国家。在独立后第一年动荡不堪的局势中，甘地本人也成了受害者，最终被一名狂热的印度教徒枪击身亡。

1952年，印度举行了第一次全国性选举，几乎所有成年人，无论文化程度高低，均可投票，成为世界政治史上最令人震惊的事件之一。因为这个世界第二人口大国，正在实行的政府体制，原先只是古希腊那些城邦为小型民主议会设计的，而那个时候，全世界的人口加起来都没有民主的印度在这一年举行第一次选举时的人口多。

中国也取得了解放战争的胜利。虽然在过去的100年中，中国并未完全失去国家独立，却衰落不堪，根本无法阻挡俄国、英国、法国、德国，尤其是日本的侵略，不得不向各国开放租界或割让土地。同样，国共内战也极大削弱了这个国家的实力。最终，在毛泽东的英明领导下，共产党通过一场漫长的游击战，在1949年获得胜利，把对手赶到了台湾岛上。

新成立的中华人民共和国，是世界上人口最多的国家，人们期待着它能慢慢重振雄风，恢复它在五个多世纪前具有的那种威望。但是人口与权力间的关系，常常充满了不确定性，而且错综复杂。在相当一段时期内，新中国并没有成为实力大国，乡村地区贫穷不堪，经济发展更多像是一个共同呼喊的口号，而非事实。20世纪50年代时，中国的党政宣传曾提出过所谓"大跃进"，但直到30多年后，这一跃进才真正开始发生。

印度尼西亚是二战之后的10年中崛起的又一个非常大国。1940年时，印度尼西亚群岛仅有7000万人口，比日本还少300万，但是仅仅过了50年，这个国家的人口就增长到近2亿，只排在中国、印度和美国之后。而且，它还成了世界上人口最多的伊斯兰国家。

苏加诺总统缔造了印度尼西亚，但也差点把它毁掉。苏加诺的母亲是信仰印度教的巴厘岛人，父亲是来自爪哇岛的穆斯林，因此他在文字和语言方面有着相当的天赋。苏加诺会讲荷兰语——小时候主要接受的是荷兰语教育——以及英语、法语、德语、日语、爪哇语、巴厘语和巽他语，当然，后来为了研读《古兰经》，他还学会了阿拉伯语。而且，苏加诺要比当时其他那些将要领导新国家的人，更精通科学技术——1925年时，他毕业于爪哇的万隆工学院工程学专业。

充满自信、活力四射、能言善辩的苏加诺，在那个殖民地起义在全世界还不那么频繁的时代，向荷兰殖民者发起了抗议。在13年间，他不是被关进监狱，就是被流放在外，无法回到故乡爪哇。1942年日本占领荷属东印度后，苏加诺高兴地迎接了他们的到来，成为日本人的特别顾问，并开始领导他的人民。日本战败之后，苏加诺恢复对荷兰人的反抗，最终在1949年为他的祖国赢得了独立。1955年时，他曾许可过一次议会选举，但是对于选举的模糊结果十分不满，于是最终选择实行他所谓的"指导下民主"——他就是其中的"指导"，不过民主却一直未见踪影。同其他很多新国家的缔造者一样，他最终也被赶下了台。

1945 年到 1960 年间，拥有世界四分之一人口的广大殖民地纷纷获得了独立。但是这些新国家的领导人大多数都没有执政经验，他们的官僚机构也是现学现卖，而且各国借钱的热情远远超过了它们还债的能力。与邻国打仗或为打仗所做的准备，消耗了大量本可以用来修建铁路、大坝、医院、学校和城市的资金。而且，在这些新生国家中，根本没有多少懂技术的企业家来开发天然资源。

不管是平均收入水平还是识字水平，第三世界——这个名称初现于法国，主要用来指称那些贫穷且没有结交盟友的新生国家——在任何名单里都是排名第三。但是在另一方面，它却摘得了第一：在世界历史上，还没有哪个国家曾经历过第三世界的人口增长速度。医学知识的传播、医生和护士数量的增长、婴儿的疫苗接种、消灭疟疾的运动和公共卫生的提高，极大降低了死亡率，而且出生率仍旧居高不下。在1950 年到 1980 年的 30 年间，因为新的生育观念和新避孕措施的出现，欧洲的人口出生率大幅下降，但是一系列贫穷国家的人口却几乎翻了一番。和人类历史上任何一个阶段都可能面临的艰巨情况一样，现在的主要任务就成了如何喂饱如此成倍增长的人口。在起初的阶段，所谓的绿色革命使新品图例：
- 比利时
- 法国
- 意大利
- 西班牙
- 葡萄牙
- 英国
- 德国
- 独立国家

埃及 1922　独立时间

地　中　海

马拉喀什

苏伊士

摩洛哥 1956

阿尔及利亚 1962

利比亚 1951

埃及 1922

毛里塔尼亚 1960

马里 1960

·廷巴克图

尼日尔 1960

乍得 1960

英埃共管苏丹 / 苏丹 1960

英属索马里兰

塞内加尔 1960

埃塞俄比亚

尼日利亚 1961

法属赤道非洲 1960

意属索马里兰 / 索马里 1960

利比里亚

比属刚果 / 比属刚果 1960 / 扎伊尔 1971 / 刚果民主共和国 1972

乌干达 1962

英属非洲东部 / 肯尼亚 1963

黄金海岸 1960

喀麦隆 1960

·蒙巴萨

加蓬 1960

德属非洲东部 / 坦噶尼喀 1961 / 坦桑尼亚 1964

大　西　洋

安哥拉 1975

北罗得西亚 / 赞比亚 1964

南罗得西亚 / 津巴布韦 1980

葡属非洲东部 / 莫桑比克 1975

德属西南部非洲 / 纳米比亚 1990

贝专纳 / 博茨瓦纳 1966

马达加斯加 1960

南非 / 自治领 1910 / 共和国 1961

开普敦

印　度　洋

欧洲在非洲的殖民地（1914 年初）

种的水稻和其他可食用作物，成了这些地区的救星，但是人口还在不断增长。中国开始进行全球历史上最特别的实验之一时——试图限制每个家庭只能生一个孩子——它的人口总数便已接近 10 亿了。

作为非殖民化运动的热点地区，非洲很快出现了很多国家、很多总统宫殿和很多在外国城市过着奢侈生活的驻外使节。到 1982 年，非洲的国家总数达到 54 个，是整个亚洲国家数量的两倍还多，而其中十几个非洲国家的人口还不足 100 万。非洲国家中没有一个将高等教育置于优先地位，1980 年，整个非洲的大学数量，甚至都不如美国俄亥俄一个州的多。撒哈拉以南的黑非洲地区还饱受部落化的侵扰，就连南非的白人定居者都炮制出了自己的部落形式——种族隔离。无论在哪个典型的十年中，大多数非洲国家的生活水平都处于原地踏步的状态。

除欧洲和北美洲及其他欧洲人主要定居的地区之外，全球其他地区在战后的经济成就并未达到预期水准。唯一令人惊讶连连的例外是东亚地区。日本表现出的经济成功，在 1945 年到 1990 年没有任何欧洲国家可以超越。在很大程度上与中国同宗同源的新加坡、马来西亚、泰国、韩国，加上中国的香港和台湾地区，表现也十分惊艳。相比之下，因为人民的经济创造力未得释放，中国大陆在毛泽东的领导下几乎步履蹒跚地前行。不过，虽然中国大陆萎靡不振，但在隔海相望的资本主义国家中，相对而言数量只有几百万的海外华人却表现出了无比的活力，两相较之，着实令人慨叹。不过，到 1980 年之后，中国大陆也开始苏醒了。

在军事方面，亚洲也无法再被小觑。1945 年时，在持中立态度的科学家中间，没有一个预见到中国和印度将会在不到 25 年的时间内，各自成功进行核试验，或者连伊拉克和朝鲜这种弹丸小国都会拥有核野心，更别说在 20 世纪末时巴基斯坦也将拥有自己的原子弹了。

奔向月球

第二次世界大战催生了对新动力推进方式的需求。1944 年到 1945 年间，德国人在法国占领区使用强大的火箭将导弹直接发射到了大洋对面的伦敦。而在和平时间，同样的火箭又提供了发射无线电发射机的新方法，使得该设备能从高空中把放大的无线电信号定向发送到地球的每一个角落。

1962 年 7 月 10 日，是 20 世纪中最普通不过的一天，但就在这天，欧洲和美国通过一颗卫星实现了电视画面和电话信息的互传。通信卫星迅速覆盖全球，成为全球通信系统中至关重要的组成部分，不但能预报天气、搜寻矿物，还能为船舶和飞机提供定位服务，应用范围十分广泛。1991 年，美国在波斯湾使用卫星为武器提供导航，攻击远程目标——其中一些目标就位于几千年前曾繁荣一时的早期河谷文明的遗址之上。

有了新火箭的帮助，外太空的探索也不再是纸上谈兵。在争相开发这个新世界的竞赛中，苏联拔得头筹。1957 年 10 月，他们成功发射自己的第一颗人造卫星，并进行了绕地飞行。不过，机上并没有宇航员。1960 年，苏联又用"斯普特尼克 6"号卫星将两只狗成功送入轨道，让它们在距离地面 500 公里的高度上，挤在狭小的空间中享受了一把太空之旅的荣耀。

在谁将第一个把人送入外太空的烧钱竞赛中，苏联人以 23 天的优势险胜美国。1961 年 4 月 12 日，苏联人尤里·加加林和他的太空舱成功升空，并进行了令人佩服的绕地飞行。这是人类竞赛史上最辉煌的时代，也超越了人类后来在太空中取得的任何成就。1969 年 7 月 20 日，将人类送上月球的勇敢梦想，最终由美国实现了。亿万电视观众注视着尼尔·阿姆斯特朗和巴兹·奥尔德林穿着笨重的宇航服从飞船上下来，踏上了月球。1976 年，一架无人驾驶的美国航天飞船又在火星表面成功着陆。由于火星与地球的距离是月球与地球距离的 1000 倍，这在某种程度上堪比瓦斯科·达·伽马的船最终抵达的是印度，而不是直布罗陀海峡。

宇宙探索是苏联人的胜利，也是美国人的胜利。但后来，苏联不景气的经济已经无法再为这个国家的军事和科学目标提供巨额的资金支持。新式的导弹、庞大的军队和太空竞赛的高额开支，以及焦头烂额的阿富汗战争对全民士气的打击，合力削弱了苏联。裹足不前的经济根本负担不起这些奢侈的目标，苏联的生活水平远远落在了西欧之后。同时，波兰人——受1980年造船厂罢工事件的鼓舞——和捷克斯洛伐克人开始反抗共产主义，但莫斯科方面也没有做出有效的报复行动。

东欧各国开始挣脱苏联的束缚，就连那些构成苏联的国家也得到了退出的许可。1991年12月，苏联解体。它的垮台虽然姗姗来迟，且无人可以预料，但仍是非殖民化运动进程中的又一步。突然之间，俄罗斯失去了它的陆上帝国，就像1945年到1975年间，英国、荷兰、法国和葡萄牙突然失去了它们的大部分海外帝国一样。

苏联风头最劲之时，似乎俄语也大有成为主要国际通用语言之势。当时，俄语已经是世界上第二大权力阵营的外交语言，还是中国的学校在20世纪50年代主要教授的外语，非洲那些年轻的社会主义者也在急切地学习这一所谓的未来语言。然而到世纪末时，俄语已经风光不再。

英语作为一种全球性语言的兴起，只是美国的影响力在20世纪不断上升的标志之一。在这个世纪的头40年中，美国对于世界的影响比它的规模和潜力所暗示的要小很多。美国不是世界的主要贸易国，在外交政策方面，也倾向于孤立主义。

直到四五十年代时，美国才开始对世界产生持续且深刻的影响。当然，这些年同样可以被称为苏联时代，因为在打败希特勒、帮助共产主义在中国得胜、于太空竞赛方面为自已赢得领先地位方面，苏联扮演了重要角色。但这之后，美国成了世纪霸主。就连曾经在每块大陆、每条重要海上路线上都拥有殖民地的大英帝国也只能甘拜下风，根本无法企及美国在经济、军事、政治、文化方面对全球的影响力。

美国的实力，主要依赖于其思想、态度和创新构成的灰色帝国。它的思想能毫不费力地飞落到外国土地上，且不论这土地的主人是谁。它的影响力大部分来自各种发明创新，诸如电话、电力、飞机、廉价汽车、核武器、航天器、计算机和互联网等。它的影响力还来自爵士乐、卡通动画、好莱坞、电视和流行文化，以及对技术、经济变革的兴奋和对激励制度、私人企业的信心。同时，美国还是民主信念最热忱的传播者。虽然军事和经济实力是美国成功的关键要素，但其思想帝国的威力可能更加无孔不入。

15世纪期间，欧洲西部，尤其是大西洋沿海地区，开始对外扩张，而现在美国所扮演的全球性角色，很可能成了欧洲这段漫长扩张史的终结篇。欧洲慢慢开始向本土之外扩展，其文化帝国最终形成了一条长长的传送带，覆盖了北半球的绝大部分地区，并且延伸到了南半球。用欧洲民族的历史来比喻的话，华盛顿这座城市或许就像君士坦丁堡——君士坦丁大帝创建的那座城市——之于罗马帝国的最后阶段；因为我们很难认为一个世纪之后，欧洲人还将继续用它们的思想和发明，在世界各地留下自己的印记。

这将会是"中国世纪"吗?

1941 年，纽约头号出版人亨利·卢斯在为图片周刊《生活》撰稿时，创造了"美国世纪"一词。他期盼的不是一个伟大的美国世纪，而是希望 20 世纪能作为一系列美国世纪的开始。这位传道士的儿子童年时曾在中国生活过，而那时的中国积贫积弱，缺乏全球性影响力，所以他肯定不敢想象在下一个世纪中，中国将会领导世界。当他在 1967 年去世时，中国崛起的可能性似乎更加遥远，因为中国正因"文化大革命"而混乱不堪，与外部世界完全失去了联系。

但四年之后，中国再次登上了世界舞台，恢复了联合国安全理事会的席位，成为五大常任理事国之一。1972 年，美国总统理查德·尼克松访华，掀起幕布，结束了两国在国际场合长达 20 年互不理睬的局面。经济改革在中国全面启动，执政的共产党也被更被稳健的继任者从毛泽东手中接过——北京天安门广场的一座纪念堂里，至今仍然安放着衣着朴素的毛泽东的遗体，供人瞻仰。

外国商务人士来到这里投资，记者和摄制组拍摄了骑着自行车穿梭在大街小巷中的人们，采访了那些按照政府规定只能生一个孩子的父母——如果对方被准许接受采访的话。游客们也开始来到中国游玩——在很多欧洲人眼中，这里一直都是一片神奇的土地——不过即使在 1980 年时，来中国游玩的外国游客数量也要比到挪威旅行的游客数少很多。在当时中国的很多内陆城市中，一张外国面孔是相当罕见的，常常会引发人们围观。

中国一边要遏制迅速增长的人口，一面要平息各种出现在公共视野中的不同声音。不过，当中国国家主席出现在纽约证券交易所，敲响开市钟声时，又提醒了美国民众，中国正在以一种对世界而言十分新奇的方式，向资本主义学习并发展社会主义。亨利·福特建造第一条汽车流水装配线的底特律，十分清楚中国的特色方式有多奏效。2009 年，中国取代美国，成为世界上最大的汽车生产国。而且几乎与此同时，中国还超越了长久以来一直是船舶建造之乡的欧洲，每个月都会建造出吨位更大的船舶。虽然中国农民的生活水平与城市阶层相比，仍然比较低，但他们的国家却凭借着人口优势，即将成为世界的第二大经济体。

在共产主义式微的时候，这个国家却仍然坚守着许多马克思主义的政治原则，而且还几乎比世界上所有其他国家都更成功地躲过了 2008 年的全球金融危机。

第三十一章

果实没有，鸟儿没有

人类历史上有一个变化意义深远，不过或许因为太显而易见，所以很少会有人对其发表什么看法。这个变化就是那些曾经举足轻重的差别，已经逐渐变得模糊起来：四季模糊了；日与夜、夏和冬的区别模糊了，因为夜空变得不再那么重要；月亮对人类活动的影响也越来越弱；工作与休闲、城市与乡村也不再拥有天壤之别。

在漫长的狩猎和农耕时代，季节一直举足轻重。夏天和冬天、春天和秋天，决定了人们吃什么，举行什么样的仪式，日常生活是舒适富足还是穷困艰辛。即使到 1800 年时，大多数人仍然是农民或者牧民，要受到季节更替的深刻影响。因此在冬天时，鸡蛋、水果甚至肉——除非是腌肉——都是稀罕物品。大快朵颐的夏天，把位置让给了勒紧腰带的冬天。

英国诗人托马斯·胡德曾写道：

> 果实没有，花朵没有，绿叶没有，鸟儿没有——
> 十一月，什么都没有！

一千多年前制作的那些宗教手抄书，曾强调过每个季节的独特性。它们会为每个月描绘一幅场景或任务，为该月带来一种特别的味道。现在，这种能让一个普通月份显得与众不同的工作任务已经不再有了。

如果非要说还有的话，那么现在某个月的典型任务，最有可能是休闲活动，比如装饰圣诞树或者去看足球决赛这类。相比之下，1100年时，一本拜占庭的手抄书曾特别选出了巴尔干半岛和小亚细亚地区每个月的工作日任务。4月时，牧民被描绘为正在将牲畜从畜棚赶到山坡的青草地上，冬天已经过去，畜群不用再吃干草了。5月用手捧鲜花来代表。6月时，则展现了一个男人正在割葱绿的长草，准备做干草。到10月时，夏日正在消退，一位捕鸟人的手腕上有一只很小的鸟，他要用这只鸟当诱饵，在那些可以食用的大型鸟类迁徙前赶紧抓几只。11月时，耕农正在犁整土地，为来年的播种做准备。就这样，一年的工作在季节的支配下，井然有序地交替进行着，不过实际的任务可能因地区不同而有所差别。

就连战争都会受到季节的影响。北半球的国际战争往往在春季或夏季爆发。比如1840年到1938年间，冬夏分明的北半球一共打了44场战争，其中只有3场开始于冬季月份，但有26场都发生在4月到7月这些较温暖的月份。春天的到来，为进攻和打败敌人提供了绝佳的机会，因为那时涉河而过会更轻松些，乡间的道路上也不再被烂泥或冰层覆盖，白天越来越长，行进的军队还可以在欣欣向荣的乡村地区偷取或购买食物。在中国，要打一场速战速决的仗，传统上会选择在秋天进行，因为那时候庄稼刚刚收割完毕，河流会更易蹚过，干燥的土地更是方便了军队能以最快的速度行进，抵达事先选好的首战地点。

同样，出行一直以来也要受季节的制约。在亚洲地区，不管是阿拉伯的三角帆船还是马来的快帆船，每年雨季的开始或结束，便是商船队出发的信号。在欧洲地区，大多数出行计划都会被推迟到冬季风暴过去之后。而16世纪时，阿尔卑斯山上的雪一化，大多数德国的朝圣者便会前往威尼斯，然后等到6月或7月时，再从那里启程去圣地巴勒斯坦。

在欧洲，5月1日象征着寒冷和温暖、饥饿与富足的分界线。在前一晚的午夜时分，人们会击鼓或吹牛角号，迎接"五朔节"的到来，并围绕着节日的花柱载歌载舞——由于庆祝活动有时会充满性挑逗的意味，所以在宗教改革运动时期还遭到了一些教士的谴责。突然间，牛奶和奶油变得充裕起来。在英国的一些地区，五朔节的亮点之一便是直接在装着雪利酒或波特酒的酒桶上方挤奶，这样，一股股温暖的奶汁就可以让酒水变得更美味。

五朔节的庆祝活动也蔓延到了人口不断增长的城市中。在18世纪时的伦敦，挤奶女工把这一天变成了自己的节日。一个世纪之后，这一天又成为一群群烟囱清扫工的节日，因为随着夜晚变得温暖起来，他们也要彻底清扫一下各家烟囱在冬日里积下的层层烟灰了。在欧洲大陆上，社会主义者和工会主义者后来把五朔节抢了过来——他们选这一天是再自然不过的事，因为长久以来5月1日就是希望和新开始的象征。在中国的某些地区，由于冬季异常寒冷，所以城里的市场上摆出鲜花时，其意义实际上也相当于五朔节。开花较早的黄牡丹曾是人们的最爱，在8世纪时竟然可值"五束素"[1]的高价。

随着蒸汽船、铁路、罐头工厂和冷藏设备等革新的出现，5月以及随之而来的牛奶、肉、蛋、黄油和鲜花，已不再那么让人兴奋。19世纪下半叶，欧洲已涌入大量产自遥远地区的食品，比如在1850年，英国人吃掉的面包中便有四分之一是由美国和乌克兰出产的谷物制作的。与此同时，罐装食品也横跨大西洋，被运抵欧洲——如罐装牛肉、羊肉、鱼肉，还有后来的罐装蔬菜、水果和果酱等。到1880年，欧洲还出现了最远从布宜诺斯艾利斯和悉尼运来的冷冻牛肉和羊肉。

在2000年的繁华都市，每个大型百货商场里一年四季都摆放着从外地空运来的玫瑰，还有草莓和菠萝。换作以前

1　应是出自白居易的《秦中吟·买花》："灼灼百朵红，戋戋五束素。"

的世纪，无论是在黄河边上还是埃文河沿岸，想找到不合时令的水果或鲜花，等于是白费力气。

模糊的夜与日

在人类历史上的大部分时期内，日与夜的反差同夏与冬的分别一样鲜明。黑暗把人们困在了山洞、树皮屋、木棚或农房里，而对野生动物的恐惧，也给了人们足够的理由待在室内或者可以提供保护的熊熊烈火旁。夜晚还常常会和罪恶联系到一起。据说在半夜里，魔鬼会举行纵酒狂欢的派对，女巫则会骑着扫帚飞来飞去。在世界的主要宗教中，至少有两种都认为在宁静、黑暗的夜晚，上帝可能会降示于信徒。比如，穆罕默德便是在某个深夜里接受了《古兰经》的大部分内容。早期的基督徒看到了在夜里祈祷的好处，因为那时他们可以不被打扰。很多基督徒还预计，基督再次降临的时间将会是午夜。

随着城镇变得越来越重要，黑暗也不再那么吓人。不过即便到了哥伦布和路德的时代，在天黑后，城市主要街道的照明也十分微弱。在当时欧洲的普通民房中，由于灯光太晦暗，人们连书都没法读。不过话说回来，大多数家庭实际上根本没有书。

在很多欧洲的城镇中，法律规定到了夜晚的某刻，家中明火必须被扑灭或盖上，而且全家人上床睡觉前，必须要保证用火安全。这条简单的规定，使许多木屋密集的城镇逃过了火灾的劫难。刚从法国来到英国的国王"征服者"威廉，还下令在每晚8点时鸣响宵禁的钟声，这之后所有明火都要被限制。在世界历史上的大部分时期，夜晚的来临就好像一扇门被关上了。没有多少工作会在夜里进行，所以当一个守夜人，就等于走上了一条孤独的职业之路。

在19世纪，一场非同凡响的变化开始遍及欧洲、澳洲、北美洲和亚洲的一些城市，这个变化就是：黑与白不再那么分明。在屋里，夜晚的人造灯光常常史无前例地比自然光还清晰明亮——当然，这要感谢越来越充裕的鲸油和从地下新开采出的煤油资源，以及煤气和电的发明。很多日间的活动，如有必要，现在可以在夜里的几个小时中继续了。此外，到1900年，大城市的街道不但已有电灯照明，还被有轨电车和火车串联到了一起，所以即便在晚上，人们也可以稍微出门走走，去参加各种社交活动了。

提供照明的新方式还为冬天提供了热能，使得房子能像夏天一样暖和。以前，羊毛一直是制造暖和衣服和毯子的主要原料，但到20世纪末时，由于住宅和办公室供暖已经十分普遍——加上合成纤维价格低廉，羊毛也不再是制作冬衣的刚需了。

新的电子通信技术出现后，又以一种出人意料的方式进一步模糊了日与夜的界限。这些技术提供的即时沟通功能，使得某个人在白天也可以和另一个身在远方的人通话，即使对方那边可能已是黑夜。发现如何利用电磁波传送信息的人，是意大利电气工程师伽利尔摩·马可尼，1897 年时，他将一条看不见的信息成功发送到了狭窄的布里斯托尔海峡对面。通过不断试验，信息的发送范围逐渐扩大。4 年之后，马可尼在加拿大纽芬兰岛接收到了从大西洋另一端发来的无线电信息。这条由英国康沃尔郡一台无线电发射机发出的消息十分微弱，更像是一连串的声响，而不是清晰的信息，但已足够激动人心。

旧式的电报机无法发送人声，但无线电却可以在短距离内做到。1920 年，美国匹兹堡的一群无线电爱好者创建了世界上第一个公共无线电台。此后，很多美国人或购买或组装了自己的"无线"设备，开始收听起来，因为无线电广播很快便实现了另一项功能——在唱机上播放灌录好的音乐。不过，很少有某项现代发明甫一诞生，便羽翼丰满。20 世纪20 年代时，唱机传输的声音不但听起来很怪异，还时不时有沙沙的杂音。但随着无线电传输技术的提高，到 1939 年时，连远在新西兰的人在夜里收听广播时，也可以听到伦敦正在播送的早间新闻了，虽然音质并不总是那么清晰。

与此同时，在 1926 年，善于发明的苏格兰人约翰·洛吉·贝尔德，从内伦敦的一个房间里传送出了第一幅黑白电视图像。他的发明虽然激动人心，但在某种意义上却是一条死路。因为即使在 25 年之后，除英国和美国之外，其他地区中也很少有人见过电视。直到 20 世纪 60 年代之后，在大多数发达国家，电视——在通信卫星的帮助下——才开始真正模糊夜与日的界线。一位澳大利亚的观众，现在可以在晚上收看到世界另一头正在大白天举办的奥运会了。就这样，夜与日互换了位置。

月亮一直以来拥有着十分特殊的地位。早在公元前 9 世纪时的亚述，弯弯的月亮便已经是国王的象征。以色列根据月亮的运行创制了立法。而复活节和斋月的庆祝日期则是由满月来决定。此外，新月还是伊斯兰教的象征，现在仍出现在巴基斯坦、土耳其和大多数伊斯兰国家的国旗上。

如果说夜晚是一座监狱，那么满月便是开门的钥匙，使得很多重要的活动能在夜间举行。借着皎洁的满月，人们可以收割一些庄稼。知道哪天月光会最明亮，有时也会影响到重要的陆军或海军行动的时间选择。在古代的澳大利亚地区，仪式性舞蹈通常都在满月之下举行。在近期的历史上，南非和加拿大的农民同样会在满月之夜举行正式的舞蹈和共济会活动；活动结束后，参与者还可以趁着月光，沿着不知名的路骑马或走路回家。在那个时代，农村家庭每年都会买一本新印的年历，可以查阅满月发生的日期。

看起来近在咫尺的璀璨夜空，与世世代代的人同样有着亲密的关系。夜空中的群星能预示个人和国家的未来，而在很多个世纪中，农民种庄稼时既要考虑月相，也要依据星象。1948 年 1 月 4 日，缅甸宣布脱离英联邦，成立缅甸联邦，而其独立时间则选在了凌晨 4 点 20 分，因为根据占星家的建议，这个时刻是最吉利的。不过，在过去的四个世纪中，望远镜和无线电已经驱散了一些这样的神秘与奇妙感。

电能延长了大城市里的白天，但也削弱了群星的威严。无数个世代里，世界各地的几千万双眼睛，都将夜空视为一座熟悉又神圣的殿堂。但到 20 世纪时，笼罩着大城市的人造灯光，却有史以来第一次让头顶的群星变得暗淡起来，让一位民谣诗人口中"永恒的星辰那奇迹般的绚丽辉煌"失去了色彩。的确，如果某个史前狩猎家庭能复活，并且在一个明朗的夜晚来到日本东京，他们一定首先会对那些高楼大厦和乌泱泱的人群感到惊讶不已，接着，又会以同样的困惑感叹道，夜空已经不再璀璨。

白天同样发生了变化。在繁荣的西方国家，每天的工作有了新面貌。即便在一个世纪前，建造住所、生产食品和衣物的艰苦工作，也都是大多数成年人和很多孩子一生的职业，游手好闲或命运不济的结果只能是挨饿甚至等死。但是机器和新的生产技术改变了大多数工作。工时缩短，假期增多，需要搬扛重物或一直要用到手脚的工作也没几份了。

休闲活动的增多——至少对那些有闲钱的人来说是多了——成为经济生活的发电机。很多蓬勃繁荣的产业，都集中在旅游、运动、娱乐、艺术表演和其他休闲方式上。在1000 年时的欧洲，最受欢迎的英雄偶像往往是士兵和圣徒，但到 2000 年时，在世界的很多地方，这些人更有可能是运动员、演员、歌手、艺术家和其他休闲行业的偶像。

休闲与运动

观赏性体育项目在西方世界的再流行与普及，正是工作与休闲、夜与日、冬季和夏季经历重整的真实写照。英国和澳大利亚是最先着迷于观赏性运动的国家，而且这种迷恋刚开始时更多发生在城市，而不是乡村地区，更多是在伯明翰和墨尔本这样的城市，而不是那些以农业为主的村庄。这一现象表明，虽然工作时间减少了，但生产的财富却更多，进而推动了商业和工业城市中出现的周六或周三的半天奖励性假期。

观赏性体育运动在最初兴起时，反映的是旧日的生活模式。比如，虽然新教国家是现代观赏性体育的发祥地，但由于星期天是安息日，所以它们禁止在这天举办此类活动。在运动员内部，则有着职业和业余选手，或者说劳动阶级和上层阶级参与者的明确区分。此外，每项运动还有着严格的季节划分，这一点反映的是夏季与冬季的古老差别，因此，足球被划到冬季，板球、网球、棒球、田径、草地滚球和划船等被分到较为温暖的月份里。

到 20 世纪末，观赏性体育最终抛弃了被季节、历法、安息日和夜晚强加在身上的限制。随着强力照明灯的出现，日间比赛成了能在晚间举办的项目；随着有顶体育场的兴建，夏天和冬天的反差变得模糊；随着新教的衰落，星期天成为世俗的日子，被空出来并留给了体育或者购物。此外，随着国际旅行的便利和体育文化的传播，专业运动员还可以在季节变化时，从这个半球跑到那个半球，在全年都参加同样的体育赛事。

观赏性体育运动几乎成为国际通用语言，反映了休闲运动令人惊异的扩散与传播。在1900年时，没有几项体育赛事能激起全球的热情，就连重新开始举办的奥林匹克运动会也只相当于一个小型嘉年华。但今天，日期已经定好的国际体育赛事不但从1月绵延至12月，还展示出了一丝可以凝聚某种民族自豪感和进取心的迹象，而传统上，这些情绪原本只会倾注到战争当中。

第三十二章

城市、种子、电子邮件与神殿

　　有好几千年的时间，几乎所有的人都生活在农田附近。他们的生活，被更替的四季和一年一度的耕种收获活动深刻地影响着。他们的柴火要自己捡回家，水要自己挑回家，他们吃的食物大多数也是自己种的。他们还明白，自己将会像父母一样干一辈子农活儿。但是到20世纪末时，不断扩张的城市却取代了农村，成为世界大多数人口生活的地方。全球大约有三十多座城市的人口超过了700万。这些城市多数在亚洲和美洲地区，只有四座——伦敦、巴黎、莫斯科、伊斯坦布尔——是在欧洲。

　　在农业和交通运输相对原始的时代，一座生活着100万人口的大城市不可能存在。怎么可能为这样一座城市提供足够的食物呢？可能直到公元800年之后，世界上才出现了百万级人口的城市，当时的巴格达膨胀迅速，中国西部的西安也紧随其后。但即使又过了 1000 年，欧洲也仍然只有几个城市的人口规模能与这些早期的巨型城市相提并论。

城市这种向上与向外的惊人发展，主要是拜蒸汽机、化石燃料及交通与农业的革新所赐。伦敦是首个人口达到 500 万的城市，纽约是人口最先超过 1000 万的城市，而东京则是第一个拥有 2000 万人口的城市。此后，从 1880 年到 1965 年间，这些峰值一次次地被刷新，亚洲的大城市把纽约和伦敦远远甩在了身后。在写作本书时，世界上的超大城市已经超过 100 座，而在这些超级大都会中，有六座位于亚洲的东部和南部，分别是东京、首尔、上海、广州、新德里和孟买。与罗马城作为罗马帝国中心时的规模相比，东京和上海的面积大约是它的五十多倍，而且这两座城市繁忙的大街上还被卡车、公交车、小轿车和自行车塞得满满的，但是它们在本质上，却与古老的罗马城有着相似之处。出生于公元前 65 年的诗人贺拉斯曾写过"罗马的烟雾、财富与噪音"，而在二十多个世纪后，诗人 T. S. 艾略特在描绘越来越浓的伦敦雾霾时，则写到了让窗玻璃变色的"黄烟"。

今天很多规模庞大的城市，在基督时代不过是些小村庄。然而，这些兴旺发达的城市似乎将会成为流传千古的创造——摩天大楼基本上就相当于我们这个时代的狮身人面像或者金字塔——只是再过 1000 年之后，这些城市中还有多少能继续伟大下去？

据目前所知，基督时代的世界总人口大约有 3 亿，只相当于今天美国的人口总数。但到 1750 年时，世界人口可能已达到 8 亿——不过也仍少于当今中国的人口。这之后，全球人口开始急剧增长，先是在 1800 年时达到 10 亿，接着又在随后的 125 年中翻了一番。最惊人的增长发生在 1927 年到 1974 年间，这一时期的世界人口再次翻番，猛增至 40 亿。而 25 年之后，这个数字竟然又增加了 20 亿。单是 20 世纪 90 年代的新增人口数，就已经超过了自人类起源到工业革命发生前这段历史时期内的人口增长总数。2011 年，世界人口最终突破 70 亿大关。

饥荒终结者

现代生活方式发生的许多深刻变革，都源于第二次世界大战。核能、第一代计算机、神奇药物青霉素和农业的绿色革命等，或是应战争之运而生，或是因战争的刺激骤然加快了发展。

其中的绿色革命，始于墨西哥的一片干旱地区，距美国南部的边界约有 500 公里远。那里的小麦长得很高，几乎可以到人的肩膀，但是产量却很低。1944 年，一位叫诺曼·博洛格的美国科学家来到这里后，发现本地的小麦在生长时，大量养分都被麦秆和麦叶消耗了，留给麦粒的少之又少。于是，通过用很多不同种类的大粒麦种进行试验后，博洛格选择了一种日本的矮秆小麦和墨西哥当地小麦杂交，最终培育出了籽粒更大的小麦品种。一般而言，只要有良好的灌溉系统，加上人工施肥，并结合喷洒杀虫剂，防止锈病和其他可能导致小麦减产的病害，这种新小麦便可茁壮生长。博洛格的创新实验大获成功，到1968年时，墨西哥已经摇身一变，从原来的小麦进口国成了出口国。

那时的亚洲也急需博洛格的帮助。因为在世界上大多数国家的大多数人口中，一半的食物都要靠谷物来满足。1965年到1966年间，印度遭遇大旱，结果不得不从北美和其他小麦产区进口粮食，但即便如此，很多印度地区的小麦供应也需要定量配给。而当时刚刚因困难时期失去上千万人口的中国，还处在恢复期当中。当然，外界并不知道，这些死亡实际上是由强征农村粮食以供养大城市人口造成的。

博洛格和同事们尝试着对亚洲的水稻和小麦品种进行了成功改良。而他在访问印度时，所见所闻也令他极为振奋：应用他的研究成果后，那里的粮食产量剧增，结果一度出现了粮食盈余过多、无处可存的情况，甚至连村子里的学校都被改造成了粮仓。1968年，巴基斯坦最终实现了粮食的自给自足，而在1972年，印度也做到了这一点，而仅仅在10年前，这两个国家还是粮食进口大国。一位名叫威廉·高德的美国官员曾这样概括博洛格取得的巨大成就："这不是苏联那种暴力的红色革命。"恰恰相反，这是一场"绿色革命"，而博洛格便是它的首倡者。

这场新农业革命的意义可能早已超越 18 世纪的那场农业革命，因为它很快就对全世界都产生了影响。多年间，全球粮食产量的增长速度都相应地高过了人口增速。人们排干沼泽、砍倒森林，在清理出的土地上种上了粮食，很多国家也投入大量精力来提升农业水平。以前，数以百万计的农民在犁地时要靠耕牛的蛮力，收割时则要靠自己的体力，而现在，这一切却能由拖拉机和其他农业机械代替完成了。不过别忘了，在这个粮食丰产的新时代中，始于墨西哥的种子革命，起到了至关重要的作用。

在已知的世界历史中，还没有哪个人能像博洛格这样给如此多的人提供了活下来的机会。但也正因如此，那些对于世界人口过快增长感到不满的人，才认为他们有确凿的理由来指责博洛格，而另一方面，天主教徒、伊斯兰教以及其他认为生命诚可贵，所以应该让更多孩子都有机会来体验它的人，也同样有赞颂他的理由。看来，这场争议的双方都有，也仍然有他们各自的杀手锏。

科学、食物和文明

2009 年，这位伟大的谷物杂交专家在 95 岁高龄时与世长辞，不过到了那个时候，他的革命也差不多接近尾声了，因为小麦和大米全球平均亩产量的增长已经逐年放缓，世界的谷物产量也无法再跟上人口增长的步伐。不过，中国和印度这两个似乎在以前总是躲不开周期性饥荒的国家，现在却基本上实现了粮食的自给自足。在21世纪的头十年中，它们已经很少再进口粮食。

1800年左右，经济学家托马斯·马尔萨斯牧师在撰文讨论人口过剩可能带来的持续危险时，一定会认为这样的粮食增产是天方夜谭。或许连上世纪50年代时那些最博学多闻的科学家们，如果有机会穿越到今天，也会对着印度与中国的稻田和麦田大为赞叹。

不过，从另一方面来看，粮食供应的增加，导致世界人口的递增速度越来越快，在一些观察人士的眼中，这已经危及到了文明的未来。人类活动会导致全球气候变暖，而这样的气候变化又会造成不利甚至是恶劣影响——在1980年时，这类担心还很少被人提及，可到了2000年，却已是全球都在广泛监控和争论的问题。2010年的气候大会虽对此进行过激烈讨论，可是并未拿出实质性的解决方案。1970年左右，一些科学家曾强烈地表达过对食物、矿物和其他原料可能出现紧缺的担忧，虽然现在这种担心已有所减弱，但随着世界人口的持续增长，仍时不时会有人大声发出对饥荒的担忧。

现在，人类常常将自然看作一位备受珍视的盟友，需要防止人口剧增对其造成的伤害，但曾经有很长一段时间，大自然在被视为朋友的同时，也被当成了敌人。洪水、干旱、野兽、狂风暴雨、黑暗的森林以及变化无常的大海，总是令人类感到恐惧。因为长久以来，自然出手一次便可造成的严重破坏，远远超过了人类自己在一整年内通过战争或者其他形式的自我伤害造成的损失。例如，相较于六个世纪后的第一次世界大战，因黑死病而丧生的欧洲人实际上要多得多。在某些世纪中，饥荒、飓风、海啸、地震和火山爆发，同样可以让亿万生灵涂炭。不过到了现代，科技却常常被一些批评者认为更具潜在的破坏性，而大自然本身在他们看来，则充满了仁慈。

新神与旧神

日常生活危机四伏且常常痛苦不堪的时代，往往也是宗教最为兴盛与活跃的时代。当洪水、干旱以及其他自然灾变造成了更大的破坏，当饥饿就在拐角处徘徊，当英年早逝是多数人要面对的未来时，宗教便会风生水起。当人们要靠土地生活，但又深知长久企盼的丰收有多容易被害虫、干旱、土壤耗竭或风暴一笔勾销之时，宗教便会枝繁叶茂。在历史上的大部分时期，人类的生活都充满了危险，而宗教正好能为国家、地区或者家庭生活中发生的一些难以解释之事提供答案，不仅能满足人们内心某种深切又时而无法解释的渴望，也成了他们力量与灵感的源泉。

在无数社会中，宗教都是一种凝聚力，没有它，社会便可能分崩离析。强大的统治者们高举着宗教的大旗，是因为有利可图。借助官方认可的宗教，他们甚至可以宣称自己是神的后代，因此，违背王的旨意就等于是在间接与神对抗。1789 年的法国大革命、1917 年的俄国十月革命以及 1949 年的中国革命，目的都是要推翻旧的宗教信仰体系，因为那些神父、牧师们是旧秩序的靠山和支柱。

到了 20 世纪，去教堂做礼拜的欧洲人数量开始下滑，到基督教会事工或加入男女修道院的年轻人也越来越少，畅销书排行榜里现在更没有几本是宗教书籍了。很多婴儿在接受浸礼或洗礼时，被授予的教名都源自流行歌星或电影明星，而不再是使徒或者圣徒的名字。在古巴地区，自造的变形词或由父母名字构成的复合名，已经逐渐取代哈维尔或玛利亚这些传统的基督教名字。婚礼和葬礼的举办地点越来越多地选在教堂之外的其他地方，而基督教对于同性恋、离婚、自杀和堕胎的态度，也不再那么有说服力。

不过，总体而言，宗教在我们的世界中依然拥有着强大的力量。比起一个世纪前，无论是基督教还是伊斯兰教，都拥有了更多的信众，当然，部分原因是世界人口也在增长。它们的礼拜堂遍地皆是，仿佛合力在地球上画出了一条虚线。佛教在中国的影响力虽然已经大不如前，但在亚洲的其他地区仍然生机勃勃。在印度，印度教和耆那教、拜火教和锡克教还远未消失。犹太教也仍然存在着，也十分庆幸自己还存在。现代非洲地区虔诚信教的人，可能比欧洲历史上任何时期的信教人数都多。不过值得注意的是，那些拒绝同逐渐兴起的世俗化倾向妥协的教会或清真寺——他们仍在继续维持着各自有关来世重要性的信仰——反而往往会成为最活跃的宗教力量。

很多人可能没有意识到，基督教的中心地带实际上已经发生转移。现在世界上基督教人口最多的国家都在美洲地区，比如美国、巴西和墨西哥。非洲地区的活跃基督徒数量要远胜于欧洲，英国圣公会在非洲的信众也要比不列颠群岛多。而据一些统计学者称，中国的基督徒在数量上同样超过了教皇所在的意大利。

基督教的漫长历史，并不能被简单概括为在不断崛起后，近来又令人不安地走向了衰落。因为即便在今天的欧洲和小亚细亚地区，基督教也比在 800 年时要更有影响力。毕竟在当时，北方的异教徒维京人正在不断进犯，地中海东部和南半部的大部分基督教地区被伊斯兰教控制着。因此在整个世界范围内，今天的基督教显然比过去，比如哥伦布生活的 1500 年，强大得多。在其两千多年的发展过程中，基督教曾显示出一种异乎寻常的自我伤害能力，但也同样展示了它能屈能伸的本领——在经历一段时期的节节退让后，仍能再次开疆扩土。这在宗教中是极为罕见的。

人们常说宗教正在逐渐衰落，但与此同时，穆斯林的数量却在继续成倍增长。在乡村地区有着主导性优势的伊斯兰教，不但狂热地相信自身的真理，也主张拥有人丁兴旺的大家庭，因而扩张步伐十分惊人。现在，世界上可能有五分之一的人信仰伊斯兰教。虽然在信徒的总体数量上，它还远远落后于基督教，但在发展速度上已经赶超。今天，世界各地修建的那些巍峨壮观的礼拜堂，更有可能是伊斯兰教的清真寺，而不是基督教的大教堂。1993年，在一个俯瞰着大西洋的岬角上，摩洛哥的卡萨布兰卡建成了高达210米的世界最高宣礼塔。就连罗马和伦敦也建造了大量的清真寺。

与其他宗教相比，20世纪唯物主义与偏自由主义的思潮，对伊斯兰教的影响则要小很多。对待那种焦躁不安、没有信仰的文化时，伊斯兰教传道士的态度也要比基督教传教士更强硬，并且指出这样的文化不但存在于纽约和巴黎，甚至连北京都有。他们斥责现在的西方社会过分宽容，而且行为放荡。如果按照传统的西方标准来衡量，他们在很多时候其实是对的。其他穆斯林领袖则抨击西方的民主制度，反对赋予女性平等的权利。还有一些更不宽容，认为基督教宗教团体根本不应被准许在穆斯林的土地上结社聚集。

在很多西方国家的议会中，文化和宗教多样性——或许在历史上是第一次——被奉为一种至上的美德。不过，这种多样性却被不少清真寺斥为一种不敬神的态度。与此同时，很多伊斯兰教的分支派别还组织起了游击战。这些人并不是典型的穆斯林，但因为他们令人发指的恐怖行动常常会上新闻，所以被当成了伊斯兰教的代表。

伊斯兰世界与它变幻莫测的朋友——油井

20 世纪下半叶时，很多伊斯兰国家讨价还价的地位迅速蹿升，不过这一改变与宗教无关，而是因为石油成了它们的第一实力源头。与此相对的是，在 1900 年时，俄国和美国才是主要的石油生产国——那时的石油是基督教国家的商品。不过也有一个比较重要的例外，那就是荷属东印度群岛中的苏门答腊岛。1892 年，这个信奉伊斯兰教的岛屿，用管道把 10 公里外的热带丛林中新开采的原油输送出来后，炼出了自己的第一桶油。

由于地理环境的机缘巧合，石油后来更多地成了伊斯兰国家的财富。自 1908 年海湾地区的第一桶原油被开采出来后，在不到 40 年的时间里，一座接一座的油田在波斯湾两岸被发现，中东最终成了这个商品的主要产区，再加上非洲的第一批油田同样发现于伊斯兰教占主导的地区，因此伊斯兰国家在国际原油交易中的影响力开始与日俱增。

与此同时，石油这种商品也变得越来越重要。回忆起来，第二次世界大战实际上可以被看成一场旷日持久的石油危机。1941 年，入侵苏联的德军占领高加索地区主要油田的希望落空，结果付出了惨重的代价。在远东地区，由于军用飞机和摩托化步兵师均急缺燃料，正在侵略中国的日本为找到更多的石油，又耀武扬威地对荷属东印度群岛和英属缅甸地区进行了侵略。

二战之后，欧洲的殖民霸权地位一落千丈，大多数穆斯林地区获得独立，并将石油变成了他们的特殊武器。1973 年，石油的特殊地位再次得到巩固，伊斯兰国家宣布实行禁运，暂停向美国出口石油，致使世界油价翻了两番，日益严重的石油紧缺——或者更确切一些，对紧缺的恐慌——威胁着要重创美国各大城市。1979 年，波斯沙阿（伊朗国王巴列维）被推翻后，另一场石油危机再次震荡了世界经济。不过，伊斯兰产油国已经开始慢慢丧失了他们的强势谈判力。20 世纪80 年代，这些国家间闹起了内讧，而在中东之外的地区发现新油田后，他们要面对的还有更为严峻的竞争。

伊斯兰产油国在其影响力的巅峰时期，尤其受到西方媒体的谴责，仿佛他们的所作所为自私到了极点。但在很多个世纪中，其他垄断着某种值钱商品的统治者也曾试图操纵市场，比如，古代中国的统治者曾试图控制丝绸市场，荷兰商人曾企图独占印度尼西亚群岛的香料贸易。二战之后，中东地区的那些石油国王只不过在挥舞同样的武器罢了。不过，它们得到回报也的确丰厚。在国际贸易历史中，石油在 1980年之前的 50 年所达到的重要地位，是其他任何商品都无法比拟的，而石油带来的影响力，也没有哪个地区能比中东体会得更真切。

世贸双子塔为何倒塌

在中东这片石油储量巨大的地区，坐落着《圣经》中提到的"应许之地"——巴勒斯坦。这一地区曾长期处于奥斯曼土耳其帝国的统治之下，但奥斯曼人在第一次世界大战中败北后，英国主动挑头提出将巴勒斯坦划分出来，并在此为犹太人建立一个民族之家。随后，大量犹太移民开始从欧洲涌入这里，似乎在最终人数上要与巴勒斯坦的阿拉伯人分庭抗礼。1948 年，巴勒斯坦这片狭小地带上成立了一个独立国家，也就是以色列，大量巴勒斯坦人或主动或被迫地开始流亡。周边的阿拉伯国家曾试图占领以色列，但均以失败告终，而以色列则趁机获得了更多的领土，致使周边国家利益受损。

阿拉伯人继续坚持认为以色列没有存在的权利。有些还转向了恐怖主义活动，比如劫持搭载着以色列人的飞机。从 20 世纪 90 年代开始，恐怖活动不断升级，而作为以色列的忠实支持者，美国人也成了恐怖袭击的对象。

无论在陆地还是海上，恐怖主义都是一种古老的武器，而使用者通常都是那些处于劣势的一方。即使在现代，那些没有海军舰艇和武装飞机的组织在同某个强大的国家作战时，仍要依靠突然袭击和恐怖活动。1900 年前后，世界上最成功的恐怖主义者，是欧洲的无政府主义者和一些以反政府为原则并试图暗杀当时各国领导人的左翼组织，他们的受害者名单包括法国和美国总统、奥匈帝国皇后、俄国沙皇和意大利国王。[1]

但一个世纪后，最狂热的恐怖分子成了那些铁了心要消灭美国人和以色列人的宗教极端分子。2001 年 9 月 11 日清早，恐怖分子劫持四架刚从美国机场起飞的长途客机，并以自杀式袭击的大胆行径，驾驶着其中的三架撞向了纽约和华盛顿的标志性建筑。

纽约世贸中心双子塔倒塌时的灾难性一幕，经电视直播后，成为到那时为止世界历史上收视人群最广泛的一场惨剧。"9·11"事件，是敌对势力首次在美国本土成功实施的恐怖袭击。过去两百多年中，一个顶级强国的心脏地带在国际和平年代遭遇军事袭击这种奇耻大辱，还从未发生过。

相比之下，居住在世界各地的几百万穆斯林却高呼万岁，认为这场袭击是正义的胜利，打击了美国的气焰与犹太人的影响力，因为纽约是全球的金融中心，华盛顿则为色列提供着军事上的保护。"9·11"袭击还被看作真主安拉在一场未有穷期的战争中获得的伟大胜利。19 名劫机者中的 1 名在临死前曾大吼道："安拉至大！安拉至大！"他的话，被飞机上的电子记录仪——也是这个世界在日益缩小的象征——捕捉到并保存了下来。

1　分别是指法国总统玛利·弗朗索瓦·萨迪·卡诺 (1894)、美国总统威廉·麦金利 (1901)、奥匈帝国皇后茜茜公主 (1898)、俄国沙皇亚历山大二世 (1881)、意大利国王翁贝托一世 (1900)。

为打击报复那些被视为最具威胁性的伊斯兰国家，美国首先与盟友联合入侵了阿富汗，但那里千山万壑的地形对入侵者十分不利；接着在 2003 年，美国又组织了一场针对伊拉克的战争，还赢得了有史以来速度最快的军事胜利之一。但是，对于一个强势的民主国家而言，占领敌区很容易，制服它才是难事。这也就是为何美军在入侵伊拉克时的士兵伤亡，要少于它在占领该国并试图维持秩序时遭受的人员损失。在阿富汗战争和伊拉克战争期间，大多数伊斯兰国家对美国、英国和其他盟军的愤慨有增无减。2004 年，伊斯兰恐怖主义者成功袭击了西班牙马德里几辆通勤列车上的乘客，导致 191 人死亡、1800 多人受伤。一年之后，同样的惨剧又在伦敦上演。在另几起触目惊心的恐怖袭击中，一些在印尼巴厘岛度假的澳大利亚和欧洲游客则不幸沦为受害者。而每当恐怖活动引发巨大恐慌时，旅游业和日常工作遭到的破坏也是规模空前的。

　　中东地区的动荡，并非简单的穆斯林与异教徒之争。在 20 世纪 80 年代，伊拉克和伊朗之间打了一场代价昂贵的战争，虽然双方都是伊斯兰国家，但是各自拥有着完全不同的伊斯兰信仰及其他信仰。有时候，异教徒还会同伊斯兰握手言和。在 2010 年之前，以色列的犹太人和土耳其的穆斯林及非宗教信仰者保持了半个世纪的稳定关系，伊斯坦布尔是以色列人最钟爱的度假胜地。同样，以色列和埃及也礼貌地保持了 25 年左右的和平。

但有一个出人意料的反常情况，那就是沙特阿拉伯与美国之间的联盟关系。从 1943 年开始，圣城麦加和麦地那的阿拉伯守护者，就处在世界上人口最多也最强大的基督教国家的保护之下。当然，让美国人感到神圣的，并非那些圣殿，而是沙特阿拉伯的石油。

盘根错节的石油和宗教敌对因素、以色列在阿拉伯世界像孤岛一样的存在，加上周边国家领导人之间的那些正常角力，都使得中东变成了一个极具战略地位但局势又风云莫测的地区。

这类争端看起来难以调和，所以它们的重要性也很容易被放大。但事实上，这些并非伊斯兰教和其他宗教对手间最具毁灭性的冲突。在 630 年到 800 年间，穆斯林在地中海附近发动的大举进攻，比 1945 年之后上演的冲突造成的破坏更严重，拖延的时间也更久。中世纪时的十字军东征，同样是基督教和伊斯兰教间一场你死我活的致命战争。诚然，今天的各种冲突虽然从苏伊士运河、巴勒斯坦、叙利亚一直绵延到了阿富汗的峡谷和尼日利亚及苏门答腊岛的热带雨林，但在很多地区，穆斯林和基督徒或者穆斯林和印度教徒，也可以相对和谐地比肩而居。只是在宗教关系中，和谐不会成为头条罢了。相比之下，穆斯林和犹太人就绝对势不两立了。在中东地区的三大宗教中，互为对手的犹太教和伊斯兰教，在宗教体系和情感认同上历来都是最接近的，然而，今天的它们却常常成了对方最强烈的反对者。

无神论者与科学家

　　曾几何时，马克思主义是宗教的有力竞争者，而且它也有自己的先知——无神论者卡尔·马克思。马克思宣称是他第一个发现了人类历史发展的科学规律，并且认为这些规律最终将会制造出一个天堂，尽管这个天堂在地球上。共产主义尊崇人类——资产阶级除外——以及人类的长期潜能，相信人类几乎有可能做到任何事情。到 20 世纪末，随着共产主义在苏联和东欧的破灭，这种乌托邦思想也开始逐渐衰落。但它很可能还会披上新衣服，大摇大摆地重新登场。因为历史证明，乌托邦主义和集体主义缓慢崛起之后，常会开启一场意义重大又振奋人心的实验，在得到令人沮丧的结果后再渐渐淡出，然后又会东山再起。

　　无神论之所以能遍地开花，是因为它也有自己的福音布道者。他们的信心与影响力部分是源自科学的各种成就和对于理性的崇拜。科学被奉为了一种看世界的新方式——封建迷信的敌人。科学被一些学者誉为人类的道德卫士，因为它是建立在诚实与公正之上的。正如一位波兰裔英国科学家所言：“20 世纪的知识领袖要由科学家来担当。”

　　科学和技术的确创造了奇迹。从 1850 年到 2000 年间，世界上大多数人口的日常生活都因为科技而焕发了新的生机。不过，虽然几十年来科学都被捧为人类的大救星，但也遭到了很多西方批评家的谴责，尤其是从 20 世纪 60 年代之后。

当时，一场声势浩大的绿色运动，在大城市中那些受过教育的人的参与下，将科学与技术树为敌人，指责它们污染了天空、土地和海洋。更多的科学家也加入了这场运动。1972年，该运动组织成员之一的"罗马俱乐部"曾草率地预言，一场饥荒即将来临，而且几乎所有的矿物也会发生严重短缺。次年的石油危机发生后，又给它们带来了更多的拥趸。1985年之前曾盛行一时并吓坏了许多人的核战恐慌，还有取而代之的人类行为引发全球变暖的恐慌，实际上都是对科学的怀疑氛围不断升级的另一类征兆。作为一种替代性宗教，科学几乎把希望都发明了，可现在却常常会制造恐惧。然而，即使科学所取得的成就无处不在，远非它那些可被感觉到的危害能比，公众对科学的怀疑却仍在加剧。

于是，大自然脱颖而出，成了另一种替代性宗教。1800年左右，歌德和华兹华斯及其他一些浪漫主义运动的诗人和艺术家曾十分崇尚大自然。1845年，在波士顿附近森林中的一个小湖边上，天才作家亨利·戴维·梭罗开始过起了一种简朴的生活。他用才华横溢的双眼观察鸟、鱼、树木，还有野草，并把自然称作他的"新娘"。附近镇上一棵参天榆树被砍倒后，他还哀悼了这位被他称为镇上最古老居民的死亡——他是唯一一位悼念者。后来，他的随笔集《瓦尔登湖》，在他与世长辞很久之后，成了绿色运动的圣经。

20世纪60年代，一场几乎可以被称为反文化运动新娘的新运动，重新将自然奉为了神明。伊甸园再度归来，成了世俗的朝圣之所。当然，现代的亚当和夏娃既非衣不蔽体，也没有身裹绿衣。随着城市、高速公路、机场的扩张，随着世界人口的增长和热带雨林及灌木林地被砍伐清理，人们很容易争辩说，伊甸园正危在旦夕，且将迅速萎缩。1965 年，在加利福尼亚州的喷气推进实验室，化学家詹姆斯·洛夫洛克提出了一个类似的观点——盖亚假说。他把整个自然界描绘为一个由各种相互影响与平衡的力量完成的杰作，并号召人类成为这种脆弱机制，也就是盖亚的辛勤保卫者。在德国和澳大利亚，一些早期的绿色政党应运而生，开始传递这一时代理念。

全球对话

20 世纪的鲜明特征，是变革的速度与尺度。这个世纪经历了科学、农业、工业、教育、绿色、城市和交通的革命。而通过无人飞机和导弹，我们还可以察觉到一场军事革命的发生。不过，就连这个革命，也荡出了和平的涟漪，因为它的"全球定位系统"可以令人惊异的准确度为舰船的领航员提供导航。

随处可见的，还有另一场同样令人惊异但总体上无声无息的革命的踪影。全世界年龄在五岁以上的人口中，有一半人的生活方式正被一个新的机器改变着。个人计算机是一个装满了兴奋与激动的小盒子，它能说，能写，能计算，能播放音乐和电影，能流播电视和广播，能玩游戏，还能到全球各地办事。

计算机的工作使命最初是一个笨重的问题求解机器：一种数字运算或破解密码的自动方式。第一台可用的计算机出现于第二次世界大战期间。这台当时坐落在英国布莱切利园并受到高级别秘密保护的机器，由包括1500个电子管在内的数千个零件组成，可以破解纳粹德国在向其陆军和海军将领发送机密无线电指令时使用的密码。美国当时也拥有自己的创新设备。不过，早期的计算机体积庞大，价格也极为昂贵。而且，由于它的近五十万个电气连接均需手工焊接，因此经常需要修理。

计算机必须要变得更轻、更小巧，最终，美国的一些机构和企业找到了答案。1948年时，贝尔实验室的三位科学家设计发明了晶体管这种半导体元件。十年之后，硅片出现了——这种也被称为集成电路的电子部件，由年轻的电气工程师罗伯特·诺伊斯和杰克·基尔比发明。慢慢地，晶体管和硅片促成了一种比曾经那些庞大处理器更强大但体积却更小的机器的发明。最终，一枚比银币大不了多少的硅片已经可以容纳1亿个晶体管了。

不过，今天那种司空见惯的计算机在以前仍然难以想象。鼠标这个定位装置，运行时仍要靠机器边上的滚轮，其外形和尾巴一样的线缆也的确很像一只老鼠。1971年，IBM的计算机上首次出现了软盘驱动器。这种可以人工将信息从一台计算机传到另一台计算机上的安全方式，被人们欣然接受了，更重要的是，软盘还可以储存信息——这是打字机无论如何都无法完成的任务。

以前的大多数计算机都是政府部门（尤其是国防部门）和大型商业机构在使用，所以加利福尼亚州反文化运动的成员看待它们的眼光充满了怀疑——计算机是敌人的机器。然而，恰恰是一个嬉皮士，在印度这个乐园游荡了一年之后，做出了很大贡献，最终把大公司的秘密机器变成了拆除全世界各种壁垒的玩意儿。这个嬉皮士就是史蒂夫·乔布斯，1976年成立的苹果计算机公司的联合创始人之一。在他那个时代，连最轻便的计算机都要比飞机上通常允许携带的随身行李的体积大，作为众多年轻发明者中的一员，乔布斯同其他人一起一步步慢慢制造出了体积小巧又人人都能消费得起的个人计算机。

这个过程就像是首尾颠倒的工业革命。始于棉织品制造的工业革命，导致了又大又吵的纺织机和越来越大的纺织工厂的出现，而蒸汽引擎则带来了更大的轮船和更长的火车。与此相反，计算机革命开始于非常非常庞大的机器，然后变成了越来越安静也越来越强大的小东西。大象缩成了蚂蚁。

尽管那时的计算机日新月异，却仍没有向别的计算机即时发送信息的能力。1969年，美国国防部的一个下属部门第一次实现了两台计算机的联机。很快，这个网络就将美国西部地区多所大学中的一些计算机也联到了一起，到1973年，这一被称为"因特网"的联系网络到达了伦敦，在 1989 年，又来到了澳大利亚。一年之后，全球的信息超市（万维网）在瑞士初步成形。

然而，随着"万维网"包含的信息变得越来越庞大和臃肿，人们必须要找到一种能快速定位某一特定信息知识的方式。于是，搜索引擎被发明了出来。在 21 世纪初，搜索引擎让互联网成了世界历史上最繁忙的参考书阅览室——虽然这些信息鱼龙混杂，有真有假，但仍是了不起的进步。而且最重要的是，人们只要用一部小小的手机便可以访问这些信息。

不过，虽然站在聚光灯下的是比尔·盖茨和其他的现代美国发明家，但他们的成就在很大程度上却要感谢 19 世纪的理论和实践科学家。今天的计算机，是英国的迈克尔·法拉第、詹姆斯·克拉克·麦克斯韦和约瑟夫·约翰·汤姆逊，意大利的亚历山德罗·伏特，法国的让·巴普蒂斯·约瑟夫·傅里叶，德国的海因里希·赫兹，美国的托马斯·爱迪生以及其他许多人的曾孙子。他们发现了电是什么和能做什么。而在此基础上，1897 年，汤姆逊在剑桥发现了电子。这种起初被他称为微粒的粒子，质量只有原子的千分之一，但更让人困惑，因为它们能沿电线或电子管以不同方式流动。

对电子的掌握与控制，最终促成了计算机、微波炉、电子琴、工业机器人、心脏起搏器以及其他成百上千种设备的发明。不过，稍具讽刺意味的是，汤姆逊本人是曼彻斯特一个书商的儿子，他的发明为网页的发明铺平道路后，现在却对书店与报刊亭造成了巨大挑战。

虽然电子信息的革命现在仍处于起步阶段，但一个新西兰人在自己家就可以将信息即时发送给远在中国的一位商人，或者用手指轻轻一点，把同一条信息发送给身在其他二十几个国家的同事；或者一名在洛杉矶念大学的印度学生，可以每天和他的母亲通一次邮件，而且几乎不用支付什么费用，当他晚上回到家打开自己的 iPad 时，或许还会碰巧看到远在印度的家乡发生的事情。然而，就在半个世纪前，连电视图像在西方世界也只能以龟速传播。观众在他们的黑白电视机上看到的大多数外国新闻，起初都是以新闻短片的形式，先由汽车运到最近的机场，再通过火车、飞机和汽车送到各家外国电视台。有时候，一段图像在拍摄完一两天之后，才会出现在晚间的电视屏幕上，这也就是为什么当那些致命的子弹在 1963 年 11 月 22 日打出去之后，又过了很长一段时间，日本和澳大利亚的电视台才播放了肯尼迪总统在得克萨斯州遇刺的画面。

洪流将带我们奔向何方？

新发明的洪流奔腾而来，正在改变着商业的本来面目。它挑战着零售店、印刷所以及主要街道上其他机构的运行，还引导着战争武器的方向。从古至今，从来没有如此多的人，能对他们从未去过的国家或者一年前他们还一无所知的观点了解得如此透彻，也从来没有十亿人能对那么多的东西了解得那么少。但同时，更从未有过这么多人能有机会经常和远在天边的朋友保持联系，或者女性只要带着自己的手机，连独自走路时也可以觉得很安全。

电视和其他的老一代媒介同样遇到了挑战，因为民主讨论的中心已经转移到了上亿个小小的在线聊天室中。2012年时，手机和计算机在阿拉伯世界的革命浪潮中被誉为是自由与民主的新卫士，因为正是它们把抗议者召集到了城市的广场上。就连严厉的中国政府，也无法有效控制这条信息、对话与抗议的新洪流，更别说阻断它了。

不过，印刷媒体、电报和无线电的历史却告诉我们，类似的新发明刚刚出现时，看起来都会成为自由最永恒的朋友，比如，现在所有的新创造似乎也将开启一个新时代，然而这些让人爱不释手的新玩意儿，即便起初几乎充满了魔力，但也有可能突然变成一把双刃剑。在不同的情境之下，它们或许会成为自由的敌人。

结 语

人类的近代历史就像是一次令人难以置信的重生——人
体的大多数部位都获得了新的替代品。

两千年前，人的双腿是必不可少的，除了马或帆船外，
没有别的选择。腿带着人们爬山、散步，而且除很小一部分
要坐下来完成的工作外，人们醒着的大多数时候，也要靠双
腿来支撑站立。债主或者学者或许在工作时可以坐着，但其
他人都得站着做工，无论是种田收庄稼，还是当牧师、当兵
或做厨师。就连写字这种行为也经常是站在一个高桌边上完
成的。但是，现在却有了飞机、火车、汽车、摩托车和公交
车来代替双腿。

同样在两千年前，手臂和肌肉在大多数工作中也都是至
关重要的。在海上，虽然风可以助一臂之力，但要升起厚重
的船帆或在无风时划船，最紧要的还是手臂。耕地时，公牛

的蛮力断不可少，但控制犁的方向却要靠胳膊的力气。在生产食物、建造住房和提供安全方面，臂膀和手指更是不可或缺。

但接着，一系列巨变发生了。人类的臂膀和双手，被水轮和蒸汽引擎，被独轮车、火药和炸药、液压起重机、手持风钻、推土机、铆钉机、洗衣机和真空吸尘器，被缝纫机、水果包装机、挖掘机、计算机键盘和无数其他的替代品取代了。人类的左膀右臂和十根手指所经历的变化，远远超过双腿。现在，一个大洲上的人甚至可以用手指把核弹发射到另一个大洲上。

对于人的脑袋来说，改变也是天翻地覆的。在望远镜、显微镜、电视、雷达、眼镜、印刷媒体的帮助下，双眼的视域更为开阔。有了广播、麦克风、电话、磁带，人类的耳更聪、口更灵，声音也传得更远。计算机虽是人类大脑创造性的体现，但反过来又让大脑如虎添翼。避孕小药丸改变了性行为。牙医和假牙，加上饮食结构及食物处理过程的改变，又使牙齿的效用得到了延长。对于人体知识的了解，则因为基因的研究而获得无限扩展。

人类的记忆，尤其是集体记忆，在图书馆和计算机的帮助下，同样得到了扩展。不过，早在罗马帝国崛起之前，人类记忆力的扩展便已经有了长足的进步，在这点上，还要感谢算数的发明、历法的创制、书写的出现和强大记忆力的绝妙助手——押韵的能力。与此形成鲜明对比的是，手臂和腿、嘴巴和牙齿、眼睛和耳朵、记忆力以及疾病诊断等方面的效率，要到 15 世纪之后，才出现了明显提高。

尽管许多掀天动地的改变并没能减少这个世界上的一场场痛苦与磨难，但它们是否仍然提升了普通人的幸福感呢？心满意足和幸福快乐，要靠自己的灵与心，但似乎住房、教育、休闲、饮食种类与健康的提升，也在其中扮演了同等重要的角色。只是，今日美国的普通居民是否就一定比一万年前那些普通的亚洲居民更幸福快乐，还不好说。

险些大同的世界

技术的进步，放大了单个领导人或组织的潜在力量。一万年以前，某个部落首领所能发挥的影响，基本上很难超出其大本营 100 公里以外的范围。那时的世界，如同能容纳千万个小涟漪的池塘，每个小涟漪的面积都代表着一个部落极小的影响范围。但当埃及、中国、波斯、希腊、罗马和阿兹特克等一些庞大的帝国崛起之后，涟漪的半径也随之变长，成了大波浪。

当然，这些帝国中无论哪一个，其影响范围仍不算大，因为当时的战争和运输手段就是那个样子，想要对四面八方的人口实行集权统治，基本上不可能实现。两千年前，任何帝国都没有办法无限扩张。罗马如日中天之时，或许可以征服和统治印度，甚至中亚的部分地区，但这样的统治终究是昙花一现。即便到了 17 世纪，西班牙、葡萄牙或者荷兰也绝对无法在十万八千里外，对新世界中的大多数港口实行有效的管控。至于希特勒，就算他获得了胜利，可能也无法称霸整个世界。因为当时已有的作战、通信和审查手段，已经限制了这一点。

但今时早已不同往日，某个刚愎自用的独裁者或者强权国家，即便无法对世界上的全部或大部分地区实行铁腕统治，也有可能达成松散的称霸。在接下来的两个世纪中，随着世界越变越小，距离越来越短，企图设置世界政府这种事说不定就会发生，且不论是经过协商同意，还是使用武力手段。当然，这样的政府在总体上是否有益，是否会维护自由，我们无法预测；它能维持多久，也是个开放性的问题。毕竟，在人类历史上，几乎没有什么事会是板上钉钉的。

延伸阅读

Jacques Barzun, *From Dawn to Decadence: 500 Years of Western Cultural Life*, Harper Collins, New York, 2000.

Geoffrey Blainey, *A Short History of Christianity*, Penguin Books, Melbourne, 2012.

Fernand Braudel, *A History of Civilizations*, trans. Richard Mayne, Allen Lane, Penguin Press, 1994.

Gregory Clark, *A Farewell to Alms: A Brief Economic History of the World*, Princeton University Press, 2007.

Michael Cook, *A Brief History of the Human Race*, Granta, London, 2003.

Norman Davies, *Europe: A History*, Pimlico, London, 1997.

Jared Diamond, *Guns, Germs and Steel: A Short*

History of Everybody for the Last 13000 Years, Vintage, London, 1998.

E. H. Gombrich, *The Story of Art*, Phaidon, London, 1972.

Immanuel Hsu, *The Rise of Modern China*, Oxford University Press, New York, 1995.

Olwen Hufton, *The Prospect Before Her: A History of Women in Western Europe*, 2 vols, Fontana, London, 1997.

Paul Johnson, *A History of the Jews*, Weidenfeld & Nicolson, London, 1987.

Barry Jones, *Dictionary of World Biography*, 3rd edn., Information Australia, Melbourne, 1998.

Eric Jones, *The European Miracle: Environments, Economies and Geopolitics in the History of Europe and Asia*, 3rd edn., Cambridge University Press, 2003.

Paul Kennedy, *The Rise and Fall of the Great Powers: Economic Change and Military Conflict from 1500 to 2000*, Random House, New York, 1989.

Thomas Sowell, *Conquests and Cultures: An International History*, Basic Books, New York, 1998.

译名对照表

人名

阿尔弗雷德·罗素·华莱士
　　Alfred Russel Wallace

阿尔弗雷德·魏格纳
　　Alfred Wegener

阿加索克利斯　Agathocles

阿洛伊修斯·里利乌斯
　　Aloysius Lilius

阿塔瓦尔帕　Atahualpa

阿育王　King Asoka

埃尔南·科尔特斯
　　Hernán Cortés

埃斯基涅斯　　Aeschines

安德斯·摄尔修斯
　　Anders Celsius

安东·凡·列文虎克　　Anton
van Leeuwenhoek

奥古斯都　Augustus

巴尔托洛梅乌·迪亚士
　　Bartholmeu Dias

巴兹·奥尔德林　Buzz Aldrin

鲍德温·斯宾塞
　　Baldwin Spencer

本杰明·迪斯雷利
　　Benjamin Disraeli

庇护七世　Pius VII

布克斯特胡德　Buxtehude

茨温利　Zwingli

大马士革的阿波罗多罗斯
　Apollodorus of Damascus

德皇威廉二世
　Kaiser Wilhelm

狄摩西尼　Demosthenes

弗朗西斯·詹姆斯·吉伦
　F. J. Gillen

弗朗西斯科·皮萨罗
Francisco Pizarro

弗雷德里克四世　Frederik IV

弗蕾迪丝　Freydis

伽利尔摩·马可尼
　Guglielmo Marconi

格里哈尔瓦　Grijalva

海因里希·赫兹
　Heinrich Hertz

汉斯·利珀斯海
　Hans Lippershey

亨利·福特　Henry Ford

亨利·卢斯　Henry R. Luce

洪堡德　Humboldt

加布里埃尔·华伦海特
　Gabriel Fahrenheit

杰克·基尔比　Jack Kilby

杰克·伦敦　Jack London

君士坦丁　Constantine

君士坦提乌斯　Constantius

卡尔·冯·林奈
　Carl von Linné

理诺　Linus

卢卡斯·克拉纳赫
　Lucas Cranach

鲁德亚德·吉卜林
　Rudyard Kipling

路易·菲利普　Louis Philippe

罗伯特·胡克　Robert Hooke

罗伯特·科赫　Robert Koch

罗伯特·诺伊斯
　Robert Noyce

罗伯特·斯科特　Robert Scott

罗尔德·阿蒙森
　Roald Amundsen

罗纳德·罗斯　Ronald Ross

马丁·路德　Martin Luther

玛丽娜　Marina

玛利亚　Mariya

迈克尔·法拉第
　Michael Faraday

麦洛　Milo

蒙特祖玛　　　Montezuma

尼尔·阿姆斯特朗
Neil Armstrong

尼尔斯·玻尔　Niel Bohr

尼禄·克劳狄乌斯
Nero Claudius

尼娜·邦　Nina Bang

诺曼·博洛格
Norman Borlaug

欧几里得　Euclid

欧内斯特·卢瑟福
Ernest Rutherford

乔治·艾略特　George Eliot

乔治·弗里德里希·亨德尔
George Frederick Handel

乔治·怀特菲尔德
George Whitefield

让·巴普蒂斯·约瑟夫·傅里叶
J. B. Joseph Fourier

塞缪尔·摩尔斯
Samuel Morse

塞缪尔·约翰逊
Samuel Johnson

圣方济各·沙勿略
Francis Xavier

圣武天皇　Emperor Shōmu

圣雄甘地　Mahatma Gandhi

苏加诺　Sukarno

托马斯·胡德　Thomas Hood

托马斯·马尔萨斯
Thomas Malthus

托马斯·纽科门
Thomas Newcomen

托马斯·塞维利
Thomas Savery

瓦斯科·达·伽马
Vasco da Gama

威廉·高德　William Gaud

威廉·哈维　William Harvey

威廉·萨克雷
William Thackeray

维萨里　Vesalius

西蒙·玻利瓦尔
Simón Bolívar

希波克拉底　Hippocrates

希罗菲勒斯　Herophilus

亚历山大二世　Alexander II

亚历山德丽娜·维多利亚
Alexandrina Victoria

亚历山德罗·伏特
Alessandro Volta

亚西西的方济各
Francis of Assisi

伊丽莎白·布莱克威尔
Elizabeth Blackwell

尤里·加加林　Yuri Gagarin

尤利乌斯·恺撒　Julius Caesar

约翰·格林里夫·惠蒂埃
John Greenleaf Whittier

约翰·加尔文　John Calvin

约翰·洛吉·贝尔德　John
Logie Baird

约翰·塞巴斯蒂安·巴赫
Johann Sebastian Bach

约瑟夫·班克斯
Joseph Banks

约瑟夫·约翰·汤姆逊
Joseph John Thomson

约瑟夫二世　Joseph II

詹姆斯·安东尼·弗劳德
J. A. Froude

詹姆斯·哈里森
James Harrison

詹姆斯·克拉克·麦克斯韦
James Clerk Maxwell

地名

阿德莱德　Adelaide

阿尔巴尼亚　Albania

阿斯旺　Aswan

阿提卡　Attica

埃美萨　Emesa

安纳托利亚　Anatolia

安条克　Antioch

奥克尼群岛　Orkney

巴尔干半岛　Balkan

巴伐利亚　Bavaria

巴林　Bahrain

巴塔哥尼亚　Patagonia

白令海峡　Bering Strait

拜占庭　Byzantium

保加利亚　Bulgaria

卑尔根　Bergen

贝尔格莱德　Belgrade

贝加尔湖　Baikal

比雷埃夫斯　Piraeus

波茨坦　Potsdam

波罗浮屠　Borobudur

波斯尼亚　Bosnia

伯南布哥　Pernambuco

勃艮第湾　Bay of Bourgneuf

博洛尼亚　Bologna

博斯普鲁斯海峡　Bosporus

布里斯托尔海峡
　　Bristol Channel

布列塔尼　Brittany

布林迪西　Brindisi

布鲁日　Bruges

茨维考　Zwickau

达达尼尔海峡　Dardanelles

达尔文港　Darwin Harbour

达灵顿　Darlington

大马士革　Damascus

代尔夫特　Delft

丹吉尔　Tangier

德兰士瓦　Transvaal

的黎波里　Tripoli

帝汶岛　Timor

蒂罗尔　Tyrol

对马海峡　Tsushima Strait

法布里亚诺　Fabriano

斐济　Fiji

风暴角　Cape of Storms

佛得角群岛
　　Cape Verde Islands

佛罗伦萨　Florence

弗雷泽河　Fraser River

弗里斯兰　Friesland

弗洛雷斯岛　Flores

刚果河　Congo River

刚果河　The Congo

高加索　Caucasus

戈尔康达　Golconda

哥伦比亚河　Columbia river

根特　Ghent

瓜德罗普岛　Guadeloupe

果阿　Goa

哈得孙湾　Hudson Bay

哈勒姆　Haarlem

好望角　Cape of Good Hope

合恩角　Cape Horn

荷属东印度群岛
　　Dutch East Indies

赫拉特　Heart

霍姆斯　Homs

基尔　Kiel

基辅　Kiev

加拉帕戈斯群岛
　　Galápagos Islands

加拉太　Galatia

加利波利　Gallipoli

巨港　Palembang

君士坦丁堡　Constantinople

卡尔卡松　Carcassonne

卡尔斯巴德　Carlsbad

卡罗维发利　Karlovy Vary

康沃尔　Cornwall

科索沃　Kosovo

克拉科夫　Cracow

克罗顿　Croton

库斯科　Cuzco

里米尼　Rimini

里斯本　Lisbon

留尼汪岛　Réunion

龙目岛　Lombuk

伦巴第　Lombardy

罗马尼亚　Romania

罗纳河　The Rhône

吕贝克　Lübeck

马德拉岛　Madeira

马德拉群岛　Madeira

马恩岛　Isle of Man

马耳他岛　Malta

马拉喀什　Marrakesh

马来半岛　Malay Peninsula

马里亚纳群岛　Marianas

马六甲海峡　Malacca

马提尼克岛　Martinique

迈森　Meissen

毛里求斯岛　Mauritius

美因茨　Mainz

米尔福德峡湾　Milford Sound

摩亨佐 - 达罗　Mohenjo-Daro

莫桑比克　Mozambique

木尔坦　Multan

慕尼黑　Munich

穆拉诺岛　Murano

纳塔尔　Natal

内伦敦　Inner London

尼科米底亚　Nicomedia

尼日尔河　Niger

纽伦堡　Nuremberg

努比亚　Nubia

诺夫哥罗德　Novgorod

帕丁顿　Paddington

帕多瓦　Padua

帕尔马　Parma

皮特凯恩岛　Pitcairn Island

婆罗洲　Borneo

乔鲁拉　Cholula

热那亚　Genoa

日内瓦　Geneva

撒丁岛　Sardinia

萨尔茨堡　Salzburg

萨克森　Saxony

萨摩亚群岛　Samoa

萨姆特堡　Fort Sumter

塞尔维亚　Serbia

塞维利亚　Seville

圣多明各岛　Santo Domingo

施派尔　Speyer

斯劳　Slough

斯托克顿　Stockton

松希尔　Sunghir

苏呼米　Sukhumi

苏拉威西岛　Sulawesi

苏黎世　Zurich

所罗门群岛　Solomon Islands

塔克希拉　Taxila

塔林　Tallinn

塔伦图姆　Tarentum

塔什干　Tashkent

塔斯马尼亚　Tasmania

塔斯曼海　Tasman Sea

汤加　Tonga

汤加群岛　Tonga

唐郡　County Down

特诺奇提兰　Tenochtitlán

廷巴克图　Timbuktu

亭纳　Timna

图宾根　Tübingen

土伦　Toulon

托莱多　Toledo

托雷斯海峡　Torres

万隆　Bandung

维多利亚大瀑布

　　　Victoria Falls

维尔京群岛　Virgin Islands

维罗纳　Verona

维琴察　Vicenza

维滕贝格　Wittenberg

乌鲁克　Uruk

吴哥　Angkor

西西里　Sicily

锡巴里斯　Sybaris

下缅甸　Lower Burma

新几内亚岛　New Guinea

新喀里多尼亚　New Caledonia

新斯科舍岛　Nova Scotia

巽他海峡　Sunda

亚得里亚海　Adriatic Sea

亚速尔群岛　Azores

耶利哥　Jericho

耶拿　Jena

伊洛瓦底江　Irrawaddy

伊普尔　Ypres

伊斯帕尼奥拉岛　Hispaniola

以弗所　Ephesus

易北河　The Elbe

英属缅甸　British Burma

约塞米蒂　Yosemite

赞比西河　The Zambezi

扎伊尔河　The Zaire

爪哇岛　Java

直布罗陀海峡　Gibraltar

植物学湾　Botany Bay

栅栏区　Pale of Settlement

真理报　Pravda

专有名词

斯普特尼克　Sputnik

泰尔紫　Tyrian purple

特利腾大公会议

　　Council of Trent

"挑战者"号

　　HMS Challenger

图阿雷格人　Tuareg

乌日莫　urum

西多会　Cistercian Order

亚壁古道　The Appian Way

耶路撒冷菜蓟（菊芋）

　　Jerusalem artichoke

耶稣会　Society of Jesus

伊特鲁里亚人　Etruscans

印加人　Inca

再洗礼派　Anabaptism